上海地铁质量管理丛书

筑梦高质量
通向新生活

——上海地铁运营服务

毕湘利◎著

中国铁道出版社有限公司

2022年·北京

图书在版编目（CIP）数据

筑梦高质量 通向新生活.上海地铁运营服务/毕湘利
著.—北京:中国铁道出版社有限公司,2022.10
（上海地铁质量管理丛书）
ISBN 978-7-113-29572-1

Ⅰ.①筑… Ⅱ.①毕… Ⅲ.①地下铁道运输-旅客
运输-交通运输企业-企业管理-运营管理-研究-上海
Ⅳ.①F572.885.1

中国版本图书馆 CIP 数据核字（2022）第 149836 号

书　　名：筑梦高质量 通向新生活——上海地铁运营服务
作　　者：毕湘利

策划编辑：徐　艳
责任编辑：张卫晓　　　　编辑部电话：(010)51873193
封面设计：崔丽芳
责任校对：安海燕
责任印制：樊启鹏

出版发行：中国铁道出版社有限公司(100054,北京市西城区右安门西街 8 号)
网　　址：http://www.tdpress.com
印　　刷：北京联兴盛业印刷股份有限公司
版　　次：2022 年 10 月第 1 版　2022 年 10 月第 1 次印刷
开　　本：710 mm×1 000 mm 1/16　印张：17.25　字数：225 千
书　　号：ISBN 978-7-113-29572-1
定　　价：110.00 元

序

　　2019 年 9 月，中共中央、国务院正式印发《交通强国建设纲要》，明确要求构建安全、便捷、高效、绿色、经济的轨道交通体系要求。2021 年 12 月，国务院正式出台《"十四五"现代综合交通运输体系发展规划》，明确提出建设都市圈多层次轨道交通网络，推进干线铁路、城际铁路、市域（郊）铁路、城市轨道交通融合衔接。

　　上海的发展目标是建设卓越的全球城市和社会主义现代化国际大都市，成为具有世界影响力的经济、金融、贸易、航运、科技创新中心和令人向往的创新之城、人文之城、生态之城。卓越的综合交通系统是上海实现卓越城市的重要保障。上海地铁作为上海综合交通体系的骨干，是助推上海打造成为一座创新之城、生态之城、人文之城的关键。未来，上海地铁的城际线、市域线、市区线及局域线，将不断与中心城区的快线进行有机结合，增强区域联动和五大新城辐射能力，更好服务上海城市的高质量发展。

　　上海地铁自 1993 年开通运营以来，运营服务始终紧紧围绕"运营安全、乘客满意"的目标，坚持以人为本、精益求精、追求卓越的服务理念，牢固树立服务国家和城市发展大局，始终秉承"申城地铁，通向都市新生活"的企业使命，坚持"社会责任第一、安全质量第一、团队协作第一"的核心价值观，多年来不断满足城市发展的要求以及顾客需求的升级，服务能级实现了由"满足基本出行需求"到"提供优质服务",再到"打造品质生活"的发展历程,确立了运营服务品质管理服从国家战备、服务上海城市发展、服务超大规模网络主体功能、服务企业高质量发展的品质管理目标,形成了"运载温馨、营造和谐"的服务品质内涵。

上海地铁目前已经进入了超大规模网络化运营新阶段,给运营管理带来了前所未有的挑战。本书基于上海地铁网络的发展概况及运营现状,以探索高要求、高品质、高标准的运营服务品质的提升方法与经验为目标,总结归纳了上海地铁服务质量的管理目标、挖掘了"运载温馨、营造和谐"的服务内涵,为未来发展指明了方向。

我相信,上海地铁的运营服务发展经验和多方面的服务创新值得同行借鉴学习,希望未来上海地铁继续把"以客为尊"的宗旨贯穿于乘客运营服务提供、运营服务保障的全过程,以新技术为支撑,以多种管理工具为抓手,不断拓展运营服务品质的内涵和外延,为建设卓越的全球城市和社会主义现代化国际大都市作出新贡献。

同济大学党委书记

前言

截至 2021 年底，上海地铁网络运营线路达 20 条（含磁浮线，不含金山铁路），车站数达 508 座（含磁浮线 2 座），运营里程达 831 公里（含磁浮线 29 公里），形成了全球第一的超大规模地铁网络。上海地铁作为公共服务行业，其服务品质已成为运营企业的无形资产，是地铁竞争力的源泉和可持续发展的关键。

"人民至上"已经成为我国社会经济发展的核心理念。便捷的地铁运营网络为社会带来出行便利的同时，也为运营企业带来了新的管理课题，那就是作为具有企业性和公益性的城市轨道交通如何体现其为社会服务的价值，以及通过良好服务为企业带来优异效益的经营价值。上海地铁始终服务国家和城市发展大局，坚守"人民地铁人民建，为民之举靠人民"的初心使命，创建"通向都市新生活"的高质量发展模式，构建起集出行、消费、居住、工作、娱乐于一体的都市地铁新生态，使城市轨道成为"可阅读、有温度、有情怀"的城市第二空间和文明载体，以及长三角交通一体化建设的先行示范点。为实现"成为全球卓越城市轨道交通运营服务提供者"的运营管理愿景，上海地铁一直不断对标和学习其他城市的先进理念和管理策略，探索"以客为尊"运营服务品质的提升方法与手段，并且取得了不少的成绩。

因此，为了立足新发展阶段，贯彻新发展理念，服务新发展格局，在国内轨道交通行业中进一步确立质量标杆的地位,本书是对上海地铁多年以来运营品质提升的创新成果和经典案例的梳理和凝练。

本书基于上海地铁网络的发展概况及运营现状,以探索高要求、高品质、高标准的运营服务品质的提升方法与经验为目标,总结归纳上海地铁服务质量的管理目标、挖掘"运载温馨、营造和谐"的服务内涵,重点对上海地铁在基础运营服务、特色运营服务、文化服务、服务实现、应急管理、设施设备管理、服务改进与评价、服务综合管理8个方面的实践经验和典型案例进行梳理和总结。

本书编写过程中得到了张凌翔、李垚、徐浩、陈春娇、胡湲、李景虎、周明、吴春、周璐川、于叶婷、朱冰沁、周峰、王正菁、杨海红、王华等同志的帮助,集团相关领导、部门的其他同志也提出了建议意见。经过大家的努力,克服了新冠肺炎疫情期间的种种困难,终于将本书奉献给广大读者。

感谢同济大学江志彬、徐思涵、来佳雯、王炳勋、唐雁、李洪运、原梦等同志在本书编写过程中给予的指导和支持,感谢出版社编辑的辛勤工作。

由于作者业务视野和学术水平的局限性,本书的内容安排、学术观点难免存在不当或疏漏之处,恳请各位同行、读者批评指正。

作者
2022 年 6 月

目录

01

上海地铁运营服务
品质管理概述

导语

　　城市轨道交通运营服务品质是运营企业竞争力的源泉和可持续发展的关键。为实现"成为全球卓越城市轨道交通运营服务提供者"的运营管理愿景，上海地铁一直不断对标和学习其他城市的先进理念和管理策略，探索高要求、高品质、高标准的运营服务品质的提升方法与手段。

　　上海地铁经历了从"满足基本出行需求"到"提供优质服务"，再到"打造品质生活"的三个发展历程，确立了运营服务品质管理服从国家战备、服务上海城市发展、服务超大规模网络主体功能、服务企业高质量发展的品质管理目标，形成了"运载温馨、营造和谐"的服务品质内涵，提炼了以"安全可靠、方便快捷、环境温馨、服务规范、科技赋能、社会共治"为特色的服务品质要素，提出了"卓越管理、改革创新、协调联动"的服务品质管理目标，始终以乘客满意为中心，以新技术为支撑，以多种管理工具为抓手，不断拓展运营服务品质的内涵和外延。

上海地铁运营服务品质发展历程

城市轨道交通的运营服务是指运输企业为乘客提供的以乘客位移为中心的服务,由票务服务、导乘服务、运行服务和应急服务等一系列或多或少具有无形性的活动所构成的一种过程。该过程是在乘客和服务人员、硬件和软件的互动过程中进行的,其实质是最大限度地满足乘客的需求并为其创造价值,是站在消费者角度,强调乘客的实际体验和体验的满足程度,侧重于服务的"过程性"和乘客的"满足感",以及乘客消费服务的成本等。城市轨道交通作为公共服务行业,其服务品质已成为运营企业的无形资产,是竞争力的源泉和可持续发展的关键。

上海地铁自开通运营以来,运营服务始终紧紧围绕"运营安全、乘客满意"的目标,坚持以人为本、精益求精、追求卓越的服务理念,牢固树立服务国家和城市发展大局,始终秉承"申城地铁,通向都市新生活"的企业使命,坚持"社会责任第一、安全质量第一、团队协作第一"的核心价值观,多年来不断满足城市发展的要求以及顾客需求的升级,服务能级实现了由"满足基本出行需求"到"提供优质服务",再到"打造品质生活"的发展历程(图 1-1)。

一、满足基本出行需求阶段

2011 年前,上海地铁以"建网扩能、满足出行"为主要特征,秉承以人为本,坚持围绕"运营安全、乘客满意"目标,为广大乘客提供规范、标准的交通出行服务。上海地铁结合 2010 年上海世博会的发展契机,紧扣城市交通拥堵的主要矛盾,把加快地铁"从无到有、从少到多"作为发展核心,形成了"贯通重要枢纽、覆盖中心城区、连接市郊新城、国内规模第一"共计 425 公里的基本网络架构。期间,上海地铁共推出 5 项服务承诺、"1+6"信息发布系统等创新服务,承担了世博会 7 000 万客流的 60%,在城市公共交通的分担率

满足基本出行　2010　提供优质服务　2015　打造品质生活　2021

- 建网扩能、满足出行
- 425公里的基本网络
- 公交分担率达到32%

- 两个转变、优质服务
- 617公里大规模网络
- 公交分担率达到46%

- 三个转型、品质生活
- 831公里的超大网络
- 公交分担率达到70%

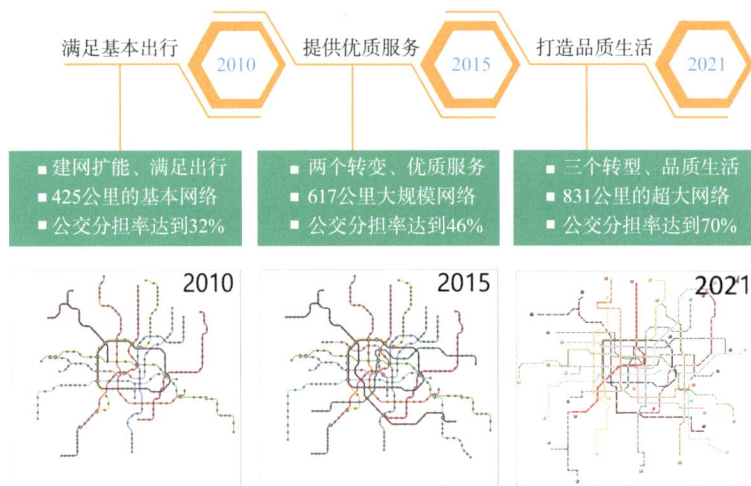

2010　2015　2021

图 1-1　上海地铁运营服务品质的发展阶段

达到 32%,有效缓解了城市交通拥堵,基本满足了市民日常出行需求,有力促进了产业经济发展。

二、提供优质服务阶段

2011～2015 年,上海地铁围绕上海加快"四个中心"建设,抓住运营从"单线向网络化转变"和服务"从有到优"的主要矛盾,提出了"管建并举、管理为重,安全运营为本"的发展方针,制定实施了"从重工程建设向重运营服务、从单一线路向网络管理"的"两个转变、优质服务"为特征的发展战略。该阶段以人性化、精细化和标准化为关键管理手段,以"安全可靠、方便快捷、环境温馨、服务规范、特色服务、社会参与"为服务品牌要素核心,打造安全高效、智慧人文、品质品牌地铁。同时,该阶段在地铁规划设计、建设施工、网络运营、延伸服务的全价值链推进"人性化服务、精细化管理、标准化建设",推出有情、有品、有味的运营服务。通过该阶段的发展,上海地铁的网络规模达到 617 公里、跃居世界第 1 位,客流规模达到世界第 5 位,在城市公共交通的分担率攀升至 46%,乘客满意度连年位居本市公共交通领域第一。

三、打造品质生活阶段

2016 年至今,上海地铁贯彻高质量发展新要求,围绕上海"五个中心"建设任务,抓住顾客需求多元、高质的主要矛盾,对标世界最高标准、最好水平,提出"三个转型、品质生活"为特征的远期战略,推进"从建设运营的高速发展向高质量发展转型、从单一运输功能向综合服务功能转型、从运营地铁向经营地铁转型",运用数字技术赋能安全地铁、人文地铁、绿色地铁、科技地铁、智慧地铁建设,构建集出行、居住、工作、消费、娱乐的都市地铁生态圈,为城市提供高质量出行服务和高品质生活服务。该阶段,上海地铁以满足人民群众对美好生活的向往为核心价值,提供"宜行、宜居、宜业、乐购、乐游、乐学、乐活"的有魅力现代都市轨道交通综合服务,打造全新的都市出行、消费、居住模式,创造现代都市的新生活。

截至 2021 年底,上海地铁网络运营线路达 20 条(含磁浮线,不含金山铁路),车站数达 508 座(含磁浮线 2 座),运营里程达 831 公里(含磁浮线 29 公里),日均客流量超千万级,形成了全球第一的超大规模地铁网络(图 1-2 ~ 图 1-4)。与此同时,上海地铁的全自动驾驶线路增至 5 条 167 公里。至 2021 年,上海地铁在公共交通的分担率达到 70%,进一步提升了在公共交通中的骨干作用。

未来,上海地铁将不断深刻践行国家发展战略布局,坚守"人民地铁人民建,为民之举靠人民"的初心使命,牢牢把握"供需"不平衡矛盾,构建起集出行、消费、居住、工作、娱乐于一体的都市地铁新生态,使城市轨道成为"可阅读、有温度、有情怀"的城市第二空间和文明载体,以及长三角交通一体化建设的先行示范点,更好发挥城市轨道交通行业的服务魅力,更好完成由"单一公共交通运营服务商"向"创造美好生活使者"的转型。

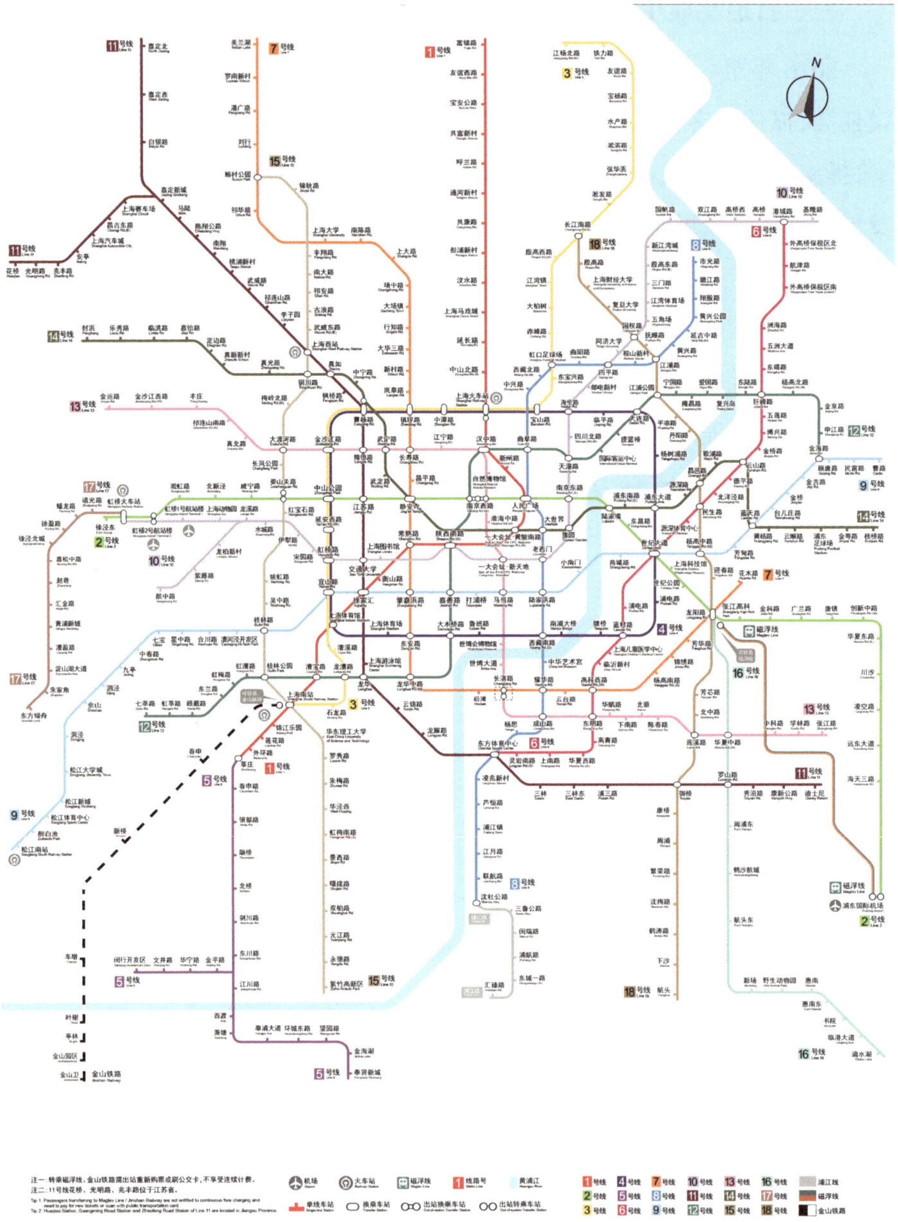

图 1-2　上海地铁运营网络

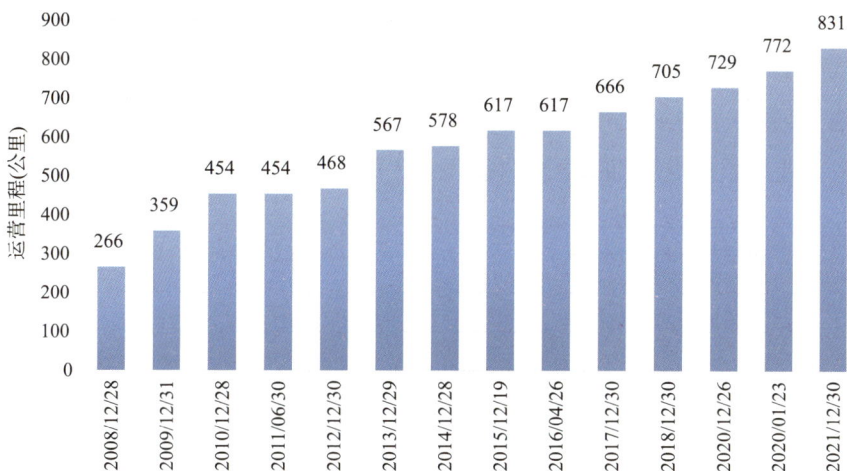

图 1-3　上海地铁网络运营的里程变化

图 1-4　上海地铁网络客流变化

第二节
上海地铁运营服务品质管理目标

为满足人民群众美好生活的需要,上海地铁形成了"通向都市新生活"

的发展战略核心,明确运营安全绩效、网络服务水平、企业经营规模的整体表现居于"国内领先、国际一流"水平的战略目标。在运营服务品质管理上,明确了"服务于国家战略、服务于上海城市发展、服务于超大规模主体功能、服务企业高质量发展"的四个目标(图1-5)。

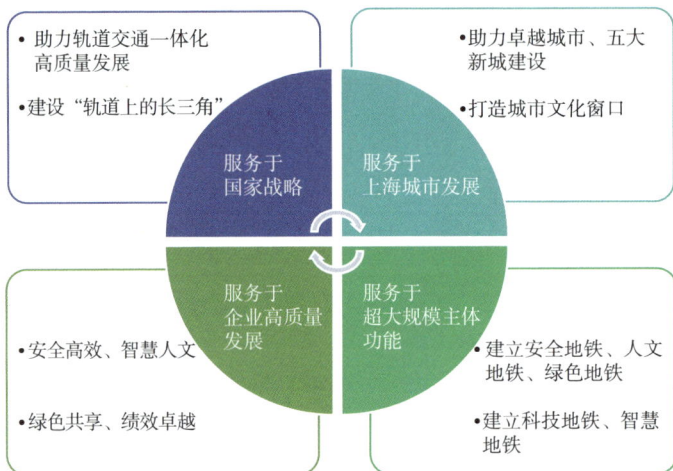

- 助力轨道交通一体化高质量发展
- 建设"轨道上的长三角"

服务于国家战略

- 助力卓越城市、五大新城建设
- 打造城市文化窗口

服务于上海城市发展

服务于企业高质量发展

服务于超大规模主体功能

- 安全高效、智慧人文
- 绿色共享、绩效卓越

- 建立安全地铁、人文地铁、绿色地铁
- 建立科技地铁、智慧地铁

图1-5　上海地铁服务品质的管理目标

一、服务于国家战略

2019年9月,中共中央、国务院印发《交通强国建设纲要》,重点提出了推动交通发展从追求速度和规模向更加注重质量和效益转变、由各种交通方式相对独立发展向综合交通发展转变、由依靠传统的要素驱动向更加注重创新驱动转变的"三个转变",明确要求构建安全、便捷、高效、绿色、经济的轨道交通体系要求。2019年12月,中共中央、国务院印发《长江三角洲区域一体化发展规划纲要》,提出"共建轨道上的长三角,加快建设集高速铁路、普速铁路、城际铁路、市域(郊)铁路、城市轨道交通于一体的现代轨道交通运输体系,构建高品质快速轨道交通网。"总体要求。2020年4月,国家发展改革委和交通运输部印发《长江三角洲地区交通运输更高质量一体化发展规划》,提出加快推进长三角对外交通、城际交通、都市圈交通等多种层级有效衔接和有机融合的轨道交通体系,构建层次清晰、协同高效、智慧互联、绿色安全的现代化综合交通运输体系,全面提高一体化运输效率、服务品质和融合水平。

2021 年 2 月,中共中央、国务院印发了《国家综合立体交通网规划纲要》,强调推动干线铁路、城际铁路、市域(郊)铁路融合建设,并做好与城市轨道交通衔接协调,构建运营管理和服务"一张网",实现设施互联、票制互通、安检互认、信息共享、支付兼容。2021 年 12 月,国务院正式出台《"十四五"现代综合交通运输体系发展规划》,明确提出建设都市圈多层次轨道交通网络,推进干线铁路、城际铁路、市域(郊)铁路、城市轨道交通融合衔接。

上海作为长江经济带的龙头城市,需要在助力长三角一体化发展、服务打造"轨道上的长三角"中发挥主要作用。上海地铁需要以实际交通需求为导向,以站点、线路为基本分析单元,实施多层次的功能定位、运能规模、衔接转换等服务模式,有效统筹城市轨道交通和市域铁路的融合发展,并积极融入轨道交通互联互通,探索出一套完备的区域轨道交通协同发展模式,为"轨道上的长三角"建设提供可学习、可借鉴、可复制的经验。

二、服务于上海城市发展

上海 2040 总体规划城市愿景是"追求卓越的全球城市",卓越的综合交通系统是上海实现卓越城市的重要保障。上海地铁作为上海综合交通体系的主干,需要通过规划、设计、建设、运营、管理等环节的创新实现全球一流的轨道交通服务,助推上海打造成为一座创新之城、生态之城、人文之城。

上海地铁围绕"五大新城"建设,支撑"30、40、60"出行目标的综合交通体系基本框架,在疏散中心城区人口、增强产城融合、解决职住平衡、完善交通便利等方面发挥着重要作用。未来,上海地铁的城际线、市域线、市区线及局域线,将不断与中心城区的快线进行有机结合,增强区域联动和五大新城辐射能力,更好服务五大新城高质量建设。

建地铁就是建一座城,上海地铁除了发挥交通的基本服务功能外,在服务上海城市文化建设,承载城市精神、演绎都市文化,打造"可阅读、有温度、有情怀"空间方面也需要发挥主要作用。

三、服务于超大规模网络主体功能

上海地铁已经迈入了超大规模运营服务的新阶段,网络里程和客流量均居世界前列,网络呈现出技术设备多样复杂、客流规模及不均衡程度大、开行方案复杂、运营外部环境复杂、运营协同要求高、应急处置联动性强等特征。

在网络结构功能方面,一是随着上海地铁在公共交通的出行量分担率不断提升,与市内公交、机场、铁路等对外交通的衔接和融合不断深入,交通一体化功能显现,对地铁与其他交通之间的换乘提出了更高要求。二是上海地铁按照服务城际、市区及局域交通的不同功能,设置了多种运量类型和线路形态,这也对各种不同线路间的联络、衔接有了新的要求。此外,随着地铁网络的不断扩大,对网络设施设备的集中布局和资源集约共享也有了更为迫切的需求。

在网络运营服务特征方面,一是乘客对服务的要求越来越高,包括快速性、舒适性、便捷性、信息化等。二是面向公众的服务范围越来越广,包括便民设施设置、广告服务覆盖以及与周边设施的连通。三是承担更为重要的社会服务责任,包括与周边商区、社区的联动,城市形象与社会公益的窗口作用等愈加突显。

在网络客流管理方面,上海地铁呈现出时空分布不均衡性突出、换乘客流集中流线复杂、客流压力大持续时间长、对外交通客流特性明显、长距离出行比例高等特点。超大规模网络运营阶段,上海地铁也将面临常态高峰大客流、可预知的大型活动以及运营扰动事件下的突发大客流等多重压力,如何更好地提升网络运营安全和可靠性,提升乘客品质出行的服务体验也是未来面临的重点和难点。

因此,上海地铁的服务管理需要适应超大规模复杂网络运营服务的特征、运营难度和运营需求,体现"安全地铁、人文地铁、绿色地铁、科技地铁、智慧地铁"的本质。在满足安全快捷基本需求的基础上,积极响应乘客对高品质服务的需求，聚合交通出行、生活空间、信息服务、文化氛围的多元价值，形成以地铁为核心，融出行、居住、工作、消费和娱乐于一体的都市新生态和城市"第二空间"。

四、服务于企业高质量发展

上海申通地铁集团是上海地铁规划、建设与运营的主体，始终践行"人民城市人民建、人民城市为人民"重要理念，用"建地铁就是建一座城"的责任和担当，在建好、管好上海地铁的具体实践中不断努力。上海地铁的服务品质管理首先需要服务企业"通向都市新生活"的发展战略，加快形成"安全高效、智慧人文、绿色共享、绩效卓越"的运营体系，打造全新的都市出行、消费、居住模式，创造现代都市的新生活。另外需要服务"企业转型"的需要，从单一的交通运输功能向综合服务的城市地铁网络转型、从运营地铁向经营地铁转型，做好行业发展的引领者，助力打造"全球卓越城市轨道交通企业"。

第三节
上海地铁"运载温馨、营造和谐"运营服务品质内涵

上海地铁以党和国家的重大发展战略为指引，以建设成"全球卓越城市轨道交通企业"为目标，形成了"通向都市新生活"的质量管理模式。在运营服务品质方面，上海地铁始终紧紧围绕"运营安全、乘客满意"目标，坚持以人为本、精益求精、追求卓越的服务理念，率先在全国轨道交通行业开展系统品牌管理，并努力成为行业内品牌管理的标杆。2013 年，上海地铁制定并实施《服务品牌建设纲要》，形成了"运载温馨、营造和谐"的服务品质内涵。随着上海地铁网络的深化发展，上海地铁基于国家战略、城市发展、企业发展和乘客需求，历经三次跨越和转型，对"运载温馨、营造和谐"的运营服务品质内涵也在进行不断丰富与演化，如图 1-6 和图 1-7 所示。

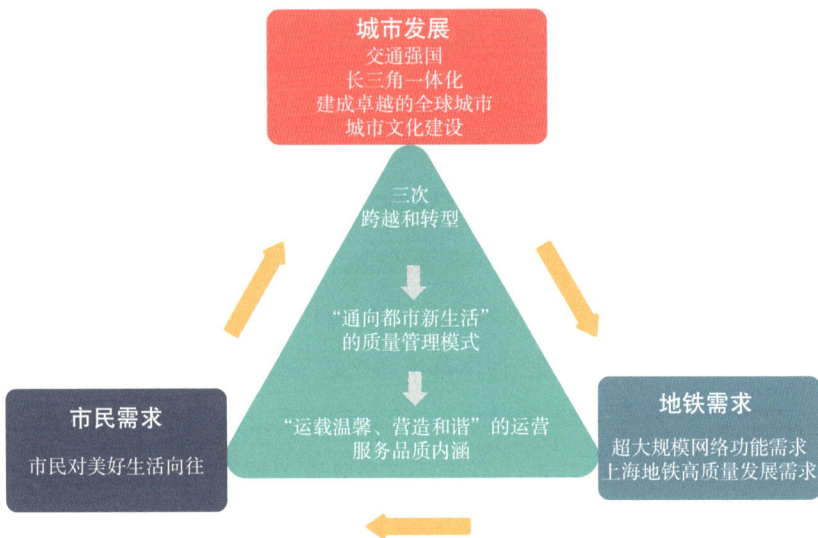

图1-6 上海地铁运营服务品质内涵形成过程

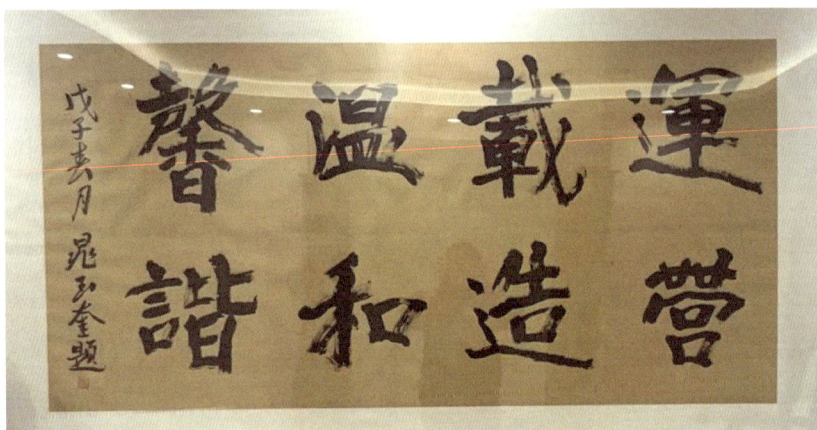

图1-7 2008年书法家晁玉奎为上海地铁"运载温馨、营造和谐"的题词

一、"运载温馨、营造和谐"的服务品质要素

经过多年的发展，上海地铁基于"运载温馨、营造和谐"的内涵驱动需求，提炼了以"安全可靠、方便快捷、环境温馨、服务规范、科技赋能、社会共

治"为特色的服务品质要素(图1-8)。

图1-8　上海地铁"运载温馨、营造和谐"的服务品质要素

(一)安全可靠

安全是指乘客在出行服务过程中,自身的精神和身体不受到伤害。安全是乘客出行的基本要求,包括保障乘客的人身和财物安全,涉及配备相应数量的安全设施设备,以及突发情况下为乘客提供安全应急服务等。可靠是指各项服务按计划和承诺准确提供的能力。可靠主要体现在为乘客提供服务的稳定性和执行力,如列车准点运行、企业兑现对乘客的服务承诺、进出站闸机的可靠度等。同时,还包括为乘客提供的服务信息准确、及时、醒目、明确,如明确的首末班车时间、清晰准确的导乘标识信息、详细的自动售票机操作流程等。由于密闭的构造形式、密集的运输方式、网络化的运行模式以及局限的地下空间等特征,上海地铁始终将安全作为企业的立身之本,加强地铁运营安全和应急处置的管理,确保进出站秩序良好、候车乘车安全,在出现突发情况下为乘客提供安全应急服务等各环节的安全保障,确保整个网络始终在安全、有序和可控状态下运行。

（二）方便快捷

快捷是指快速和便捷,快速是指列车保持较高的运行速度,为乘客节省出行时间,同时也包括便捷、高效的服务过程。快速性是城市轨道交通的重要优势之一。便捷是指运营企业为乘客提供方便、顺畅的无障碍运输服务,以减少乘客在乘车前后的时间损失,满足乘客节省时间的要求,更强调缓解乘客焦虑情绪等心理方面的感受,包括乘客整个行程的连贯性及快速性。上海地铁以服务全过程中各环节为切入点,一直在努力做好网络的总全运能规划,科学地编制列车开行方案和精细化编制列车运行图,在日常运营组织中加强调度管理和应急管理,进一步提高人性化、信息化服务水平,最大限度地满足乘客准点、快捷、方便的出行需求。

（三）环境温馨

环境温馨是舒适性的主要体现,包括车站的候车环境及车厢内部设施布置令人心情舒畅,也包括服务过程给乘客心理感受上的舒适、满意等,反映了乘客对车站、候车环境以及心理的总体感知。上海地铁一直在最大限度地满足乘客对舒适性的要求,使乘客获得高质量的出行服务。如服务设施状态可靠、导向标志标准规范且清晰醒目、站车环境整洁卫生且美观和谐、延伸服务设施设置合理有序、乘车秩序井然、乘车氛围文明谦让和谐等。

（四）服务规范

服务规范是运输企业在各流程和各管理层次的工作性标准,在为乘客提供服务的范围内,对服务的质量明确提出应该达到的,并能够检验的和可重复使用的规则、指导性文件,是运输企业在为乘客提供服务时的准则和依据。上海地铁始终以乘客需求为导向,在为乘客提供完善的客运服务设施的同时,努力实现服务标准化,通过持续推进岗位标准化作业,提高员工的主动服务意识,包括行为礼仪、规范用语、现场服务处置等;同时致力创建文明行业,不断推出便民利民举措,打造服务标杆,努力与国际大都市服务水准接轨。

（五）科技赋能

随着上海地铁网络里程不断延伸和客流的快速增长，兼顾运营的效率和安全、加快轨道交通数字化转型，成为新时代发展的要求。依托先进技术标准和科学运行标准，上海地铁着力于打造"生产智慧化、服务智慧化、管理智慧化"的标准赋能智慧地铁新模式，通过科技赋能手段来提升线网规划的前瞻性和科学性、城市内外交通的顺畅性和便利性、乘客服务的智慧化和高品质、运营组织的多元化和智能化、技术装备的自主化和品牌知名度、信息资源的共享度和利用率等。同时，上海地铁持续将绿色发展理念贯穿地铁规划设计、建设施工、网络运营全生命周期，打造绿色、低碳地铁。

（六）社会共治

轨道交通作为市民乘客的重要出行方式，是城市基本公共服务的重要内容。公益性和市场化的双重性质，使上海地铁具有很强的社会属性和对社会舆论的高度敏感性。上海地铁服务品牌需要凸显和承担企业的社会责任，强调"公益地铁""乘客参与""社会互动""车站与属地共治共管"，建立"乘客—社会—企业"互动平台和沟通渠道，营造良好氛围，使市民乘客、社会组织、合作伙伴更加关注地铁、理解地铁和支持地铁。

二、"运载温馨、营造和谐"的服务品质目标

为展现"上海品牌"，上海地铁围绕"运载温馨、营造和谐"的服务品牌内涵，"以客为尊"助力乘客品质出行，致力于打造成为"可阅读、有温度、有情怀"的城市第二空间和文明载体，提出了"卓越管理、改革创新、协调联动"的服务品质管理目标（图1-9）。

（一）卓越管理，彰显乘客服务人性化

上海城市轨道交通自开通运营以来，运营服务始终紧紧围绕"运营安全、乘客满意"目标，坚持以人为本、精益求精、追求卓越的服务理念，采取了一系列运营服务措施，将客运管理工作从被动接受节点任务、完成规定动作，逐步转变为以顾客需求为导向，主动策划、统筹协调各方资源，满足人性

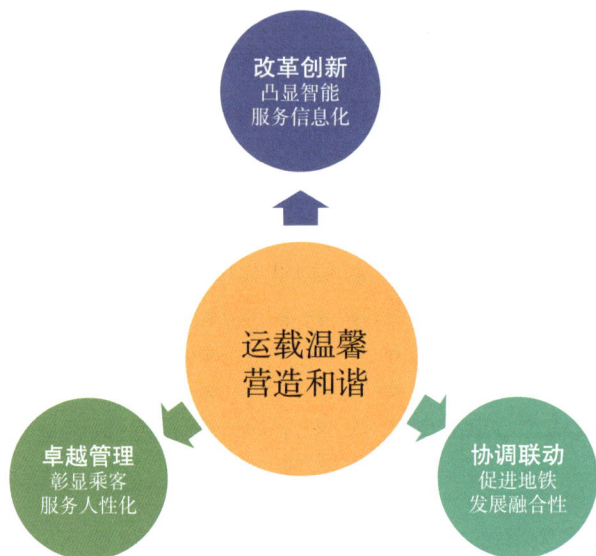

图 1-9　"运载温馨、营造和谐"的服务品质目标

化服务的需要,体现上海特色、展现上海精神。以追求乘客满意为目标,不断推进服务创新、打造服务品牌,给顾客提供更好乘车体验。同时加大城市轨道交通公共文化建设力度,让乘客在城市轨道交通出行中"看得到作品、听得到音乐、学得到知识、悟得到精神、感受得到文化氛围",将枯燥单调的城市轨道交通出行变成可阅读、有温度、有情怀的文化之旅。

(二)改革创新,凸显智能服务信息化

随着信息技术的发展及广泛应用,上海地铁的服务生产系统向"信息化、自动化"方向发展,如自动售检票系统、自动驾驶系统、车站安全监控管理系统的应用,全面推动了城市轨道交通运营管理手段的现代化,提高了企业管理水平和运输生产效率。为加强信息化标准建设,上海地铁自主研发了"标准管理系统",用信息化手段固化标准制修订、标准实施评价改进、标准智能查询、标准基础台账等业务流程,形成标准管理信息平台和数据库,实现了标准资源共享互通。为提升"优质服务、品质出行"的乘客服务体验,上海地铁构建了多种加强与乘客沟通反馈的信息化渠道,如服务热线、微信

微博、移动终端 App 等，通过服务监测、投诉管理等渠道，发现乘客痛点，及时响应、有效反馈、持续改进。

(三)协调联动，促进地铁发展融合性

上海地铁深入分析城市发展历史，结合上海国际化大都市特征，创建了"通向都市新生活"的地铁质量管理模式，将满足人民对美好生活的向往作为核心价值主张，并将价值创造模式从"服务乘客出行"迭代升级为"服务市民生活"，创新了地铁价值链，重塑了地铁的价值体系，扩大了质量的边界和内涵，重新定义了城市地铁的功能属性，改变了公众对地铁仅仅是交通工具的传统认知，形成了独具特色的地铁卓越绩效模式，使卓越绩效模式在上海地铁实现本土化，真正扎根落地、开花结果，努力打造以地铁站场为核心的城市出行、居住、工作、消费和娱乐于一体的都市新生态。

三、"运载温馨、营造和谐"的服务品质管理内容

基于"运载温馨、营造和谐"的服务品质要素和管理目标，上海地铁的服务品质管理始终以乘客满意为中心，贯穿于乘客运营服务提供、运营服务保障全过程，以新技术为支撑，以多种管理工具为抓手，不断拓展运营服务品质的内涵和外延。

在面向乘客层面，上海地铁提供高质量基础运营服务的同时，非常注重特色运营服务，在文化服务方面也形成了上海特色。为了更好支持面向乘客的服务，上海地铁在客运组织、运能管理、效率提升等方面形成了完整的服务实现支撑体系，同时构建了安全、环境和设备管理的服务保障体系。为了保证服务品质的有效推进，上海地铁加强标准化管理、对标管理、品牌认证、服务质量改进和评价管理等手段，更好支撑"运载温馨、营造和谐"服务品质内涵建设(图 1-10)。

本书涵盖的主要内容即图 1-10 中的 8 个板块，各板块对应后述分析中的 8 个章节。

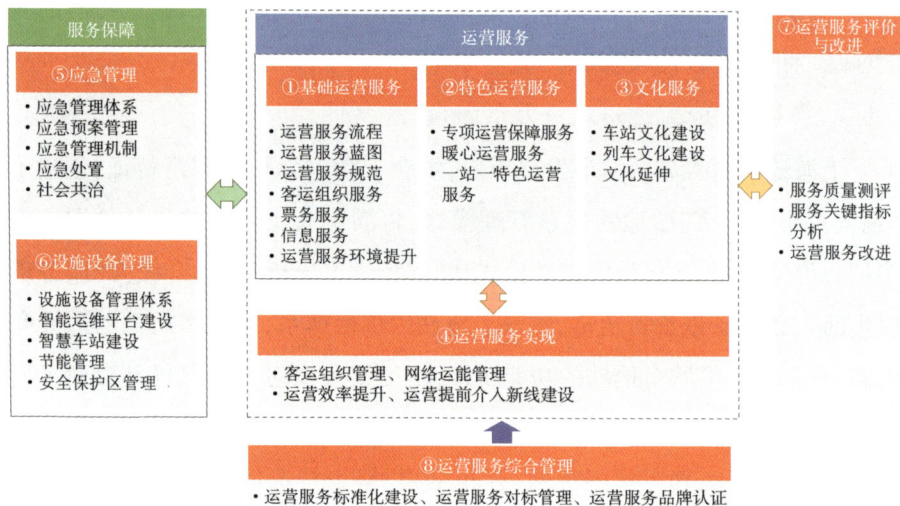

图 1-10 上海地铁运营服务品质管理基本框架

第二章 02 上海地铁基础运营服务

导语

　　城市轨道交通作为重要的公共服务系统，主要经营目标是满足乘客的全过程、多样化出行需求。基础运营服务是指直接面向乘客的前台服务，涵盖服务流程、服务蓝图、服务规范、客运组织服务、票务服务和信息服务等方面，是乘客直接感受到的服务内容，是提升出行品质的关键。

　　上海地铁着力打造全面覆盖、细致入微的基础运营服务，考虑乘客从出发地到目的地的全过程，提供多样化的乘客需求获取途径，设计"以乘客为中心的"服务蓝图，强化服务规范建设，优化客运组织服务流程，创新售检票管理方法与技术，构建多种加强与乘客沟通反馈的信息化渠道，提供多样化的信息发布手段，为乘客提供"优质服务、品质出行"的服务体验。

第一节
上海地铁运营服务流程

城市轨道交通服务流程设计指的是制定可操作性的服务方案的过程。通过服务流程设计,运营企业可以梳理运输服务资源,协调各业务领域和工作环节,并为交通服务质量标准考核、过程控制等提供信息来源和依据。服务过程设计目的是要准确地描述服务过程中各个服务环节的工作程序,使得参与服务过程的员工、乘客及管理者能够客观地认识服务过程,清楚自己在服务过程中的角色,使服务顺利完成。

一、"全过程服务"流程设计

上海地铁在服务流程设计时,充分考虑了乘客从出发地到目的地的全过程(图2-1)。基于这些服务过程,上海地铁在服务设计时充分考虑了乘客在出行全过程中的需求,并制定了相应的服务重点(表2-1)。

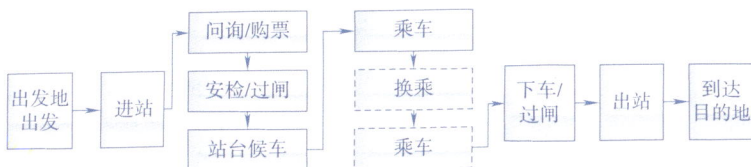

图 2-1 上海地铁的服务过程设计

表2-1　上海地铁针对不同服务过程的服务重点分析

阶段	乘客需求	服务重点与要求
进站前	1. 能快速查询到网络的运营信息(如网络站点、服务间隔、首末班车时刻、车站设施等); 2. 能快速了解目前网络的运营状态(是否正常提供服务等); 3. 能快速了解到乘车须知(如哪些物品不能携带乘车); 4. 能快速查询到票价	1. 公布服务热线电话; 2. 在官方信息发布渠道(如官网、微博、手机客户端)公布网络运营信息; 3. 在官方信息发布渠道公布乘车流程和票价信息; 4. 在官方信息发布渠道公布乘车要求和注意事项(如《上海市轨道交通乘客守则》)

续上表

阶段	乘客需求	服务重点与要求
进站	1. 能迅速找到车站位置及出入口； 2. 进站过程安全、顺畅	1. 车站位置合理； 2. 出入口标识醒目、设置合理； 3. 出入口到达闸机距离合理； 4. 站外限流组织过程安全顺畅
购票	1. 非付费区设有适量的具备售票/充值功能的自助售票设备或人工售票窗口； 2. 设有零钞兑换机； 3. 设备设置位置合理，引导指示明确，标志醒目； 4. 购票等候时间合理，服务空间舒适； 5. 移动终端购票，支付方便	1. 自助售票设备、人工售票窗口设置数量合理； 2. 自助售票设备等不被其他用途的设施遮挡； 3. 根据不同车站的客流特点设置合理的购票区域； 4. 移动终端软件设置合理
安检	1. 快速通过安检； 2. 明确准许携带乘车的物品； 3. 较多或较大的物品能够便捷地进行检查	1. 引导乘客有序排队通过安检； 2. 提醒乘客安检的注意事项，做好提前准备； 3. 在乘客不方便的时候给予帮助； 4. 对乘客的财务安全负责
进站检票	1. 可以快速找到进站闸机； 2. 进站闸机响应迅速； 3. 不同类型车票的闸机或设备应明显标识	1. 闸机位置醒目，指示明确； 2. 闸机的通过能力与客流量相匹配； 3. 闸机类型、数量的配置需根据不同车站的乘客组成特点来确定
车站服务	1. 服务中心位置设置合理、醒目； 2. 引导标识明确、不被遮挡； 3. 能够询问周边环境、线路方向、站点位置和换乘方案等； 4. 能够提供充值、买票指导	1. 服务中心设立规模应和客流特点、窗口数量和面积相适应； 2. 服务设备数量应能满足常态高峰期间客流需求； 3. 设置计算机查询平台，供乘客对出行路线、票价及票卡余额进行查询； 4. 服务人员热情周到、礼貌待客、服务规范
候车	1. 方便到达站台； 2. 有一个安全、舒适、方便的环境； 3. 清楚现在所在的位置和列车运行方向； 4. 列车的进站相关广播或信息告知清晰； 5. 站台不拥挤，上下车有序	1. 站台上有适量的座椅，站台应设有明显的候车安全线； 2. 采用广播系统预报，车站通过广播为乘客预报下次进站列车方向、时刻； 3. 安装站台门，保障乘客候车安全； 4. 站台空间宽阔，灯光照明配置合理，减少噪声干扰，空调气流舒适，引导指示系统醒目清楚； 5. 加强候车引导与组织，客流量大时考虑限流

续上表

阶段	乘客需求	服务重点与要求
乘车	1. 列车运行平稳； 2. 车内不拥挤、整洁舒适； 3. 能了解列车的运行情况及到站等信息； 4. 能提供无障碍服务	1. 列车外部运行方向表示明显； 2. 列车内有运行线路图、站名等信息展示； 3. 列车上乘客乘坐相关提示信息清晰； 4. 车内灯光配置合理，座位舒适； 5. 列车广播信息及时、准确； 6. 设置弱势人员专用座椅和专用空间
换乘	1. 换乘设施设备完善； 2. 导向过程顺畅、便捷、安全； 3. 换乘距离短、指示明确、环境舒适； 4. 换乘后的候车时间短	1. 换乘导向清晰，流程设计合理； 2. 车站设计及衔接布局合理； 3. 设计的流线交叉较少，客流组合有序； 4. 通道照明适度、通风良好； 5. 换乘线路之间的衔接
出站验票	1. 出站闸机响应迅速； 2. 验票过程手续简单、效率高； 3. 出站闸机引导指示清晰明确	1. 出站闸机的设置应符合乘客行走路线； 2. 遇车票损坏或补票等情况，等候处理时间适宜； 3. 不同类型车票的闸机或设备应明显标识
出站	1. 出入口位置醒目、指示明确； 2. 方便换乘其他交通方式到达目的地； 3. 出入口周边区域信息指示清晰	1. 车站在不同街区有出入口，允许出入口兼做过街隧道或天桥； 2. 为保持系统的独立、完整，应设隔断将两区域分开； 3. 出入口靠近公交车站
出站后	1. 能实时反馈投诉、建议和表扬等信息； 2. 遗失物品能及时找回； 3. 其他服务	1. 在服务热线中提供咨询、投诉、建议与表扬等服务； 2. 提供遗失物品查询与找回服务； 3. 其他针对性服务

二、信息服务典型案例设计

上海地铁通过官网、手机 App 等平台提供了丰富的信息服务案例，包括乘车服务指南、路径与票价信息查询、末班车可达性查询、时刻表信息查询、实时运营信息查询、失物信息查询、电子致歉信下载等一系列服务。这些服务信息可以辅助乘客进行出行全过程的规划与决策，提供更加舒适便捷的乘车体验。

（一）出行路径与票价查询

在上海地铁的官网、手机 App 中，乘客可以查询出行路径和票价：输入起始站、终点站，并选择相应的票卡类型（App/交通卡、单程票）以及期望的换乘方式（换乘次数最少、所需时间最短）等条件后，可以查询到多条路径及票价，以及换乘地点、旅行时间等信息，以供选择（图 2-2）。

图 2-2　上海地铁官网的路径与票价查询

（二）乘客便民手册

为了引导乘客文明有序乘坐地铁，方便乘客在出行中自我查找相关服务信息，提升运输服务效率，上海地铁推出了一系列的便民手册供乘客免费索取（图 2-3）。在地铁车站的便民栏里，上海地铁为乘客提供了线网信息服务指南。此外，上海地铁还推出了全英文版的便民手册，并且会适时发放专题版的便民手册，如中国国际进口博览会（简称"进博会"）期间，上海地铁制作了《中国国际进口博览会便民手册》。为了扩大便民手册的传播范围和影响力,上海地铁还将纸质版便民信息结合官方新媒体平台,实现运营信息在线更新。自2012年8月到2020年12月,上海地铁已设计了77版,共印制936万份便民手册在车站免费发放。

图2-3 上海地铁车站的便民信息取阅架

(三)乘车指南信息查询

上海地铁在官方网站、手机App上详细公布了乘车指南,包括进站、购票、安检、检票进闸、乘坐电梯、候车、乘车、下车、检票出闸、出站10个流程(图2-4)。

(四)危险品提示

为了堵截各类危险、违禁品进站上车,消除安全隐患,根据《上海市轨道交通运营安全管理办法》等相关法律法规的要求,上海地铁在各车站设置安检点,对进站各类物品进行常态化安全检查。同时,为了提升安检效率,降低对乘客出行的影响,上海地铁通过站内张贴、线上媒体平台提醒、地铁安检知识科普等方式,将可能危及人身和财产安全的危险品目录和样式向乘客发布,尽可能避免乘客携带违禁物品进站乘车(图2-5)。

进站：

1 进站

2 购票

3 安检

4 检票进闸

5 乘坐电梯

在距离车站500米至200米处的区域范围内，都设有站外导向标志牌。
轨道交通车站一般均有两个以上的出入口。每个出入口处都有编号，
标有：地铁标识、线路号、车站名、出入口编号的中英文。

图 2-4   上海地铁官网的乘车指南

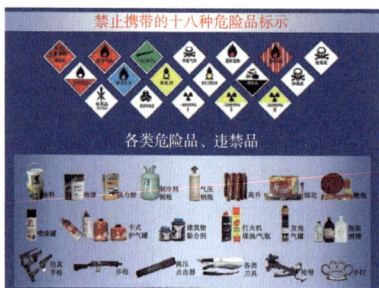

图 2-5   上海地铁禁止携带的危险品提示

（五）无障碍信息服务

上海地铁提供了丰富的信息查询途径来帮助有需要的乘客获取无障碍
服务信息（图2-6），包括官网运营专页（图2-7）、官方微博推送、微信、手机
App 和客服热线等渠道。上海地铁的运营人员还配发了《上海地铁无障碍
服务指导手册》（图2-8），从礼仪、语言、动作等方面指导工作人员无障碍服务
引导的基础常识和服务技巧，用更专业、更适当的引导方式，为特殊乘客提供

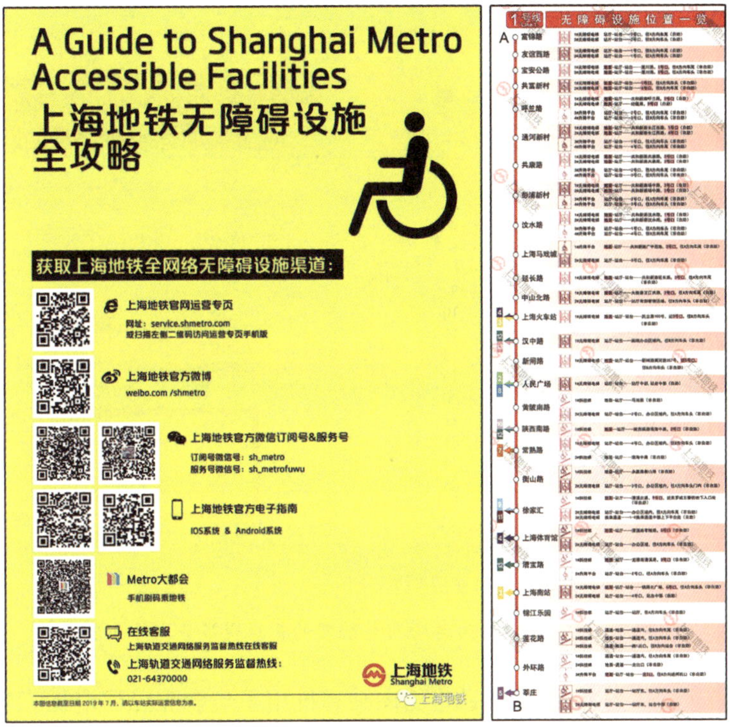

图 2-6　上海地铁无障碍设施全攻略信息

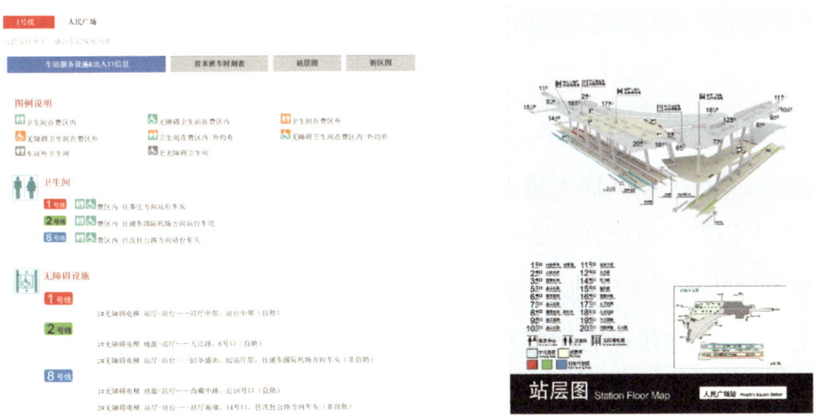

图 2-7　上海地铁官网的无障碍设施查询

图 2-8　上海地铁为运营人员配发的无障碍服务指导手册

人性化的帮助。另外,上海地铁也面向乘客推出了包含无障碍电梯、卫生间位置等信息的便民手册,乘客可以在上海地铁官网、官方微信公众号和客户端等平台在线查看该手册,亦可在车站领取纸质版手册。该手册包含上海地铁全网所有车站的无障碍电梯、无障碍爬楼机、无障碍卫生间的布置情况。

(六)失物招领服务

上海地铁客流量大,是遗失物品的多发的场所。以前乘客遗失物品后只能通过寻求车站工作人员帮助或拨打地铁服务热线寻找失物,这两种方式寻找失物不够便捷,信息不对称情况多,且匹配效率不高。为了丰富报失渠道、简化失主报失的流程、提升管理水平、提高寻物效率,给乘客提供了一条更全面、方便、快捷的寻物渠道,上海地铁在官网及 Metro 大都会 App 推出了失物查询服务(图 2-9)。该服务通过大数据分析,信息自动化对比,自动识别、匹配乘客挂失物品和车站捡拾、乘客上交的遗失物品,提高寻找遗失物品的效率。

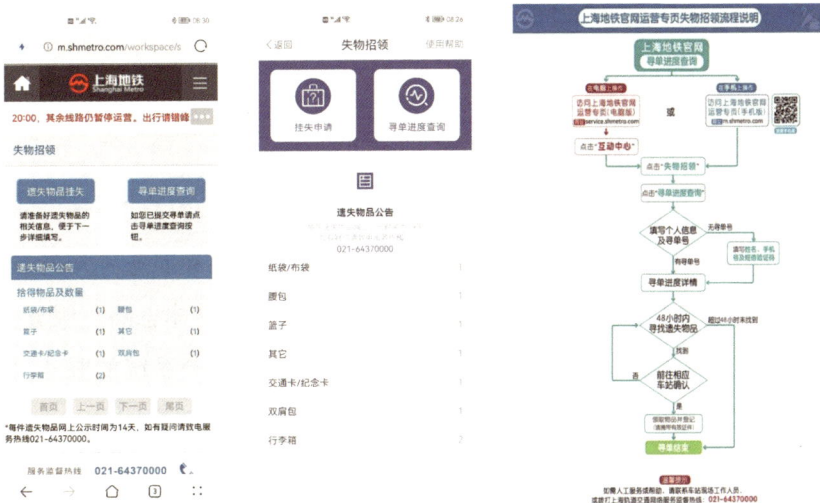

图 2-9　上海地铁推出的"失物招领"功能

（七）电子致歉信服务

《上海市轨道交通管理条例》规定："轨道交通因故障不能正常运营15 分钟以上的,轨道交通企业应当出具延误证明"。为了方便乘客领取延误证明,上海地铁不断改进服务,从最初的由车站客服中心发放纸质致歉信,到 2009 年改为在官网发布延误情况并可在 PC 端下载电子版致歉信（图 2-10）,再到 2018 年可用手机在 Metro 大都会 App 下载致歉信。这一服务缓解了故障情况下车站的客流压力,避免了因乘客聚集服务中心领取纸质道歉信而带来的安全隐患。

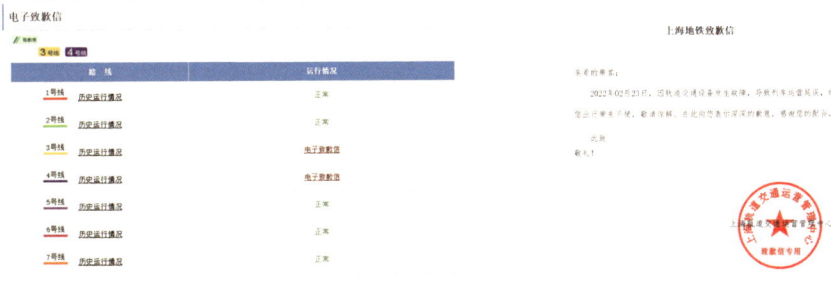

图 2-10　上海地铁官网推出的"电子致歉信"

第二节
上海地铁运营服务蓝图

服务蓝图是对服务提供（生产）系统进行总体描述和规划设计，即从整个服务提供系统的总体出发，确定服务提供的基本方式和服务生产特征，为进行各要素的、具体的、细节性的设计规定基本方向和总体思路。服务蓝图构建的主要方法是将服务过程合理分块，再逐一描绘服务系统的服务过程、接待顾客的地点及顾客可见的服务要素。

一、针对乘客的多样化需求分析

为及时获取不同乘客群体的诉求，上海地铁构建多种信息沟通渠道：通过服务热线、微信微博、App 等多种反馈方式，加强与乘客之间的交流；通过邀请市政协特约监督员共同参与监管，全面加强社会监督；通过服务监测、投诉管理等渠道，发现乘客痛点，及时响应、有效反馈、持续改进，给予乘客"优质服务、品质出行"的体验。上海地铁多样化的乘客需求获取途径如图 2-11 所示。

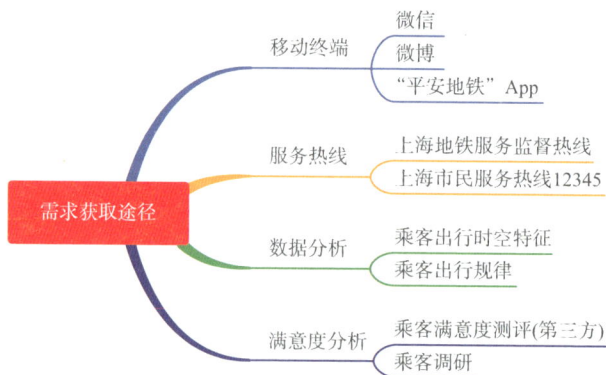

图 2-11　上海地铁的多样化乘客需求获取途径

与此同时，上海地铁还针对乘客群体的年龄、地区、出行原因、出行时段等 4 个维度，从安全性、可靠性、便捷性、舒适性和经济性等方面构建了基本需求图（图 2-12）。结合先进设施设备和数字化条件，挖掘乘客隐形需求，为提供个性化、人性化服务，持续改进服务品质奠定良好基础。

二、"以乘客为中心"的服务蓝图设计

客运服务主要围绕乘客出行链全过程涉及的相关业务展开，为了精准把控其中的各个环节，上海地铁通过精准识别客运服务关键接触点，以乘客为中心，将乘客"进站、购票、安检、检票、候车、乘车、换乘、出站"的出行全过程通过服务蓝图的形式绘制出来（图 2-13），有效解决了服务流程中前后台的接口问题。

在服务总蓝图中，将客运服务流程分为前台接触和后台接触两部分：前台接触包括与乘客直接接触的部分，如导向、设施等有形展示，乘客乘坐轨道交通的主要行为，以及与乘客直接接触的人员服务及客运设施设备等；后台接触包括各类系统及规章制度等。通过服务蓝图的直观展示，既帮助管理人员理顺日常客运服务的主要流程，又能够精准识别客运服务中关键点，从而更好地实施服务改进。服务蓝图对上海地铁客运服务的持续改善发挥着引导作用。

第三节
上海地铁运营服务规范

服务规范是服务标准化的体现，有利于提高服务质量，增强企业核心竞争力，为构建和谐社会提供有利的技术支撑。上海地铁以乘客需求为导向，采用统一理念指导班组建设及日常服务，确保网络运营常规服务具有统一标准，即实现服务标准化。上海地铁通过加强一线员工管理，持续推进岗位标准化作业，提高员工的服务技能的主动服务意识，包括行为礼仪、规范用语、现场处置服务等，致力于形成服务标杆，努力与国际大都市的服务水平接轨。

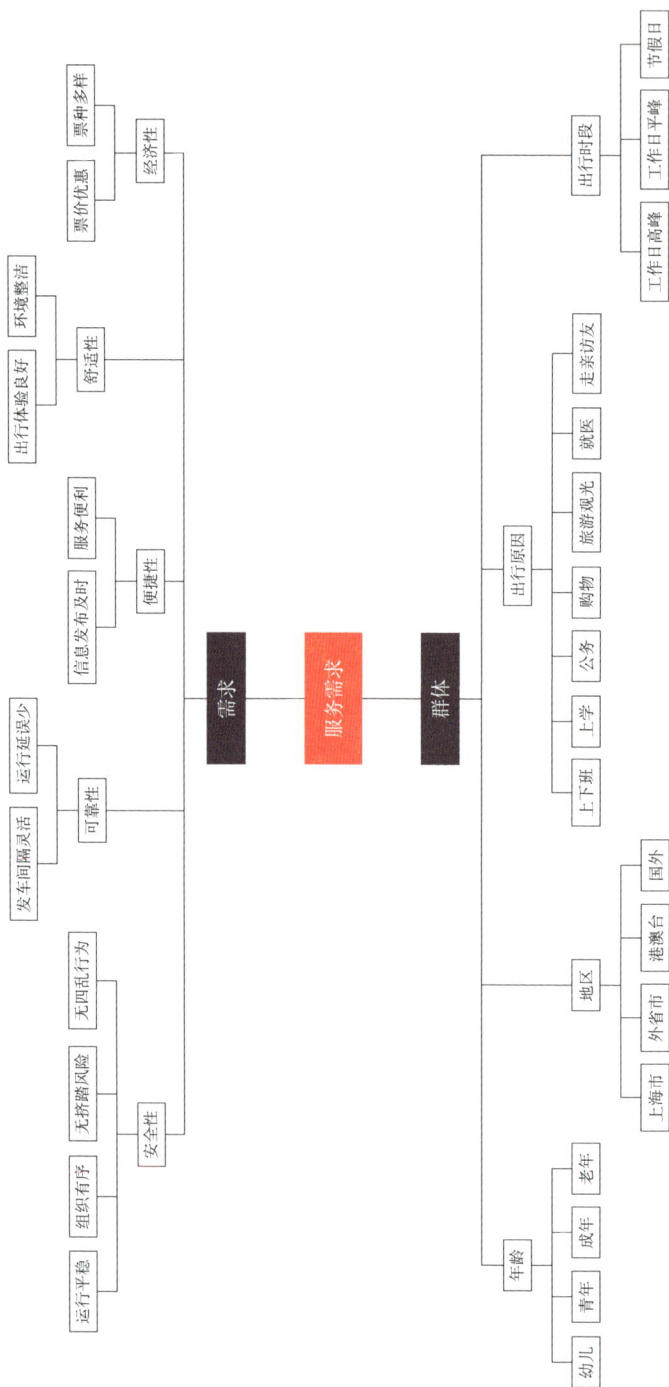

图 2-12　上海地铁针对不同乘客群体的服务需求分析

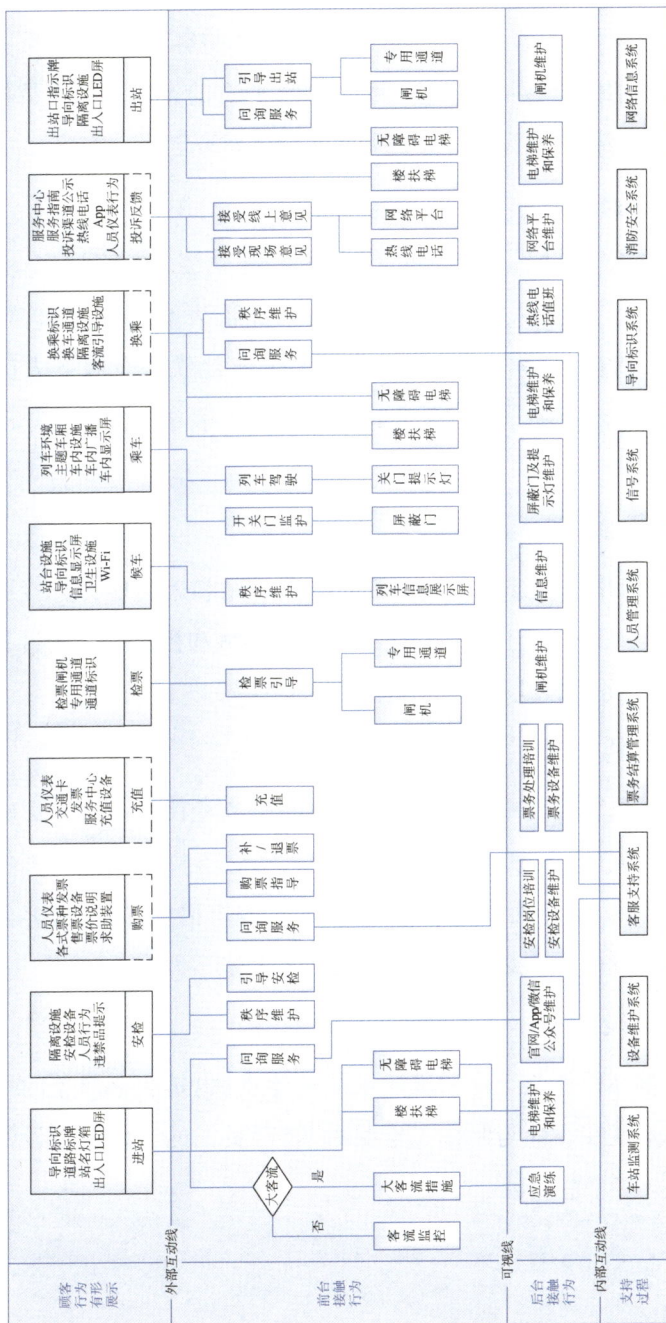

图 2-13　上海地铁客运服务蓝图设计

客运服务是面向乘客的服务,客运服务人员的形象不仅兼具自信和敬人的双重功能,而且代表着运营企业的形象。对于乘客而言,好的服务除了包括车站环境整洁优美、列车正点安全运营外,所有的客运服务人员保持良好的服务规范也是构建上海地铁一流服务质量的重要因素。

一、服务仪表仪态

上海地铁在服务过程中涉及的仪态主要有站姿、坐姿、走姿、助臂、蹲姿、微笑等,这是服务人员基本素质内容。而仪表端庄的要求,则是指服饰、举止大方得体,仪容、神情端正庄重。上海地铁每个服务人员的仪表仪态不仅是反映个人的精神面貌,而且也代表着上海地铁的企业形象。

二、服务语言礼仪

语言是服务的第一工具,服务人员的语言运用和表达能力直接影响到服务的水平。上海地铁要求服务人员在与乘客接触和提供服务的过程中遵循图 2-14 中的服务语言礼仪基本要求。

三、车站服务礼仪

车站服务人员直接与乘客打交道,他们的服务礼仪水平直接影响到各自的服务质量。因此,上海地铁的车站服务人员在上岗时通过认真执行服务标准和作业程序、研究乘客需求、规范仪表仪容等措施,来为乘客创造良好的出行体验。具体的车站服务礼仪要求见表 2-2。

四、工作服设计

工作服既是一种企业文化和服务品质的体现,也是企业形象的一种展示手段。上海地铁在设计与制作工作服时,针对员工的工作环境设计了不同类型的服装。

服务语言礼仪基本要求

谈话与倾听礼仪

听要全神贯注，不东张西望，不显出不耐烦

谈话中采用提问、赞同、简短评论等方法技巧

不贸然提一些反驳或刁难性的话语，不中途打断

在谈话中一些细小的地方，体现出对他人的尊重

谈话中不能总处于"说"的位置上，要善于聆听

劝告与说服礼仪

部分地承认或称赞对方的说辞，使意见易于接受

充分了解、体谅对方心态

充分倾听对方诉说，用语言表示关怀体贴

掌握说服的技巧

应答礼仪

答询用语热情有礼，认真负责，耐心细致

把握回答要领，讲究回答技巧

应答时注意客气、委婉、得当

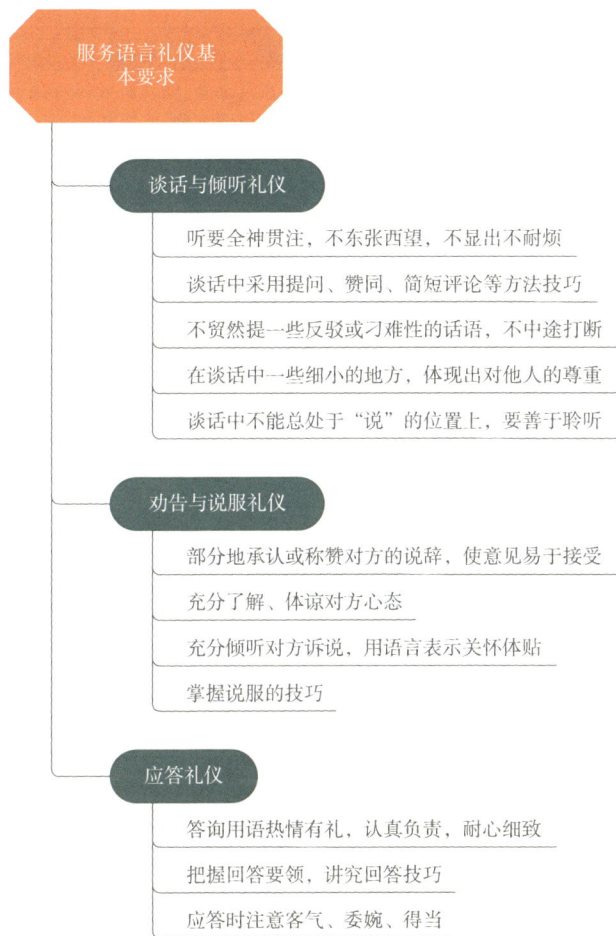

图 2-14　上海地铁服务语言礼仪基本要求

表 2-2　上海地铁车站服务礼仪要求

岗位类型	要　求
票务处站务员	上岗时带好票卡、钥匙等工作用品，并做好记录。按照规定，认真执行发售车票等作业程序。收取票款时，严禁拒收旧钞、零币。出售票卡或找零时，将票卡和找零一起交给乘客。严禁出售与乘客要求不相符的车票
站厅站务员	引导乘客进站买票、按顺序通过闸机。在与乘客进行交流过程中，语调沉稳、吐字清晰。对列车的时刻、车站的基本布局等有详细的了解。为乘客指引方向时，面向乘客，使用服务手势指引目的地，目光望向指尖位置，不得边走边回答或者边工作边回答

岗位类型	要　求
站台站务员	组织乘客有序候车,特别注意帮助老、幼、病、残等特殊乘客。回答乘客问题或使用扩音器维持秩序时,语调沉稳、吐字清晰。处理违章事宜时态度和蔼,得理让人
车站值班员	在上岗前要做好仪容仪表检查,遇到乘客在车站控制室外需要咨询、帮助时,根据车站控制室的实际情况,起立或端坐原位解答问询。播放广播时,语调平稳、圆润,音量适中,一般使用普通话、英语双语广播
值班站长	上岗前,做好仪容仪表的自我检查,做到仪表整洁,仪容端庄,符合要求。同时,注意检查人员上岗情况、仪容仪表、服务态度和礼貌用语,做好检查记录,认真、及时履行岗位职责

(一) 西装制服

上海地铁制服以其 Logo 的绛红色与深灰来调和,代表柔和、温馨,给人热情温暖的感觉(图 2-15)。制服为西服套装,上红下灰黑,沉稳又有活力。男士佩戴领带,女士佩戴领花,胸前佩戴徽章,领上佩戴代表上海地铁星级服务考核标准的星级标识。根据上海地铁星级服务考核标准,站务员和列车司机自高至低分为三星级、二星级和一星级共三个等级,星级标识即为其等级标识。

图 2-15　上海地铁西装制服

(二)夏装 T 恤制服

针对上海夏季炎热气候对员工工作质量和服务水平带来的严峻考验,上海地铁从兼顾功能性和舒适性的角度出发,为高架(地面)车站工作人员定制了夏季 T 恤衫制服(图 2-16)。新款制服同步配置透气性更强的窄条反光背心,兼顾一线作业人员制服功能性和舒适性的需要,既透气舒适,又美观亲和。

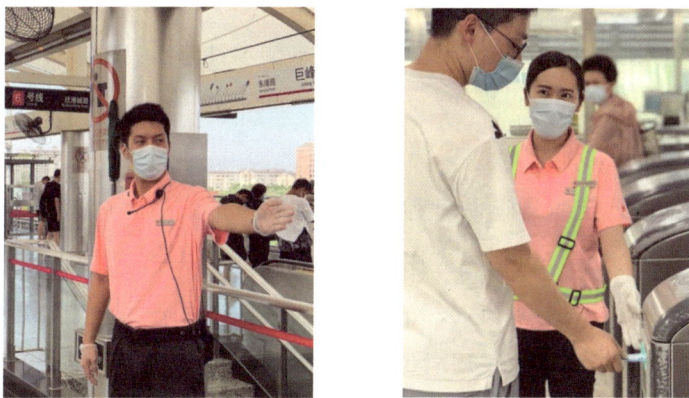

图 2-16　上海地铁的夏季 T 恤制服

第四节
上海地铁客运组织服务

客运组织服务是指为了实现旅客安全舒适位移而由一系列或多或少具有无形性的活动所构成的一种组织过程。客运组织服务过程包括流线组织、限流组织、上下车组织等过程,其目的是为乘客提供安全、快捷、方便、舒适的出行过程。上海地铁一直在努力优化客运组织服务流程,如导向标识优化、候车引导等。

一、导向标识设计优化

城市轨道交通多设置在地下,空间结构错综复杂,为了使人们能安全、快捷、准确地识别交通信息,需要设置系统、规范和优化的导向标识系统。车站空间的导向标识包含文字、色彩、图形和符号等元素,旨在引导乘客安全、顺利地完成进站上车、下车出站以及换乘的过程。

为进一步规范今后上海城市轨道交通导向标识的建设及运营管理、形成上海城市轨道交通导向标识的完整体系、对新线导向标识设置以及老线导向标识改造的设计施工提供规范化的依据,结合既有线路的建设经验,上海地铁制定了《上海轨道交通导向标识设置标准》。标准规定了导向系统的组成、设计原则和要求,并给出了相关具体技术性指标,其中以下几个方面的设计有一定特色。

(1)颜色元素设计

上海地铁规定线路应采用阿拉伯数字编号形式命名(磁浮等其他特殊轨道制式除外),线路识别色应用于引导系统、车辆系统、地图系统,单一线路原则采用一种识别色。内发光导向牌底色应采用深灰色,内发光导向牌与进站、换乘相关的信息采用白色,与出站相关的信息则采用黄色(即"白进黄出"),附着式导向底色为白色,信息内容采用黑色(图2-17)。

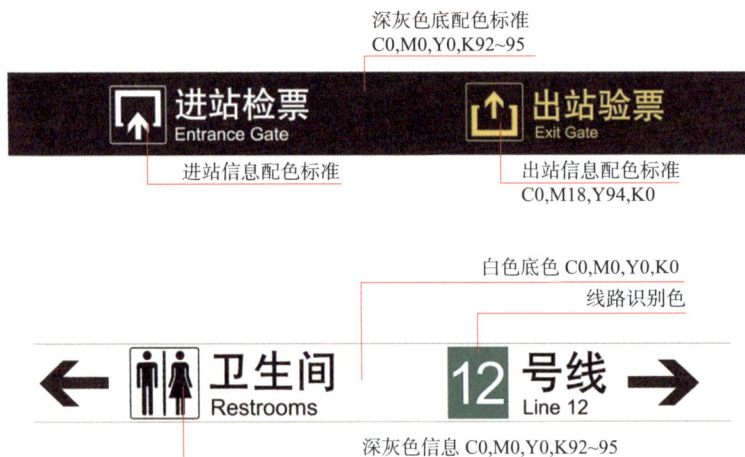

图 2-17 上海地铁的导向牌设计标准

（2）站外引导设计

上海地铁规定站外引导标志中的信息内容包括方向箭头、国标地铁标志、上海地铁标志、线路号图形、"号线"文字、英文标识、距离说明（图2-18），标注的距离以50米为单位（50米、100米、150米、200米）。

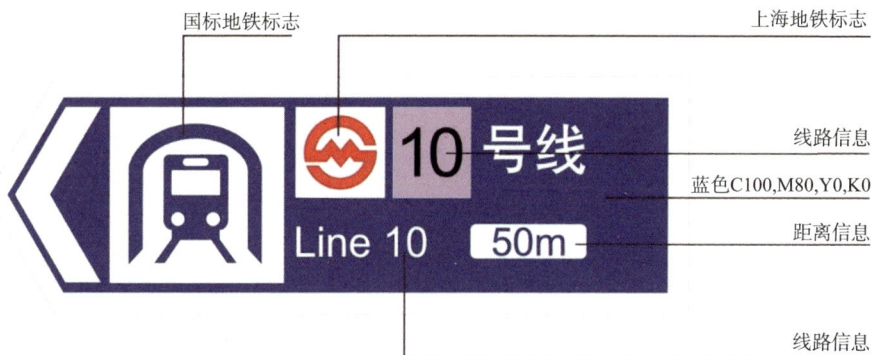

图 2-18 上海地铁的站外引导标志规范

（3）站层图设计

上海地铁规定站层图应设置在车站的站厅、站台等适当位置。站层图应提供车站功能区域分布、服务设施分布等信息，应标注乘客的当前位置。站层图中信息的方位应与乘客所在位置的实际场景一致，使用三维形式表现且宜结合疏散平面图布置（图2-19）。

（4）车身色带设计

上海地铁规定应在车身外设置线路色带（除特殊制式车辆外），色带宽度为200毫米（图2-20）。共线运营车辆应标明线路号，当采用混跑共享列车时，车厢外侧应采用电子可变媒介标注行车方向。

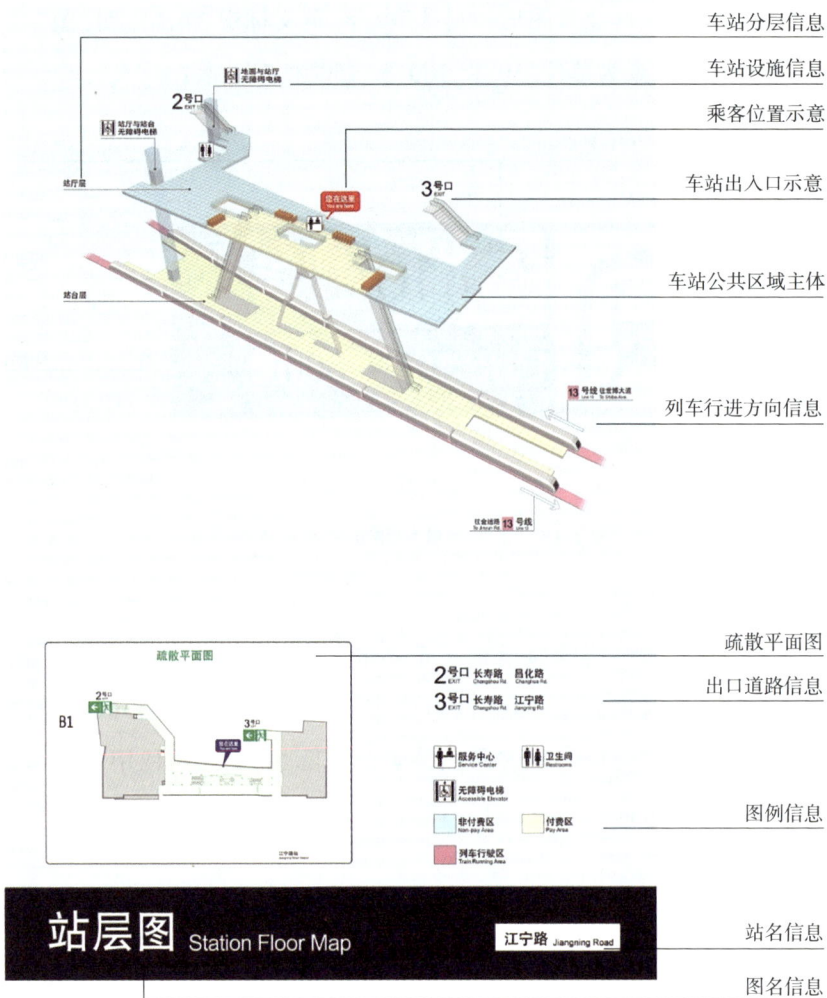

车站分层信息
车站设施信息
乘客位置示意
车站出入口示意

车站公共区域主体

列车行进方向信息

疏散平面图
出口道路信息

图例信息

站名信息
图名信息

图 2-19 上海地铁的站层图设计规范

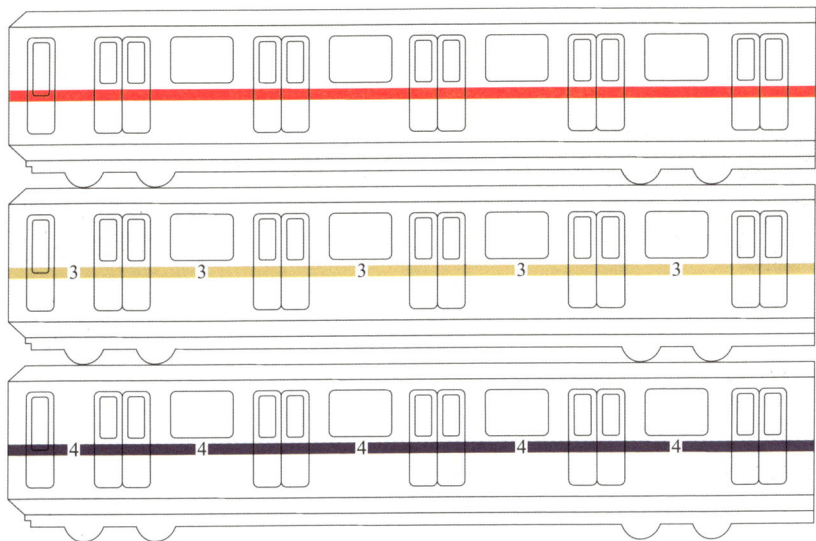

图 2-20　上海地铁的车辆线路识别色规范

（5）动态导向设计

同时，上海地铁不断优化地下空间导向标识系统，以满足乘客的各种行为需求。例如，上海地铁在重点车站设置了"走行距离与时间"信息引导系统（图 2-21 和图 2-22）。该系统在较长换乘通道的通行起点位置处，标识行

图 2-21　上海地铁的"走行距离与时间"信息引导标识

至目的地的"距离"和"用时",以提醒乘客预留时间,方便乘客出行,也有助
于提高地铁车站日常情况与大客流的客运组织工作。

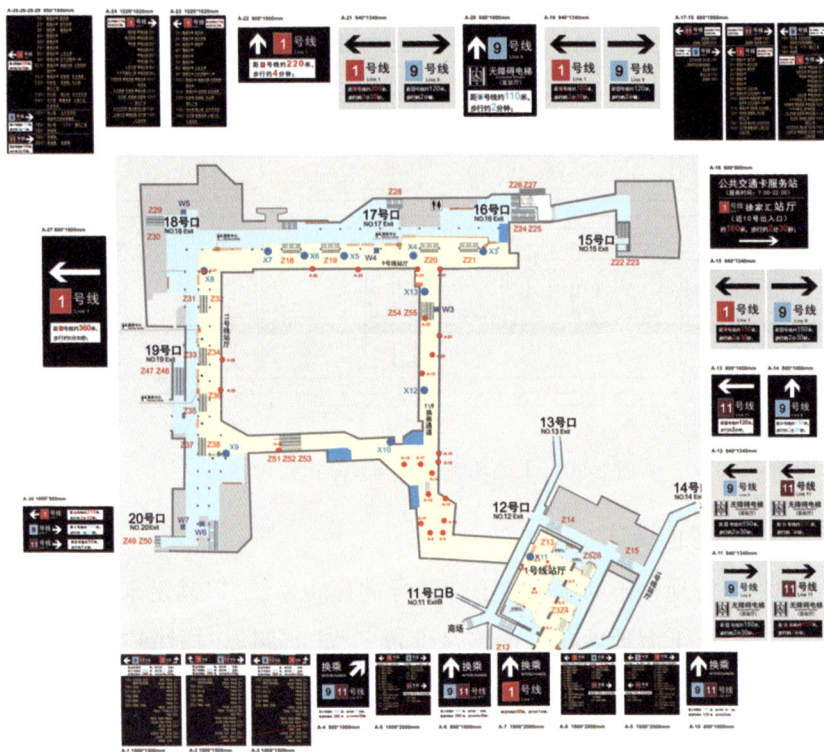

图 2-22　上海地铁徐家汇站的"走行距离与时间"引导系统方案

二、列车候车引导

　　地铁车厢拥挤度是表现车厢内部单位面积上承载乘客密度的指标,其
反映了地铁列车实际承载客流和设计负荷之间的关系。对列车拥挤度进行
测算和显示,一方面可以降低客流高度聚集而发生踩踏现象的可能性(疫情
期间还可以降低交叉感染风险),另一方面为城市轨道交通线路实行局部封
站、限流等措施提供了依据。因此列车拥挤度指标对轨道交通的实时调度
和限流管控具有重要意义。

　　为了切实保障乘客出行安全,上海地铁结合运营实际和乘客需求,采用

"车辆称重+其他客流计算"的换算数据,实现了客流状态信息线上线下渠道的实时发布。线下通过车站乘客显示屏(PIS系统)实时发布近一班列车每节车厢的客流状态信息(图2-23);线上通过Metro大都会App、上海地铁官网、微博、微信等媒体平台实时发布客流状态信息。当客流状态信息为0%~59%时底色显示绿色;为60%~79%时底色显示黄色;为80%~100%时底色显示红色。超过100%时显示"100%";低于5%时显示"<5%"。

图2-23　上海地铁车站站台PIS屏实时发布列车拥挤度等信息

截至2021年底,上海地铁11、14、15、16、18号线已率先在全线车站站台PIS屏上全时段进行"客流状态信息"发布,并推进后续线路以及重点车站、重点区域(出入口、换乘通道、站内客流管控点等)的信息发布,从而实现更全面、更详细的信息展示,加强乘客出行引导。

第五节
上海地铁票务服务

城市轨道交通企业的社会效应来自服务质量,经济效益则来自票款收入。票务工作是轨道交通客运组织中一项重要的经济工作,其涉及面广,既有管理方面的,又有技术方面的,是运营生产活动中的重要环节。上海地铁一直在努力满足乘客多样化的出行需求,利用管理创新和技术创新来提升乘客在购票乘车过程中的体验与感受。

一、售检票管理创新

针对购票乘车过程中乘客对便捷性、多样性、经济性等方面的诉求，上海地铁在售检票管理上推出了"多码整合"、多样化票卡、票价优惠、"一票换乘""虚拟换乘"和"安检白名单"等一系列创新手段和模式，提升了乘客票务服务水平。

（一）多码整合

在上海，地铁乘客出行经常需要扫二维码，比如乘公交要用乘车码、坐地铁要用 Metro 大都会 App、进商场要用随申码，切换复杂，特别是对于年龄大的人群而言多有不便。为了提升乘客出行的便捷性，2021 年 6 月，上海地铁基于上海市委、市政府关于全面推进上海城市数字化转型意见及上海市交通委员会关于 MaaS（Mobility as a Service，出行即服务）系统建设互联网票务（公交乘车码、地铁乘车码、随申码整合）的工作要求，与市大数据中心、久事（集团）有限公司等单位开始落实与推进上海地铁交通二维码"一码通行"改造工作。

截止 2021 年底，上海地铁已开通了一批线路作为"一码通行"试点（图 2-24），分别为 5 号线（东川路至奉贤新城）、9 号线（芳甸路至曹路）、10 号线、13 号线、14 号线、15 号线、16 号线、17 号线、18 号线、浦江线和磁浮线。预计在 2022 年底实现"随申码"在轨道交通、地面公交、轮渡等领域的通行。

（二）票卡类型

为了提升乘客的出行体验，上海地铁一直在创新票卡类型，目前能使用票卡类型包括单程票、公共交通卡、一日票、三日票、磁浮地铁联票、Metro 大都会二维码、保通卡、纪念票等（表 2-3）。

图 2-24　上海地铁"一码通行"试点线路闸机下的相关标识

表 2-3　上海地铁的车票类型

类型	样张	说　明
单程票		按起讫点票价购票乘车，可乘坐一次，当日有效，进站时在检票机上方感应，出站时插入检票机回收，在虚拟换乘站换乘需重新购票进站
公共交通卡		由上海公共交通卡股份有限公司发行的，可乘坐公交、地铁等交通工具的储值卡
Metro 大都会二维码		一款由上海地铁开发的二维码支付软件，乘客只需下载 Metro 大都会 App，点击打开首页"乘车"按钮，即可在检票机扫二维码支付进、出站

续上表

类型	样张	说　　明
一日票		以首次进站开始计算使用时间,之后 24 小时内的运营时段只限单人不限乘次乘坐上海地铁的各条线路(磁浮线除外),票价 18 元
三日票		以首次进站开始计算使用时间,之后 72 小时内的运营时段只限单人不限乘次乘坐上海地铁的各条线路(磁浮线除外),票价 45 元
磁浮地铁一票通		连接乘坐地铁和磁浮的车票。分为地铁磁浮单程联票:地铁一日票 + 磁浮单程一票通,含磁浮普通席单程及地铁 24 小时运营时段不限次乘坐;地铁磁浮双程联票:地铁一日票 + 磁浮双程一票通,含磁浮普通席双程及地铁 24 小时运营时段不限次乘坐。票价:磁浮单程 55 元/张、磁浮双程 85 元/张
保通卡		由中国太平洋财产保险股份有限公司推出的"老年人公共交通意外伤害保险"产品中提供的一张"保险交通卡"。投保人持"保险交通卡"可在工作日非高峰时段和节假日全天免费乘坐上海市除行驶高速公路线路(实行"一人一座",不允许乘客车厢内站立)、机场线、旅游线及磁浮线外的公交和轨道交通线路。该产品的目标客户是上海市户籍 70 岁以上的老年人,车站设置保通卡进出站专用通道
纪念票		车票图案具有纪念意义,按票值有效期内使用,出站不回收
虚拟交通卡		带 NFC 功能的手机可以申请虚拟交通卡,功能类似实体交通卡,不用点亮屏幕,无须连接网络,可直接刷卡通行

（三）票价优惠

为了鼓励公共交通出行,上海地铁推出了多项票价优惠政策。一是公交轨道联乘优惠,即持公共交通卡乘客,在120分钟内,地铁与公交之间换乘可享受1元的优惠;二是乘坐满70元累积优惠,即当月公共交通卡在地铁乘坐满70元后可享受9折优惠,次月重新计算当月累积额度;三是推出了一日票、三日票、地铁磁浮一票通等多种优惠票种。

另外,按照国家和上海市有关规定享受免费乘车待遇的乘客,凭有效证件,经轨道交通企业查验后,可以免费乘坐本市轨道交通(磁浮线除外)。乘客可以免费带领两名身高1.3米(含1.3米)以下的儿童乘车,超过两名的按超过人数购票,无成年人带领的学龄前儿童不得单独乘车。

（四）一票换乘

实现不同线路收费区内便捷换乘(一票换乘)是轨道交通网络化运营"以人为本"的重要体现。随着自动售检票系统设备规模不断增加,上海地铁提前意识到互联互通对售检票网络化运营的重要性,同时积极开展相关技术方案研究和论证,并提出自动售检票多线中央系统和线网一票通换乘的技术要求。2005年,上海地铁实施了线网一票通升级改造,成为国内首个实现"一票换乘"的城市。2017年,上海地铁依托17号线工程,完成了地铁自动售检票多线中央系统的建设。

上海地铁通过"一票换乘"的建设,方便了乘客出行,降低了乘车成本,增强了轨道客流的吸引力。同时,"一票换乘"所依托的以车站为单位的票务清分结算体系有助于建立更好的投资回报模式,吸引多元化资金投向轨道交通。此外,在"一票换乘"所带来的精细化轨道交通客流数据支持下,城市交通管理的精细度和及时性得到提升。更重要的是,"一票换乘"所建立的轨道交通清分系统可将更多的行业融合起来,建立范围更大、操作更便捷的支付结算体系,为经济发展提供了有力支持。

（五）虚拟换乘

在客票清分系统建立后,对于地理位置不连通、无法实现收费区内换乘

的车站,上海地铁通过自主设计与研发,实现了国内首创的虚拟换乘功能
(图2-25),即乘客持交通卡或Metro大都会二维码在虚拟换乘站出站后再进
站,到目的地之前仍采用连续计费方式。该技术应用后,乘客在出站换乘车
站持公交卡或Metro大都会二维码进出站不会出现重复计扣费用的现象。
这样一来,不仅乘客的出行成本得到了节约,且出行的便利性也大大提升,
从而使上海地铁真正意义上实现了"一票通行"。

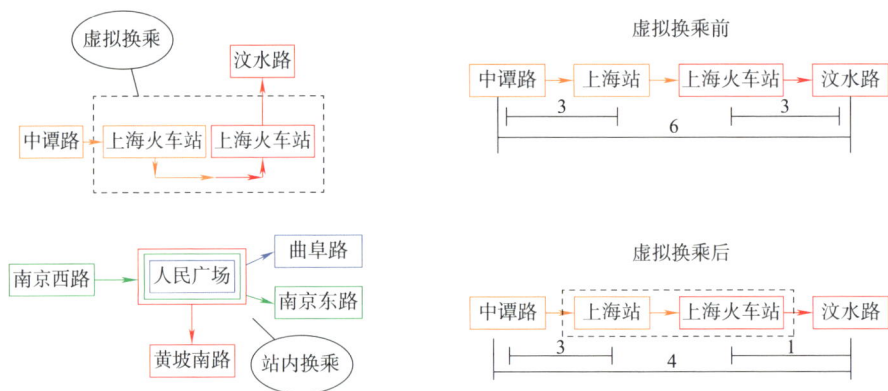

图 2-25　上海地铁的虚拟换乘功能

截至2022年2月,持Metro大都会二维码/公共交通卡(住建部异地卡
除外)的乘客可在30分钟以内的出、进站时间间隔下,享受出站换乘连续计
费服务。上海地铁的出站换乘车站见表2-4。

表 2-4　上海地铁的出站换乘车站

站　名	线　路
上海火车站站	1 号线、3/4 号线
南京西路站	2 号线、12 号线、13 号线
长清路站	7 号线、13 号线
虹桥 2 号航站楼站	2 号线、10 号线
娄山关路站	2 号线、15 号线
曹杨路站	14 号线、3/4/11 号线

（六）安检白名单

为提升上海地铁进站通行效率，进一步优化安检措施，减少市民乘客高峰安检排队时间、改善出行体验，上海地铁与上海市公安轨交总队联合开展试点工作，邀请部分 Metro 大都会 App 实名注册乘客，在 1 号线徐家汇站（8、10 号口）、7 号线上海大学站（1、3 号口）、2 号线静安寺站（4 号口）、2 号线南京西路站（4 号口）试点"安检快捷通道"进站措施。

"安检快捷通道"是结合智慧城市建设，对轨道交通进站安检环节既确保安全又兼顾快捷的一次新的尝试。目前采取邀请制和申请制结合的方法。上海地铁对上述车站符合要求的且在 Metro 大都会 App 实名注册的常乘客（高峰时段有多次进站记录），发出《上海地铁乘客安检快捷通道测试邀请函》。乘客在接受邀请并签订《上海地铁乘客安检快捷通道（试点）业务开通服务协议》后，可在上述车站持 App 通过安检快捷通道刷码进站乘车。同时，为进一步扩大试点范围，在 2 号线静安寺站和 2 号线南京西路站开通扫码申请，经审核通过后同样可以参与试点（图 2-26）。

图 2-26　上海地铁的"安检白名单"试点

参与试点的乘客，可在携带随身包裹物品（非危险品）的情况下，持

Metro 大都会 App 通过标有"安检快捷通道"或"认证乘客专用通道"标识的通道,就可以刷码快速进站。轨交警方及车站安检工作人员等会对通过"安检快捷通道"进站的乘客人员身份及随身物品进行安全抽检。此外,如携带大件行李(行李拉杆箱等)仍须走常规安检通道。

二、售检票技术创新

为了优化乘客在购票乘车过程中的体验,提升出行效率,上海地铁在售检票服务的数字化升级方面进行了较早的探索和多方面的尝试,已形成了丰富且智慧的售检票服务体系。

(一)智能客服终端

上海地铁研发了智能客服终端,并在部分智慧车站客运服务中试点使用。智能客服终端具有语音问询功能,通过人机交互以满足乘客的问询需要以及票务业务办理。智能客服终端具备了原有车站服务中心所有功能,减少了车站人员工作压力,也减轻了车站客运组织压力。

(二)TVM 升级

上海地铁通过语音、模糊查询等最新技术,升级传统的 TVM 购票方式,新增语音识别和模糊查询功能。乘客通过语音输入目的地,或者输入目的地拼音首字母,TVM 可列出相关候选车站,并显示推荐路径方案,乘客选择对应车站后,TVM 跳转到支付页面。语音售票机可以在嘈杂的公共场所环境下,实现精准远距离语音交互,使用语音功能后,购票全程只需要 10 秒左右,远远小于传统触摸操作普通买票耗时的 30 秒。除语音购票外,上海地铁目前全路网所有 TVM 均支持扫码购票,乘客不带现金情况下也可通过支付宝、微信等轻松扫码购票。上海地铁的智能语音售票机如图 2-27 所示。

(三)虚拟车票支付

上海地铁一直不断探索和应用移动支付为主的新型支付方式,以求便利乘客出行、降低运营成本。新型支付方式大致分为 NFC 手机支付、二维码

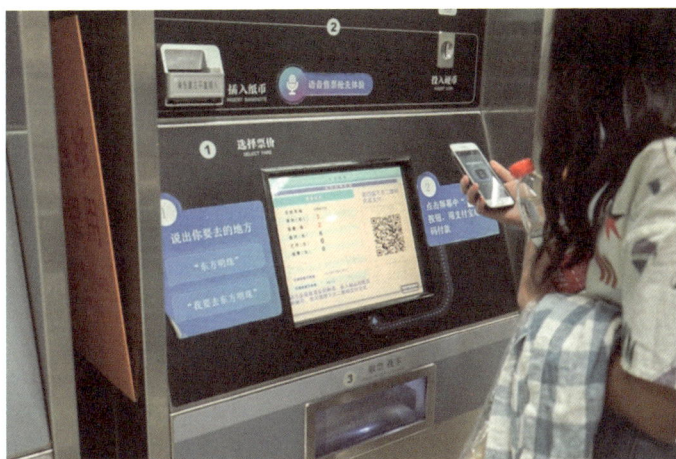

图 2-27　上海南站地铁站的智能语音售票机

支付、生物识别技术和无感支付。早期的上海地铁采用了 IC 卡作为车票介质，需要乘客事先用现金购票或充值，支付效率不高；2014 年，上海地铁运用 NFC 近场通信技术开发了手机移动支付方式，乘客刷手机进出站，支付效率有一定提高，但仍属于预充值的支付方式；2018 年，上海地铁采用自助研发的二维码蓝牙脱机回写技术，乘客可用 App 二维码扫码进出站，这样的先乘车后付费模式代替了传统的预付费充值模式，乘客支付效率和支付感受得到很大提升。

2018 年至今，上海地铁在虚拟车票支付应用上继续研究，包括随申码、公共交通乘车码、银联卡手机闪付以及二维码互联互通场景下的虚拟车票支付技术，随申码、公共交通乘车码等已在上海地铁试点；此外，上海地铁还进一步探索刷脸识别、虹膜识别等生物识别前沿技术，充分提升乘客过闸体验，优化企业信息化水平和整体形象。

（四）Metro 大都会

随着互联网支付的发展和应用，乘客使用虚拟化支付或电子化货币支付成为城市轨道交通票务服务的主流方式。通过"互联网＋票务"的研究和使用，可以改善乘客的支付体验和效率，降低车站运维成本，减少现金管理压力,同时为构建以地铁出行为主体的多功能服务产业生态提供了机会。

2017 年,上海地铁将对内、对外各数据资源、服务资源集成整合,在国内率先推出了 Metro 大都会综合电子商务平台(图 2-28)。该平台通过融合用户出行生活的各种场景,无缝连接乘客出行、餐饮、居住、旅游、文化娱乐、购物需求,形成了以乘客服务、运营管理、社会协作为核心的统一移动应用门户,为上海地铁出行用户提供更便捷的手机乘车服务以及更丰富的地铁生活圈周边服务。

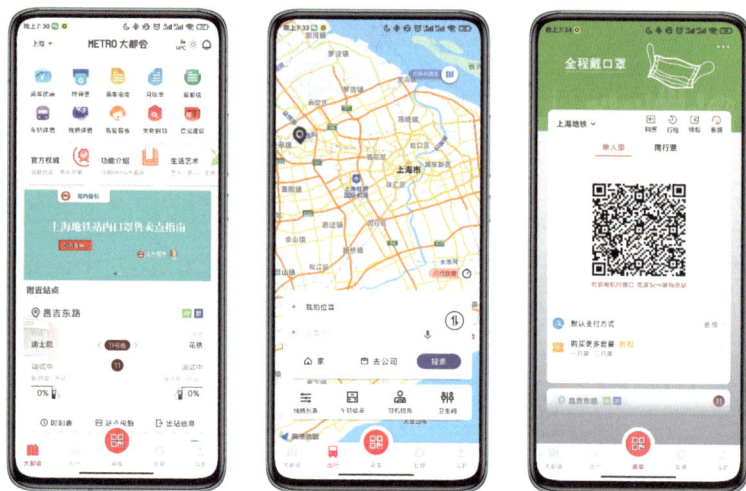

图 2-28　Metro 大都会 App 使用界面

Metro 大都会 App 开启了刷码进出站的互联网票务模式,面向乘客出行全过程提供导乘、导购、导游、导吃、导读"五导"特色服务:出行前,提供线路规划;候车时,向乘客推送实时列车到站信息和车厢拥挤度、温度等环境信息;乘车时,可获取地铁合作商户的营销信息,为乘客规划目的地行程。

此外,截至 2022 年 3 月,Metro 大都会的乘车二维码实现了包括长三角以及北京、天津、重庆、广州、兰州、呼和浩特等在内的 18 座城市轨道交通互联互通(图 2-29),覆盖城市数量超过国内地铁城市数量的三分之一,覆盖轨道交通总里程约占全国所有地铁城市的 50%,累计服务约 806 万人次。

截至 2021 年 3 月底,Metro 大都会实现累计乘车 19.4 亿人次,实现累计票务收入 87 亿元,占票务收入的比例约 40%,月活用户数保持稳定,达到 700 万人左右,手机扫码过闸占比由初期的 21.9% 发展到 39%,全网基本普及使用移动电子支付。

图 2-29　Metro 大都会乘车二维码的互联互通情况

(五)数字人民币

随着数字人民币逐步在轨道交通行业试点应用,上海地铁也逐步研究数字人民币轨道交通应用场景。综合考虑数字人民币现有技术标准、相关行业试点经验以及上海地铁网络规模、客流量等现状,本着"先易后难"的原则,上海地铁采用软钱包技术分步实施试点:第一阶段,POS 机应急票购票扫码支付,在原有应急票 POS 机扫码购票应用上增加数字人民币支付渠道,在线网部分枢纽车站、磁浮线使用;第二阶段,Metro 大都会 App 绑定数字人民币渠道过闸;第三阶段,在 TVM/BOM 上实现扫码购票/付款。未来待硬件包技术成熟后再考虑硬件包实现方案。

截至 2021 年 3 月,上海地铁应急票 POS 机扫码购票应用上已增加数字人民币支付渠道,在路网 44 个枢纽车站试点使用,2022 年年中在 Metro 大都会 App 中增加数字人民币扫码过闸支付渠道相关功能也有望试点应用;除此之外,在上海交通卡、旅游卡的自助充值设备上,已经加入数字人民币选项。乘客只需在屏幕上选择数字人民币的充值方式,再打开手机上的数字人民币 App,在扫描枪下出示二维码,即可完成上海市交通卡的充值。此外,上海市虚拟交通卡也已开通数字人民币的充值服务。

第六节
上海地铁信息服务

随着公众对公共服务水平的要求不断提升以及社会信息化水平的深入发展,公共服务日益呈现出需求导向多样性、个性化、包容性等趋势,而公共信息服务作为公众服务的重要内容,也日益受到关注。城市轨道交通作为公共交通运营服务的核心组成部分,其信息服务的建设和优化有助于提高服务水平。为提升"优质服务、品质出行"的乘客服务体验,上海地铁构建了多种加强与乘客沟通反馈的信息化渠道,提供了多样化的信息发布手段,如官网、服务热线、微信微博、移动终端 App、媒体中心等。这些多样化信息服务的实践为上海地铁打造了良好的社会口碑(图 2-30)。

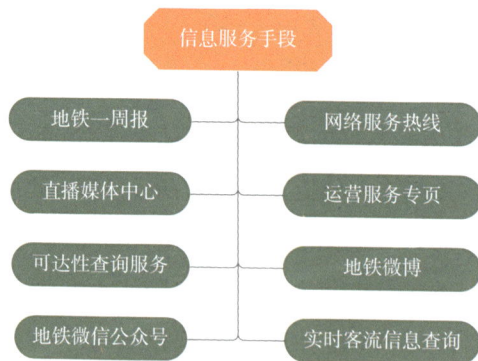

图 2-30　上海地铁信息服务手段

一、服务热线

上海地铁网络服务监督热线成立于 2001 年 1 月,主要承担受理与轨道交通相关的市民来电、网络回复等工作。服务热线始终以乘客需求为导向、精细化管理为抓手、打造优质品牌为目标,秉承"温馨服务,真情接听"的服务理念,践行"全年24 h人工接听,投诉(意见)3个工作日内回复"的服务承诺。据统计,上海地铁热线常态日均受理量近千人次,遇突发情况诸如恶劣天气、运营故障等情况,热线单日最高受理量逾5 000人次。

2020年,上海地铁服务监督热线迁入上海地铁网络运营指挥调度大楼,其设备和环境实现了全方位的升级(图2-31)。热线大厅内的座席使用全新的工作站,在融合服务热线、总机接听、在线客服等功能的基础上,实现了登陆12345、12319等政务平台受理工单的能力,避免原先总机接听、在线客服、政务平台各占一台电脑的情况,节约了人力和设备,显著提升了接听效率。此外,热线大厅可通过大屏投放上海地铁车站CCTV以及线路ATS等信息,实现重点点位跟看,方便服务热线及时掌握现场情况并进行相应的解答。在提升智慧化的同时,上海地铁服务热线持续进行服务品质的稳步提升,值班长对接线员的电话可实现随时监听,并通过"耳语"功能对接线员进行实时指导。

图2-31　上海地铁网络服务监督热线大厅

随着线网客流的逐步攀升,上海地铁服务热线不断开发完善系统、提升服务能力、创新工作手段,进一步提升数字化、智慧化、信息化水平,从而为乘客提供更为专业、更为优质的服务。

二、微博

随着移动互联网的发展,政务类型微博逐步走向新媒体舞台,从而打破了过去的政务信息不对称、官方和民众地位不平等的状态,使传统的社会治理模式迈向"从单向管理转向双向互动,从线下转向线上线下融合"的道路。城市轨道交通企业的政务类型官方微博在提升企业形象、舆情引导、信息传播方面发挥了关键作用,并以其开放传播和互动性强的优势成了运营管理的重要工具手段。

上海地铁的新浪官方微博"上海地铁 shmetro"以"服务为本、真诚沟通"为定位,主要针对上海地铁运营出行信息进行宣传发布(图 2-32)。得益于微博信息发布的高效、快速等特点,上海地铁官方微博在出行指引、故障发布等信息宣传中发挥重要作用。此外,上海地铁官方微博包含了安全提醒、文明礼仪、服务提示、地铁知识、出行攻略、地铁正能量等内容。同时,上海地铁官方微博还积极应对舆情,做好宣传解释、辟谣澄清工作,为企业树立了良好的公众形象。

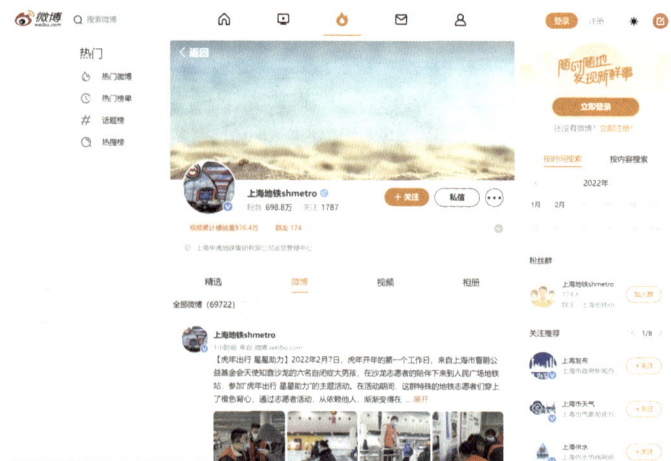

图 2-32　上海地铁官方微博

　　"上海地铁 shmetro"注重加强与乘客间的互动与沟通,站在乘客的立场上,坚持开展微博信息服务(图2-33)。一方面,对乘客的重要建议投诉给予关注和回复;另一方面,借助微博平台,广泛吸收好的意见建议,让更多的乘客参与地铁日常管理,不断督促和改进服务质量。同时,管理部门进一步拓展官方微博平台的功能性,微博不仅只作为一个信息发布平台,更进一步融入运营生产中:新冠肺炎疫情期间,每个工作日早高峰时段,媒体信息工作人员都通过微博监控、收集、汇总网友乘客关于早高峰限流、安检测温等相

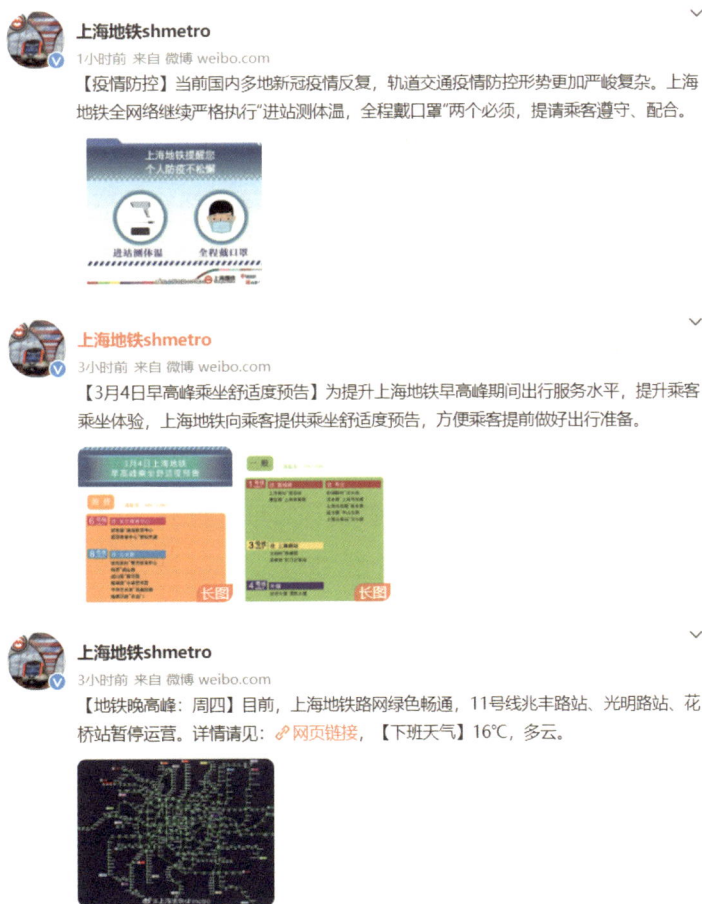

图 2-33　上海地铁官方微博的信息服务

关舆情与意见。舆情、意见及时反馈至相关职能公司及部门,从而为动态调控车站现场客运服务举措提供依据。

截至 2020 年 6 月底,上海地铁新浪官方微博"上海地铁 shmetro"粉丝数超 668 万。2020 年上半年度,上海地铁新浪官方微博共发布微博 3 100 余篇,转发超过 3 万人次,收到评论近 10 万条,阅读量超 9 300 万次。在由中国交通报社、新浪微博、上海交大大数据实验室等机构联合研究权威发布的"2020 年上半年度新浪各类型微博运营排行榜"中,"上海地铁 shmetro"以半年度影响力总平均 83.24 分位居全国城市交通机构微博运营排行榜第 2 名。

三、微信公众号

微信作为人们日常生活中常用的交际工具,其公众号的发展表现出了较强的生命力。相较于官方微博的公开特点,微信公众号更具私密性优势,其模糊输入和快捷搜索的功能带来了对话式沟通交流的体验;相较于官方 App 的程序专用性,微信公众号依托微信的广泛使用基础则更具便捷性和经常性。因此,运用微信公众号进行宣传和服务已成为城市轨道交通企业新媒体运营的重要方式。

上海地铁官方微信目前有上海地铁微信订阅号及上海地铁微信服务号两个主要账号(图 2-34)。上海地铁微信订阅号注册于 2013 年 2 月,每个工作日都坚持为乘客推送地铁运营、服务、建设、地铁正能量等综合信息,并适时发布相关情况说明等内容,粉丝量已超 20 万人次。上海地铁微信服务号注册于 2014 年 7 月,每周六都给乘客带来地铁周边文化、游玩信息等内容的推送,粉丝量超 37 万人次,平均单篇阅读量过万。

2019 年,中共上海市委宣传部指导、市委网信办和市文明办主办、上海市网络文化协会承办了上海市第八届优秀网站评选活动。上海地铁官网运营专页及官方微信账号等 100 家网站被评选为上海市优秀网站。

图 2-34　上海地铁官方微信订阅号(左)和服务号(右)

四、直播媒体中心

公共交通运输服务是社会公共服务的重要组成部分,随着城市交通压力的加大,乘客对出行信息的实时性和便捷性的要求不断提高。为了把握瞬息万变的交通状况,捕捉翔实可靠的交通新闻,提供及时全面的出行信息,对交通状况进行电视直播成为大型城市交通信息发布的重要途径之一。

2010 年,上海地铁开通了国内首家进行直播的地铁电视。直播开通后,上海地铁车厢的 LCD 屏幕、PDP 站台大屏,为每天超过百万的地铁乘客提供即时播报的地铁运营信息和直播新闻。这是继气象播报、城市道路交通信息播报之后,上海市民又一个获取公共服务信息的新途径,也是地铁行业首次采用的运营信息发布形式。上海地铁电视直播开通十几年来,在上视新闻综合频道已累计播出 2 600 次以上,在上海交通广播累计直播连线 2 090 次以上,在东方明珠移动电视上累计实时播出 1 350 次以上。

2020 年,上海地铁电视搬入新启用的 3C 大楼媒体中心(图 2-35),全新

改版的《地铁早高峰》电视直播栏目在工作日早晨 7 点 50 分左右,通过上海
电视台新闻综合频道《上海早晨》栏目,向全市千家万户的电视荧屏现场直
播,为乘客提供更加全面、多样、方便的地铁运营信息(图 2-36)。未来,上海
地铁电视直播将不断推陈出新,在网络高质量发展引领行业发展、承担社会
责任方面继续努力。

图 2-35　上海地铁电视直播演播室

图 2-36　上海地铁官网推出的《地铁早高峰》服务

五、运营服务专页

城市轨道交通为乘客提供出行服务的过程涉及了复杂的信息交互,在出行过程中,乘客对路径、票价、客流、服务设施、乘车流程等服务信息有着必要的查询需求,因此轨道交通企业应在网站中提供相应的运营信息查询功能,以方便乘客在电脑端和手机端接收信息,并进行出行的规划与调整。

上海地铁于 2013 年上线了运营专页,经过不断探索,相继开发了英文版和手机版,并进行了无障碍阅读改造。上海地铁运营专页包含 6 大功能模块,分别是"路径与票价查询""线路与车站信息""实时运营信息""电子致歉信""车票与乘车指南"和"新闻与互动"(图 2-37)。通过访问运营专页,乘客可以查询票价、时刻表、预计上下车时间、卫生间位置、无障碍设施布局、实时客流、电子致歉信、车票信息、失物招领等各类地铁运营服务信息,从而提升了乘客出行的透明度和便捷性,优化了城市轨道交通的服务体验。至今,《地铁早高峰》《地铁一周报》《搭地铁游上海》《上海品牌》等功能陆续上线,不断丰富上海地铁运营专业的服务体系。目前,运营专页的月有效点击总量实现稳步提升。

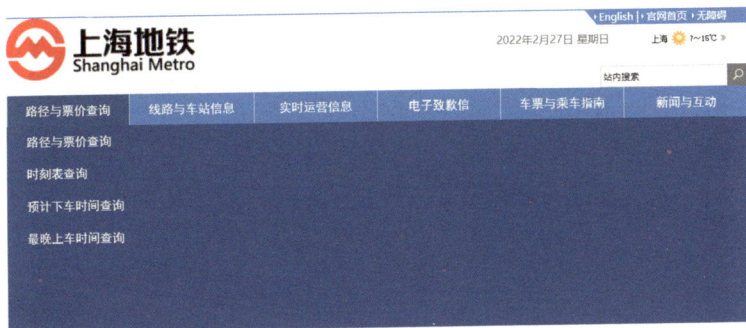

图 2-37　上海地铁官网的运营服务专页

六、客流状态发布

上海地铁网络三色状态运营信息系统(Tri-Color Operating Status System,简称 TOS 系统)是网络运营协调应急指挥室(Comprehensive Operation

Coordination Center,简称 COCC)信息发布平台的一个有关客流状态的发布系统。TOS 系统基于 AFC、ATS、列车称重等系统采集轨道网络运营的实时和历史数据,通过多种数据模型处理计算生成多项定量化的、实时性较强的运营服务指标,并通过广播/电台/电视、动态网页、手机短信、自助查询终端及 PIS 屏等多种方式向社会公众发布 TOS 系统运营服务信息(图 2-38 和图 2-39)。

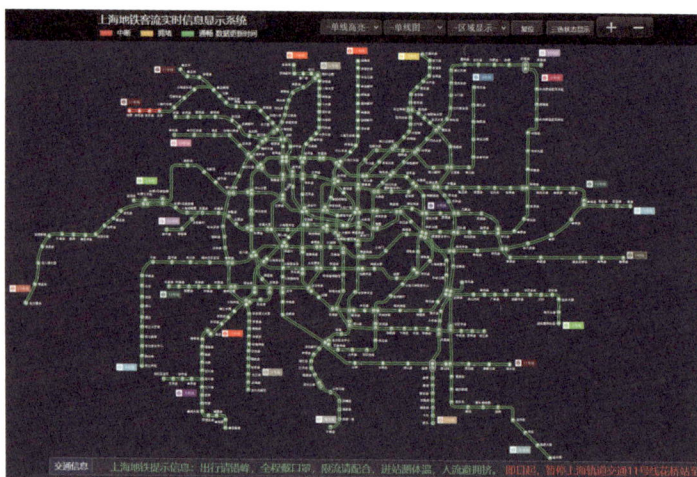

图 2-38 上海地铁 TOS 系统展示的客流信息(全网)

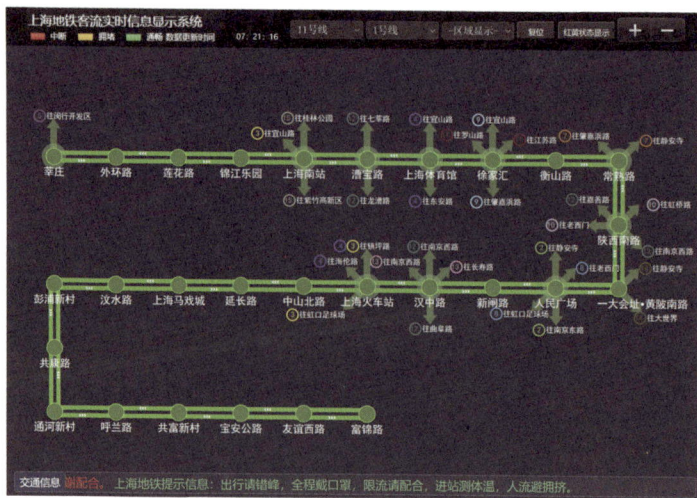

图 2-39 上海地铁 TOS 系统展示的客流信息(分线路)

TOS 系统将轨道全线网状态抽象为两类发布对象:车站站台及两相邻站间的区间(图 2-40)。包围站点的两个半圆分别表示站点的上下行站台,站点间的有向线段表示区间。绿色为运营畅通状态,表示运输能力充足,站点和列车能够持续提供正常服务,候车乘客及车内乘客舒适度较高;黄色为运营拥挤状态,表示运输服务能力不足,列车或车站处于拥挤状态,乘客舒适度下降;红色为运营中断状态,表示乘客出行路径阻断或运营服务设施关闭,包括列车严重延误、线路/部分区段停运、站点运营服务停止、换乘停止等状态。

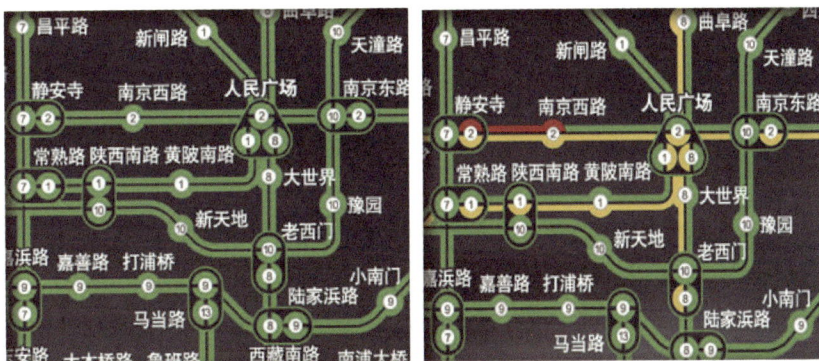

图 2-40　上海地铁 TOS 系统站点和区间的对象表示

七、末班车动态可达性查询

在轨道交通网络化运营条件下,原本独立运营的各线路之间通过换乘站产生直接或间接的联系,由于各线路结束运营的时刻不同,网络上各车站之间的可达关系呈现动态变化的特点。一条线路的末班车时刻不仅影响到本线乘客的出行,更大程度上通过到达换乘站的时刻影响到整个线网。为了尽可能满足乘客出行需求,并为其出行规划提供参考,上海地铁基于各线路时刻表信息,推出了末班车动态可达性查询服务(图 2-41)。

全网可达查询,是在上海地铁运营时段中,查询任意时间、任意车站可以到达网络其他车站的可达性分布情况。进入初始界面后,待系统加载完毕,系统显示当前时刻网络中所有车站的运营情况,绿色表示运营车站,灰色表示停运车站(图 2-42)。

图 2-41　上海地铁官网运营专页的全网可达查询功能

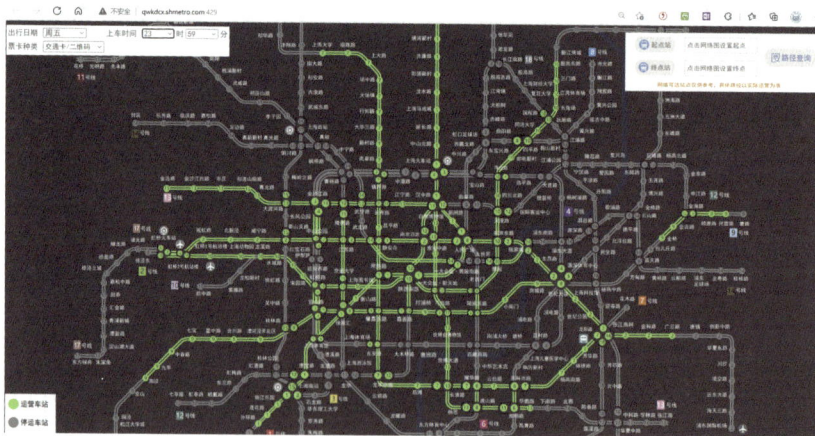

图 2-42　上海地铁全网可达查询系统

　　点击选择起始车站,并设置上车时间,即可直观地显示给定时刻下该起点站可以到达的车站(绿色显示)和不可到达的车站(灰色显示),方便乘客提前计划晚间出行(图 2-43)。

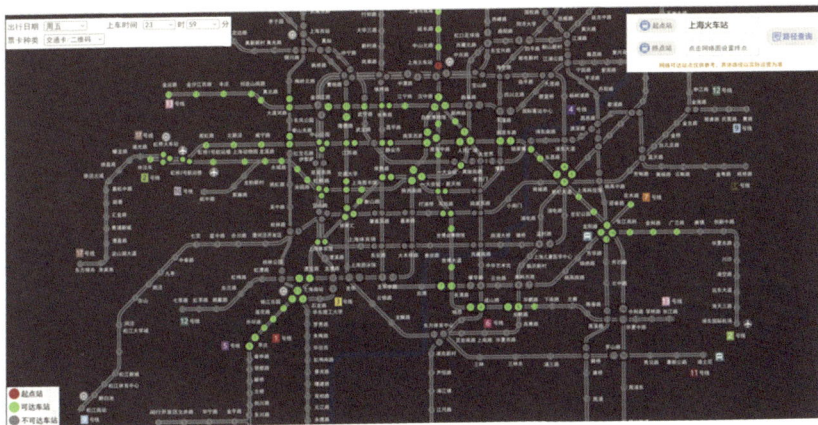

图 2-43　上海地铁全网可达查询系统查询界面

　　全网可达查询服务是"计划出行"功能的延伸试点。除此之外，"计划出行"功能还包括最晚上车时间查询（图 2-44），即设置起终点站和下车时间，根据全网动态可达性来反推起点站的最晚上车时间，从而为乘客的出行计划提供参考。

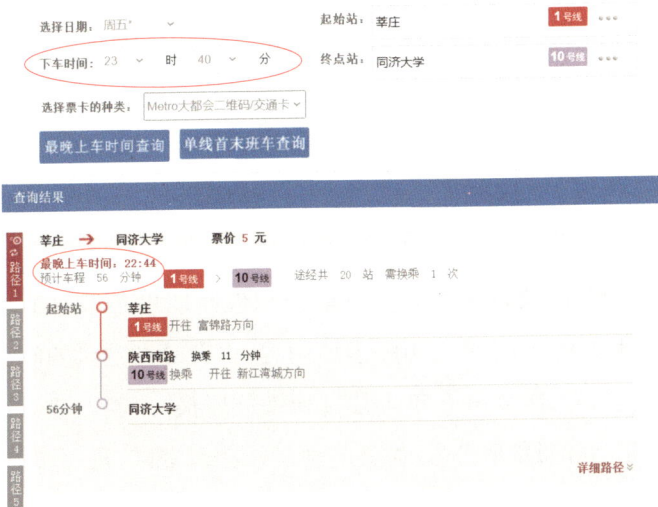

图 2-44　上海地铁官网的最晚上车时间查询

在第二届进博会期间，上海地铁在 2、10、17 号线虹桥火车站站 2 个进站口增设了 4 块"末班车可达"电子信息屏（图 2-45）。每天 21：00 起，电子屏逐步对本站不可达的车站予以提示，实现"末班车可达性告知"功能，穿插播放车站基础信息、垃圾分类、文明乘车等宣传信息。在实施过程中，上海地铁对"末班车可达信息"不断优化，方便夜间出行乘客可通过大屏直观了解线网实时的运营情况，换乘路径更合理，夜间出行更便捷。

图 2-45　虹桥火车站站的末班车可达性信息提示

八、地铁一周报

从上海地铁加入电视直播起，原创信息发布越来越多地走入乘客的生活。上海地铁通过电视、广播、微博、微信等媒介，发布了大量的新闻资讯、原创视频。为了更好地打造全媒体平台，丰富发布内容，提升为广大乘客网友的服务水平，上海地铁开创了音频节目《地铁一周报》，从而让乘客网友更加深入地了解地铁动态，丰富地铁出行（图 2-46）。

《地铁一周报》自 2017 年上线以来，每周都会发布时长 5 分钟左右的地铁运营资讯，共涉及八大专题，其中包含多名来自地铁各级领导及一线员工的倾情发声。此外，留言区乘客与主播的积极互动也是节目的又一特色。上线至今，《地铁一周报》已有 100 多期内容，声音总和达到 606 分钟，总阅读量达到 60 多万人次。2020 年 4 月，《地铁一周报》全新改版升级，不仅进驻喜马拉雅平台和微信服务号，而且实现音视频双登陆，进一步升级了视听效果。2020 年 11 月，《地铁一周报》首创子栏目《地铁一周报 de 报》并登陆双微，有效提升了原创视频的发布频次。

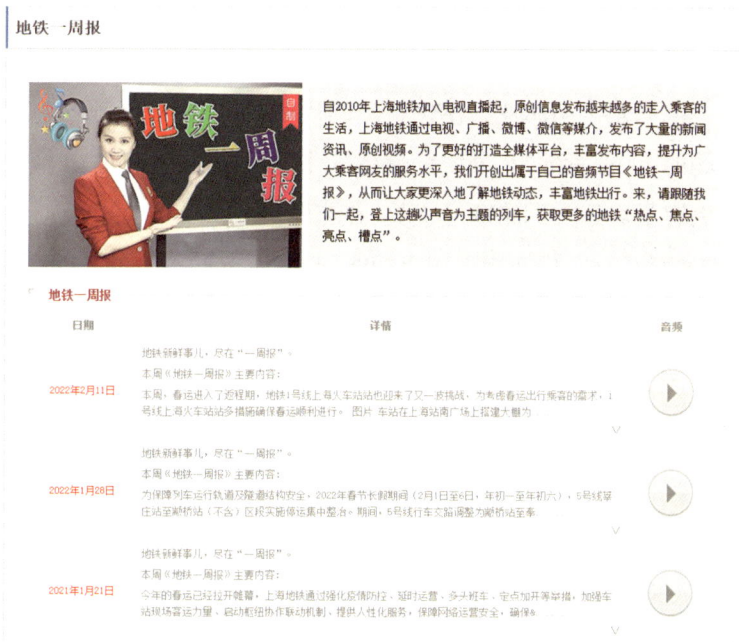

图 2-46　上海地铁官网的《地铁一周报》页面

第七节
上海地铁运营服务环境提升

服务环境指运营企业向顾客提供服务的场所,不仅包括影响服务过程的各种设施,而且还包括许多无形的要素。服务环境是服务体验的基础,上海地铁一直努力从车站内外部环境、软服务等方面加强乘客的服务体验。

一、外部环境提升

"建地铁就是建一座城",上海地铁在运营管理过程中,积极探索开发车站的综合功能,努力改善优化车站内外部环境,致力于突破地铁作为功能单一的交通工具的传统认知;在满足乘客出行需求同时,将地铁车站、高铁车站、机场、商业等进行融合,打造都市生活新空间,以交通赋能区域发展,为区域创造新的价值形态。

(一)吴中路"万象城"

上海万象城是车站商业一体化开发的代表,该项目位于地铁 10 号线吴中路停车场的上方,紧邻 10 号线紫藤路站,采用国际通用的 TOD 模式,发挥轨道交通大容量客运与网络联通优势,并充分利用垂直空间,实现建设用地零增长的集约化用地,进而增强城市功能、改善城市形态。项目总体量 53 万平方米,包括 24 万平方米万象城购物中心(图 2-47)、14 万平方米超 A 级写字楼、3 万平方米国际轻奢时尚酒店和国内首家地铁博物馆。上海万象城分别连接地铁、吴中路地面、星空广场及写字楼区域,使不同区域与通过不同交通方式抵达的客流无缝融合,既可巧妙引导乘客有序流动,同时也让消费者最便捷地进入购物中心。

图 2-47 上海地铁首个 TOD 项目"万象城"

(二)虹桥枢纽

一体化是综合交通运输发展的客观要求,具体包括是交通网络一体化、交通基础设施建设与国土空间开发一体化及运输服务一体化。上海虹桥枢纽是上海市综合交通一体化的重要代表之一。

作为 2010 年上海世博会的配套项目,上海虹桥枢纽于 2009 年底建设完工。该枢纽位于原有虹桥机场的西侧,由东向西依次为 2 号航站楼、东交通中心、规划磁浮车站、高铁站、西交通中心。在东、西两个交通中心,各自分别设有地铁站、公交总站、出租车上客区、停车场,以便乘客由长途交通换乘至市内交通。在高架层和地下层共设有两条步行通道贯穿东西,串联起枢纽内的航站楼、火车站与交通中心,并向西延伸,穿过虹桥商务区,到达国家会展中心。上海虹桥火车站引入了京沪高铁、沪昆高铁、沪通铁路、沪宁城际等多条铁路。在地铁站引入了 2、10、17 号线共 3 条地铁线路。此外,枢纽内还有多条公交线路、长途大巴、定制巴士等公共交通。上海虹桥枢纽未来还将接入市域铁路嘉闵线和机场联络线。

在虹桥交通枢纽,乘客可以在这座将高速铁路、城际和城市轨道交通、公共汽车、出租车及航空港紧密衔接的国际一流的"超级车站"中随意换乘;可以在附近的休闲区轻松购物、随意休憩、观看露天演出。上海地铁客流在虹桥交通枢纽客流集散中占48%,发挥着枢纽客流的市内集散功能。

(三)莲花路站综合体改造

莲花路站改造是地铁不停运复合改造的先行者。为了有效缓解区域交通压力,上海地铁对已运营超 20 年的 1 号线莲花路站启动复合改造,在不停运的前提下,建设上盖物业共计约 5 万平方米,地下停车库约 0.86 万平方米,实现地表地上复合利用。1 号线莲花路站,从 1996 年年底即已建成投用,工作日最高客流达 9 万人次。由于原莲花路站为地面车站,且无站厅,站台宽度也不大,因此客流承载能力有限,尤其是工作日高峰时段短时客流积压情况严重,对大客流的蓄客能力不强。同时该站乘客流线对冲严重、公交与地铁相互换乘不便等问题。

2018 年莲花路站复合改造项目正式开工建设,项目改造方案在追求区域交通服务一体化的同时,更是以城市运营的视角思考地铁车站与区域发展的关系。将原有站房彻底拆除,在新建建筑二楼新建站厅付费区 4 300 平方米,与外部 2 层环形连廊直接相通,并将原有 5.5 米宽站台扩建至 8.5 米,使地铁乘客出站后即刻有序分流。改造后站台增加无障碍电梯及至少 8 部自动扶梯,不管是公交换乘地铁,还是进入商场,或者是到外部人行天桥,都实现了无缝衔接,大幅度提升了站台客流承载和集散能力,优化完善了车站服务设施。同时,还将该站体的建筑一层做了架空处理,将公交枢纽融入改造建筑体西侧,在保留原有 14 条公交线路的前提下,最大化地扩大了原有公交场地至 6 700 平方米,保证每条线路均能"一停一蓄",并为让候车乘客免受风雨日晒之苦,大幅提升了乘车环境品质。在换乘方面,公交乘客只需通过扶梯直达 2 楼地铁站厅层,即可实现地铁和公交内部的便捷换乘,大大方便了换乘出行,如图 2-48 和图 2-49 所示。

图 2-48 上海地铁莲花路站改造前后对比

图 2-49

图 2-49　改造后的上海地铁莲花路站

在改造期间,为了确保乘客正常出行不受影响,项目实施之初便周密制定了地铁和公交不停运改造方案。在项目施工过程中,共经历了 8 次"翻交",每次翻交前都对客流动线做模拟测试,并提前进行方案公示及告知。该项目在 2020 年被国家自然资源部评为全国《轨道交通地上地下空间综合开发利用节地模式推荐目录》示范项目之一,为今后地铁车站改造升级树立了典范。

二、内部环境提升

为进一步提升线网整体环境,上海地铁针对环境薄弱环节查漏补缺,以进博会召开为契机,积极推进站容站貌整改,主要内容涵盖厕所改造、无障碍运营环境改善、安全环境改善、站内环境改善等。

(一)厕所革命

厕所是衡量文明的重要标志,也是提升服务品质的关键。上海地铁部分线路运营较早,在线路设计时并没有考虑厕所的设置。为体现"小厕所,大文明"理念,上海地铁基于"顾客接触点"理论,推进"厕所革命",具体措施包括:

1）在部分运营时间较早的车站新增卫生间；

2）增设连续性导向，放大厕所定位标识；

3）在厕所墙体增加大型定位标识；

4）增设第三卫生间，设置供坐轮椅者使用的无障碍专用卫生设施、育婴台、亲子马桶等无障碍设施；

5）全面整修硬件设施，增加排风系统、改善异味、保持地面干燥。

2018～2020 年，上海地铁累计完成厕所改造 148 座，根据上海市市容绿化局市容环境监测中心近三年对全市公共厕所的专项监测结果，上海地铁厕所保洁和服务情况提升明显，由 2019 年 4 大类型社会公厕（旅游景点、医院、超市、轨交）排名最末（得分 88.1 分），提升至 2021 年 6 大类型社会公厕（轨交、旅游景点、医院、加油站、大卖场、菜场）排名首位（得分 90.49 分）。徐泾东站、虹桥火车站站、桂林路站等站被评为上海市"最美厕所"。

以荣获上海市"最美厕所"荣誉称号的上海地铁 15 号线桂林路站为例（图 2-50）。桂林路站自建设起就以构建轨道上的"高品质"生活服务为目标，将人文关怀与科技便捷融入整体设计方案中。除传统男、女厕所外，车站还特别增设了第三厕所，将无障碍厕所、儿童专用厕所与母婴室等功能融合。每间厕所都安装了自助面纸机、烘干机、挂壁式洗手液等设备。同时厕所内还安装服务牌、紧急呼叫按钮，乘客如遇困难便可拨打上面的号码，或按下按钮，确保发生突发情况时车站可快速及时响应。从运营开始前至运营结束后，从环境卫生到防疫消毒，桂林路站始终贯彻落实疫情防控要求，规范公厕管理，自觉做好疫情防控措施，守护乘客的健康安全。

未来，上海地铁将延续"厕所革命"的服务改善理念，深入推进公厕改革，在做好标准化管理的基础上，推动绿色环保、服务创新、疫情防控等精细化举措，全面提高上海地铁车站公厕的软硬件水平。

图 2-50　上海地铁 15 号线桂林路站厕所

(二)无障碍运营环境建设

随着全社会对无障碍环境建设的重视,以及上海老龄化发展趋势,上海地铁结合车站改造,在出入口加装扶梯、厕所改造和无障碍电梯改造等工作,提高轨道交通无障碍服务水平;目前,无障碍设施已遍布每个地铁车站,包括垂直电梯、坡道、盲道、盲文提示、无障碍厕所、宽通道闸机等。同时,地铁工作人员也会加强日常巡视,尽可能在最大程度上为有需要的乘客提供关爱协助。

近年来,上海地铁还从精细化、人性化角度出发,改进了多项服务举措,如:

1)为方便无障碍出行,在线网车站出入口处醒目位置新增无障碍电梯

引导标识,在出入口张贴无障碍电梯位置引导图,在列车车厢设立轮椅专用停放位并在站台设置轮椅对位标识;

2)为方便视障群体获取到站信息,车厢 LED 屏实现下一站站名信息字体放大、定格播放;

3)为方便不熟悉传统购票方式或有特殊需求的乘客快捷购票,增加车站语音购票功能。

这些服务措施进一步彰显上海地铁服务的温度,完善了无障碍环境建设(图 2-51)。未来,上海地铁不断将受益人群扩大到儿童、老人、首次乘坐地铁的外地/外籍人士等顾客群体,构筑无障碍出行环境体系,实现真正意义上的无障碍出行。

图 2-51　上海地铁的无障碍设施

(三)安全门升级改造

对于建设时间较早的上海地铁线路,在车站的站台并未安装站台门,使得站台与轨道之间没有任何装置用来防止乘客进入轨道。而新建的地铁线路通常会在地下车站配备全高站台门,在地面及高架车站配备半高站台门。为了保证在站台候车的乘客的安全,需要在原有不配备站台门的车站安装站台门或其他防护装置。而安装站台门所需时间较长,对行车的影响较大,不适用于行车密集、客流量大的车站。于是,上海地铁在这些车站选择安装电动栏杆(图 2-52)。

上海是国内最早在全线应用电动栏杆系统代替半高站台门的城市。2011 年至 2012 年,上海地铁用近一年的时间完整经历了电动栏杆系统的技术发展历程——方案研究、样机试制、车站试点和正式投入线路运营。

图 2-52　上海地铁电动栏杆(左)对比半高式站台门(右)

2019 年,在已运营的上海地铁线路中,原来未安装站台门的车站(包括 1、2、3、4、5、6 号线的 70 多个车站)已经全部加装电动安全栏杆,其中 3 号线全线使用电动栏杆。电动栏杆系统的建设成本相当于半高站台门的一半,系统的安全可靠也满足上海地铁实际运营要求。上海地铁走出了一条自主创新应用的新路,有效推动了新型站台门技术在国内城轨交通行业的发展。

电动栏杆具有建设成本低的优势,其不足之处在于无法与信号系统进行联动,只可独立控制栏杆的开关。为了进一步提升上海地铁 2 号线的通过能力,为线路创造自动驾驶的条件,自 2021 年 5 月,2 号线各站的电动栏杆开始逐渐替换为具备信号联动功能的半高站台门。

(四)最美车站打造

为提供舒适的乘客环境,上海地铁因地制宜,协调车站与周边环境条件,打造了多个上海地铁"最美车站"。

1. 汉中路站

在汉中路站,一条长长的换乘廊道内,2015 只蝴蝶构成四面"蝴蝶墙",灯光变化下时隐时现。一旁的数个圆形立柱如同从天上投射而下的光,使整个换乘大厅奇幻而绚烂,如图 2-53 所示。

图 2-53　上海地铁汉中路地铁站的"蝴蝶墙"

2. 吴中路站

吴中路站采用无柱拱顶结构形式,在确保轨道交通使用功能的同时,为大客流组织提供更灵活的运营方案,将地铁车站功能性与艺术性完美结合,如图 2-54 所示。

图 2-54　上海地铁吴中路站

3. 同济大学站

同济大学站最吸引人的就是精心设计的建筑美学,巧妙的天窗设计正好把阳光从同济校园直接引入车站,如图 2-55 所示。

图 2-55　上海地铁同济大学站

4. 迪士尼站

迪士尼站内有不少迪士尼元素,但又处处体现着中国风,连米奇、米妮都融合了剪纸的表现形式,有人说这里是上海最有童趣的地铁站,如图 2-56 所示。

图 2-56　上海地铁迪士尼站

(五)车站"补短板"改造

随着网络客流时空特征的变化,上海地铁一些车站在运营过程中面临着设施设备与客流匹配的矛盾突出,给运营安全带了严重挑战,因此不得不对矛盾突出的车站进行"补短板"改造。近几年,上海地铁对多个车站进行改造升级,大大提升了车站的综合服务功能,提升了车站的服务品质。

1. 张江高科站

自张江高科站开通以来,该站的客流持续增加,增长速度大大高于预测。在早高峰时段,大量上班客流通过列车运输到站,因车站的楼梯数量、宽度较小,造成出站客流不能及时到达站厅,滞留站台;晚高峰时段,下班客流进站,因车辆运输能力、车站楼梯数量、宽度较小,乘客不能及时输送,造成站台客流站满的同时大量客流滞留站厅,车站压力巨大。改造方案包括增加一部自动扶梯,增加一部转折楼梯,调整站厅付费区布局,以及配套管线、机电、导向等设施设备的增补调整等(图2-57)。该站于2017年春节改造完毕,改造后的车站疏散能力能够满足高峰小时客流疏散需求,现场客流组织平稳、有序,站厅至站台疏散能力大幅提升,站厅出站能力提升,付费区内蓄客空间增大,高峰时段限流、分流措施效果明显。

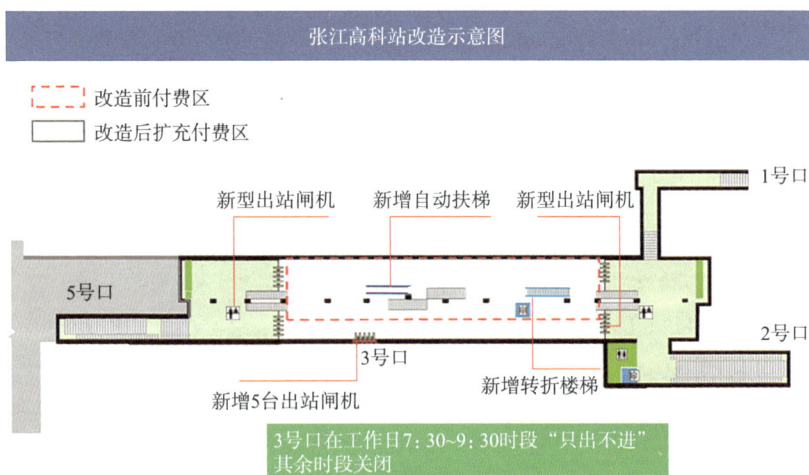

图 2-57　张江高科站改造示意图

2. 人民广场站

随着上海地铁网络扩展、客流快速增长,人民广场站疏散能力难以满足实际通行需求,尤其是站台与站厅之间的客流输送能力相对不足,存在一定的安全隐患。为此,上海地铁经过前期调查研究、排摸梳理,决定在 2017 年春运期间进行了改造,提升站厅与站台间垂直输送能力,竭力降低大客流拥挤可能带来的安全风险。由于此次改造工程量大、作业面广,施工期间车站无法正常开展客运组织,为确保安全及对出行影响尽可能降至最低,经研究选取一年中客流最低的春节期间进行集中封站施工。在该时段内进行临时停运改造,除了能最大限度地保证施工质量,还将对乘客的出行影响降到最低。

改造的方案包括:在东西两侧各增设两部自动扶梯,在站台中间位置增加 1 部垂直电梯,8 号线人民广场区域拆除中部楼梯,增加 4 部自动扶梯,并调整出站闸机位置,同时改为门式闸机。改造完成后,1 号线人民广场站楼扶梯的通过能力提升了 25% 左右;8 号线人民广场站岛式站台楼扶梯通过能力将提升了约 50%(图 2-58)。

另外,1、8 号线人民广场站改造期间,2 号线人民广场站仍维持正常运营,但不能与 1、8 号线的换乘。前往 1、8 号线人民广场的乘客,需至相邻或周边车站,如 1 号线新闸路站、黄陂南路站(2021 年 6 月改名为一大会址·黄陂南路站),8 号线曲阜路站、大世界站以及 13 号线自然博物馆站步行前往,也可换乘其他地面交通,图 2-59 为车站改造期间上海地铁给出的出行推荐方案。

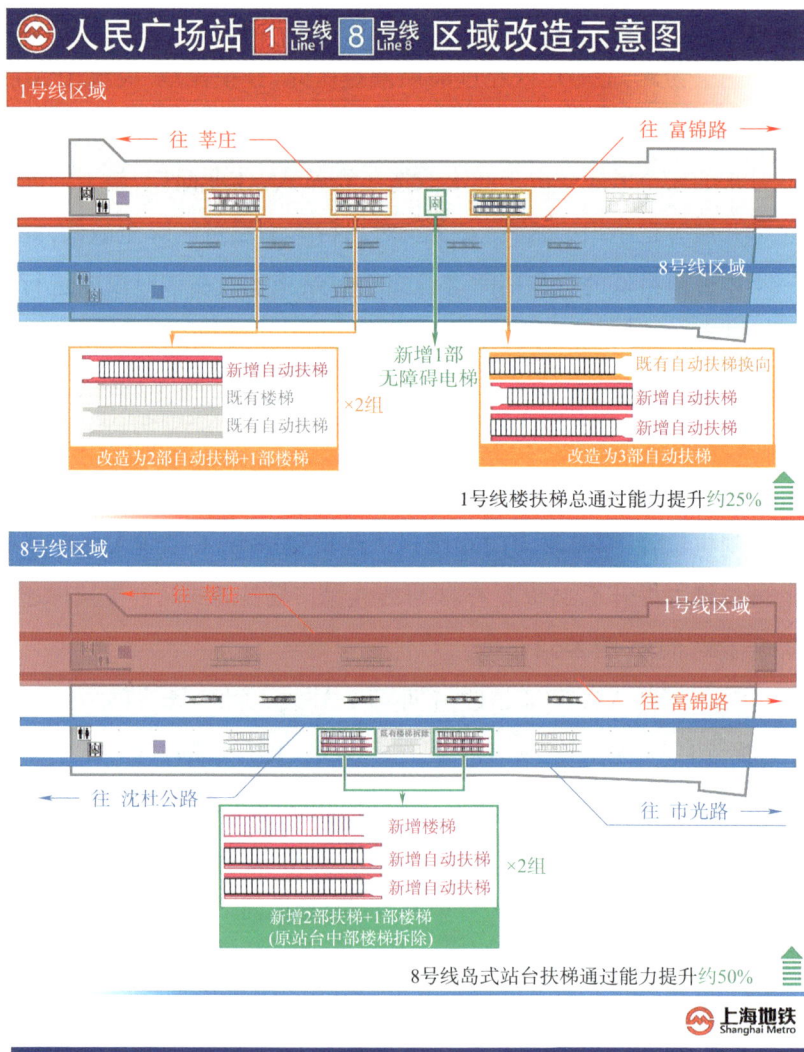

图 2-58 人民广场站 1 号线、8 号线区域改造示意图

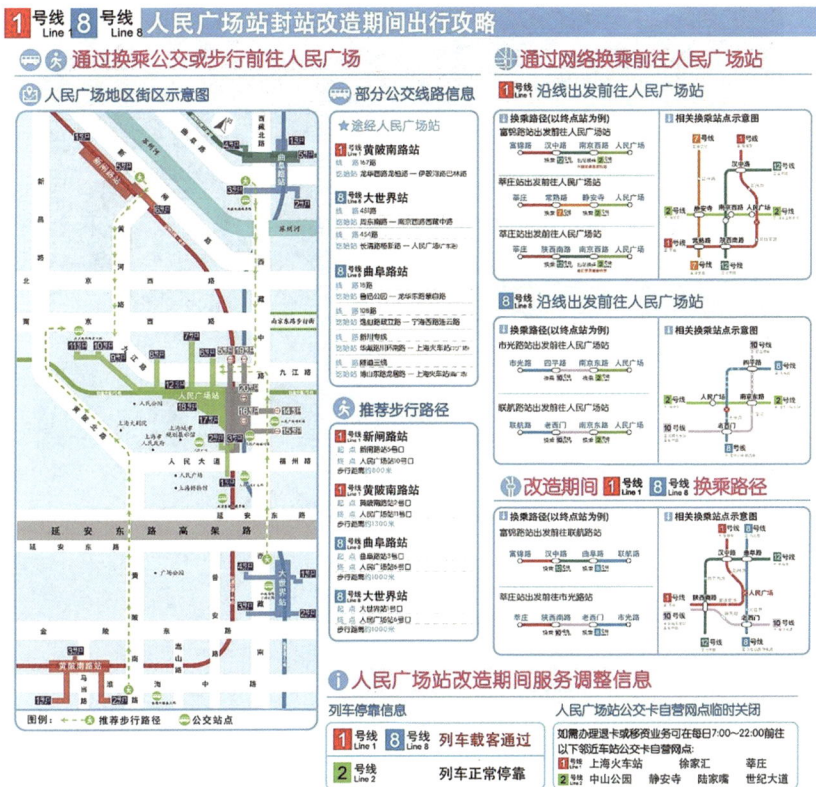

图 2-59　人民广场站封站改造期间出行攻略

3. 东方体育中心站

因东方体育中心站旁的商业综合体于 2021 年 9 月 30 日正式开门营业。该商业综合体的顾客多数选择乘坐地铁前往,原本东方体育中心站每天早晚高峰都涌现出大量换乘客流。新地标的出现,使得车站客流急速增长,原先的客运组织方案已经不适用于现在的场景。为配合商业项目的开放,东方体育中心站采取诸多措施,缓解客流压力;为乘客营造良好乘车环境,改造的内容包括闸机改造、新增无包通道、客流疏导和装修翻新等(图 2-60)。车站改造后,大大提升了车站的服务环境,改善了车站的流线组织,提高了通行效率。

图 2-60 上海地铁东方体育中心站改造后的新闸机

上海地铁特色运营服务

导语

城市轨道交通的快速发展和城市交通经营环境的变化，为加强城市轨道交通运营管理、突出人性化服务理念提供了必要和可能。除了满足乘客的基本出行需求外，轨道交通运输企业如何创新服务理念、服务功能，提供多元服务，全面提高轨道交通客运服务质量，是提高企业竞争力的重要因素。

上海地铁除了为乘客提供基础服务以外，还在此基础上勇于创新，竭力提供特色的运营服务，如特殊场景下的专项运营保障服务、面向特定乘客的暖心服务以及各个车站独家提供的个性化服务等，让乘客在出行过程中体会到"温暖"和"和谐"。

第一节
上海地铁专项运营保障服务

随着上海城市规模不断扩大,综合体功能进一步显现,各类大型活动举办频次越来越高,规模也越来越大。日均千万客流已成为上海地铁的新常态,为确保大客流下乘客的安全,上海地铁在节假日和专项活动时期提供定制化的专项运营服务,全方位提升大客流管控水平,把控客运组织现场各作业环节以加强现场疏导,确保运营服务的安全高效。

为了做好在重大节假日、大型活动的交通保障工作,上海地铁建立了工作协调机制、信息对接机制、客流研判机制、统一指挥机制、保障评估机制等协调高效的大型活动保障工作机制和运作程序。例如,协调上海市交通委员会、商务委员会、上海市公安局城市轨道和公交总队(以下简称轨交公安)等行业管理部门和活动主办方等单位,明确涉及轨道交通各类运营保障的边界条件,精细研判轨道交通保障措施,推进重大运营保障工作开展和落实。同时,上海市政单位也进一步完善了大型场馆大型赛事、重大活动的专项运作机制,制定了国家会展中心、上海体育场等大型场馆运营保障工作机制,形成涵盖全线网大型场馆大型赛事、重大活动的分级、固化的"运力配置、客运组织、设备保障"的运作方案,为大型场馆会展、体育赛事专项运营组织方案的制定提供了有效的机制保障。截至2022年3月,上海地铁年均完成重大运营保障20余项,有力确保了在重大节假日、大型活动期间,轨道交通运营组织重点环节的有效管控。见表3-1。

表 3-1　上海地铁的专项运营保障类型与要求

专项活动类型	活动对应的客流特征	主要保障要求
国庆节	景点周边易形成大客流,夜间返程客流大	延时运营、开行定点加班车、封站、列车跳停、采取限流措施
清明节	扫墓与踏青客流叠加,部分衔接墓园的站点易发生大客流	开行墓园接驳车、加开列车等

续上表

专项活动类型	活动对应的客流特征	主要保障要求
进博会	进博会持续时间长、客流量大，尤其是进场与离场时段	开行接驳车分散客流、加开列车、将客流引导至不同车站、引导乘客绕行、分时段调整出入口单向通行等
樱花节	进出站客流量大，易形成大客流	增设售票窗口与验票通道、出入口单向通行、加开列车等
春运期间	机场与火车站客流量巨大、早间与夜间客流量大	实施"多头班车"、延时运营、开行定点加班车
F1 大奖赛	进场与离场客流量大	增开列车、进场加强客流疏导、离场实施限流分流措施

一、专项运营保障管理

在重要活动时期，上海地铁设置了相应的管理体系，以确保专项运营服务的顺利进行。其管理方法包括设置特定的保障机构、保障指挥流程、指挥行动序列表以及保障工作评估等。

（一）专项运营保障指挥机构设置

上海地铁针对每次重大专项运营事件，都会成立相应的保障指挥机构，在保障机构中明确了指挥层级架构、参与部门、指挥人员名单以及联系方式等。如图 3-1 为"F1 中国大奖赛"保障指挥机构设置。

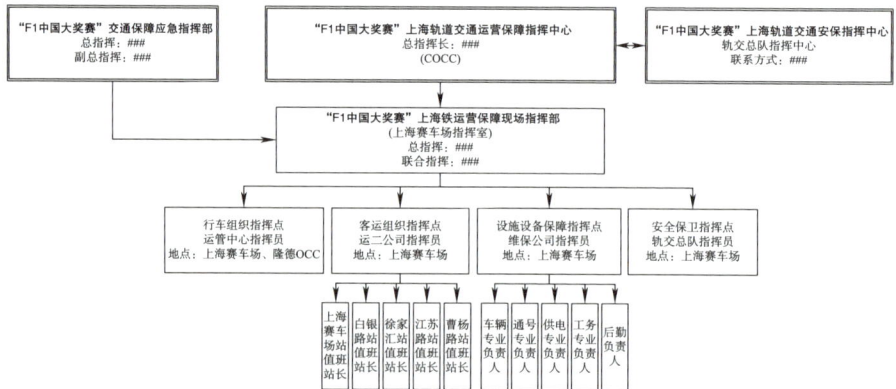

图 3-1　上海地铁在 F1 举办期间运营保障指挥机构

(二) 专项运营保障指挥流程设计

上海地铁针对重大运营事件都会制定相应的保障流程,流程中明确了指挥体系的参与部门、各部门之间的指挥联系以及信息互通联络等。如图 3-2 为上海地铁在进博会举办期间的运营保障指挥流程图。

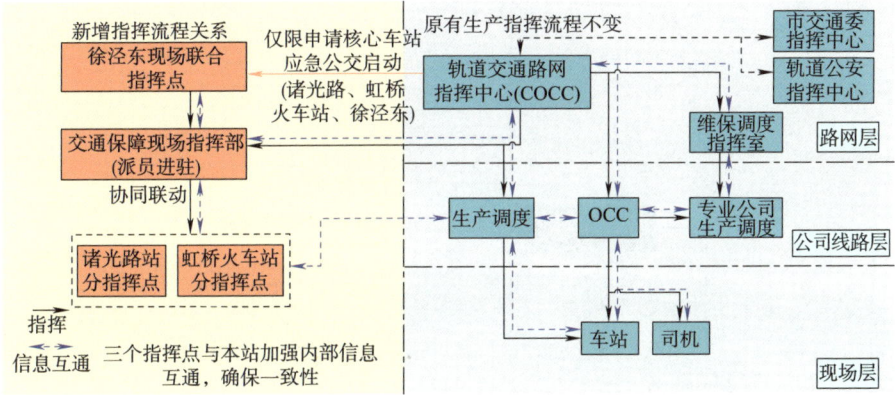

图 3-2　上海地铁在进博会举办期间运营保障指挥流程图

(三) 专项运营保障指挥行动序列编制

上海地铁针对重大节假日都会制定相应的运营保障指挥行动序列,序列中明确了不同运营时间节点以及各部门的主要工作内容。如图 3-3 为 2021 年国庆节期间上海轨道交通运营保障指挥系统行动序列。

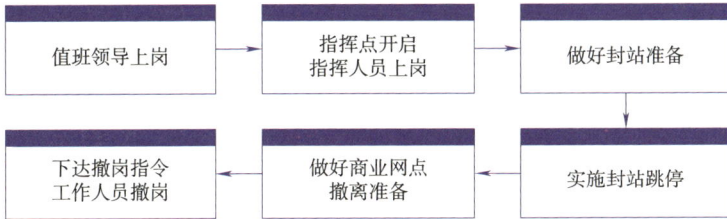

图 3-3　国庆期间上海轨道交通运营保障指挥系统行动序列

(四) 专项运营评估

上海地铁建立了标准化的保障工作评估表,包括评估单位、评估内容和需要提交的数据。评估内容包括现场管理、客运管理、设施设备管理、行车管理、服务与应急管理等内容,提交的数据包括客流相关、设施设备相关、列车运行相关以及保障相关类数据,如图3-4所示。

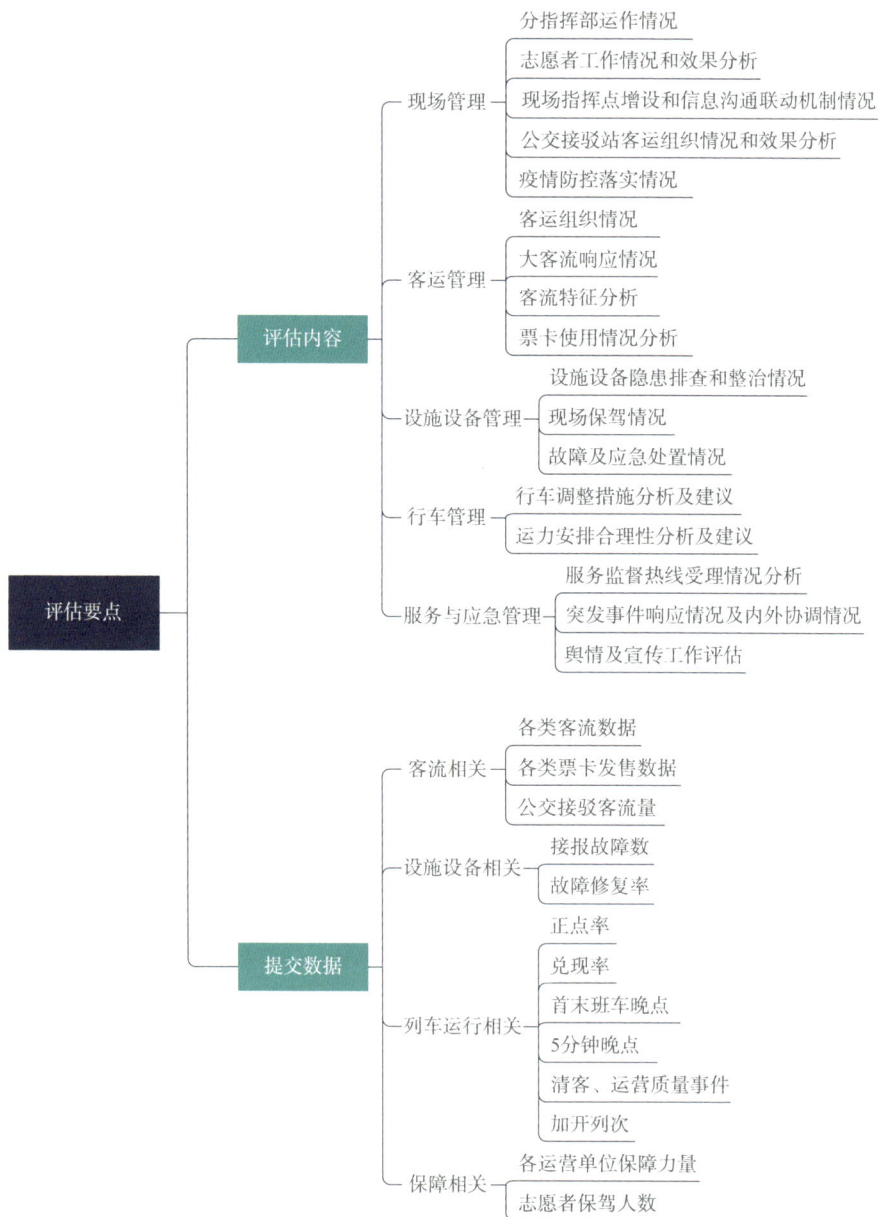

图 3-4 专项运营评估内容与要点

二、专项运营保障方案编制

在专项运营保障管理制度建立的基础上,上海地铁会基于不同专项事件类型和实际需求,不断完善和优化相应的保障方案。

(一)国庆期间运营保障方案

由于国庆期间上海会迎来游客出行高峰,上海地铁会制定国庆专项运营服务方案,全面提升网络运营保驾等级和服务供应,确保节日运营安全顺畅。具体的保障方案包括延时运营、封站、加开定点加班车等。

1. 延时运营

国庆长假期间,受休闲娱乐、购物、旅游出行等多类客流叠加效应,线网客流明显上升。在此期间,部分线路实施延时运营,末班车时刻与常态周末延时运营末班车时刻表一致。如图 3-5 为上海地铁在 2021 年国庆期间的延时运营计划。

2. 封站

上海地铁针对国庆假期特殊时段客流出行集中的站点(如南京东路站),为缓解景点周边的客流压力,通常会采取封站措施,引导乘客前往其他车站进站。在封站运营期间,上海地铁乘务部门、控制中心会严格控制列车按照列车运行图规定的时刻准点发车,确保封站跳停方案顺利实施,原则上自封站时刻起向后寻找确定跳停首列车车次。同时,上海地铁会统一在各线路、车站进行轨道交通运营调整的宣传广播,并在实施封站前张贴封站公告。如图 3-6 为上海地铁在 2021 年国庆期间的南京东路站封站计划。

被封的车站会根据封站时间的具体要求,做好与轨交总队、车站的作业联动,有序、安全地关闭车站出入口和换乘通道,并预留指定出口作为滞留乘客、应急疏散的专用疏散通道。车站在跳停前 15 分钟会进行客流管理,部分出入口只出不进。跳停前 10 分钟,会关闭部分出入口及无障碍电梯。在封站时刻,会关闭其余所有出入口及换乘通道。站务员会对车站进行清场,

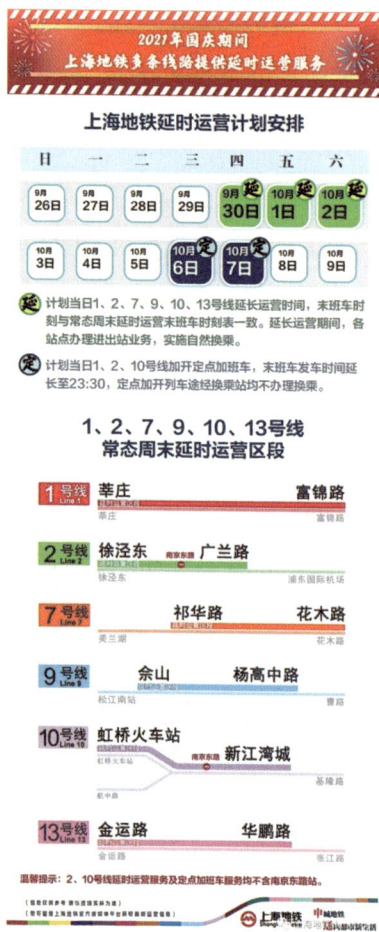

图 3-5　上海地铁在 2021 年国庆期间的延时运营计划

直至站内乘客全部疏散完毕,客流组织人员随即撤离地面。车站封站后,上海地铁会密切关注被封车站周边的客流动态,做好与轨交公安信息互通、协调联动,重点加强周边车站的现场客运组织工作。相邻车站会按照"有效控制进站客流、及时疏散出站乘客"的原则,视情况采取分流措施,加强疏散,避免滞留。

3. 加开定点加班车

为提升国庆返程期间重要交通枢纽夜间疏散能力,国庆假期的后两天,

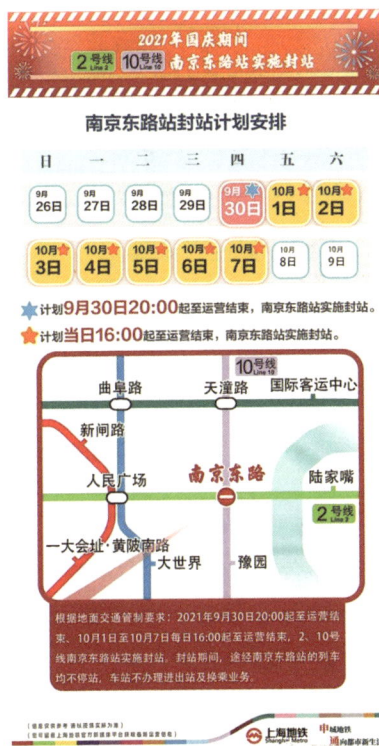

图 3-6　上海地铁在 2021 年国庆期间的南京东路站封站计划

上海地铁会在途经机场、火车站的线路加开定点加班车,并延长末班车发车时间(通常为 23:30)。定点加开列车仅停靠部分车站,其余车站跳停。除位于机场、火车站的站点可上下客,其余停靠车站只下不上,途经换乘站均不可换乘。如图 3-7 为上海地铁 1 号线在 2021 年国庆期间的定点加班车开行计划。

(二)清明节运营保障方案

在清明节三天小长假时期,扫墓客流集中出行,同时上海市郁金香展、桃花节等花展活动陆续举办。清明时期的客流集中在各大墓园及公园附近车站,上海地铁会制定专项保障方案对大客流进行引导。清明节当天,线网会出现祭扫客流高峰(通常出现在 7:30~10:30),且祭扫客流呈现早晨往郊

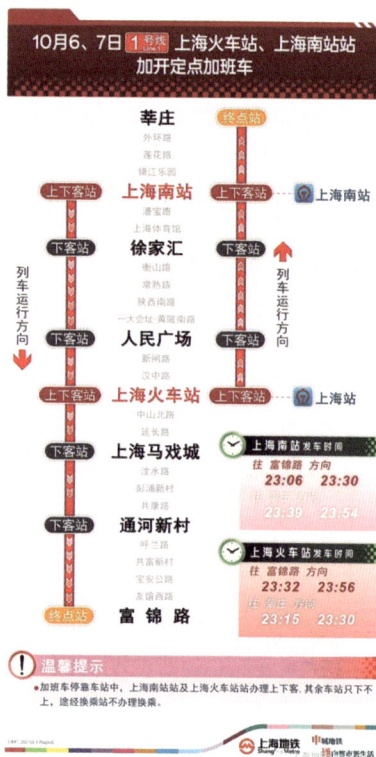

图 3-7　上海地铁 1 号线在 2021 年国庆期间的定点加班车开行计划

区方向流动,中午往市区方向集中返回的潮汐特征。上海地铁会在相应线路增加备车,对运力进行实时调整。部分大客流车站还会密切关注客流波动,增加应急票供应,加强现场客流引导。

为了加强轨道交通站点与墓园之间的交通衔接,上海多家墓园会实施"公交 + 轨交"短驳服务。如图 3-8 为 2021 年清明期间短驳服务站点示意图,衔接服务涉及 8 条轨道交通线路上的 14 座车站。

(三)进博会期间运营保障方案

自 2018 年起,每年的 11 月初会在上海国家会展中心开展中国国际进口博览会。在此期间,每天有数万人次乘坐地铁进出国家会展中心。在进博会期间,上海地铁会重点对国家会展中心附近地铁车站制定详细的专项方案。

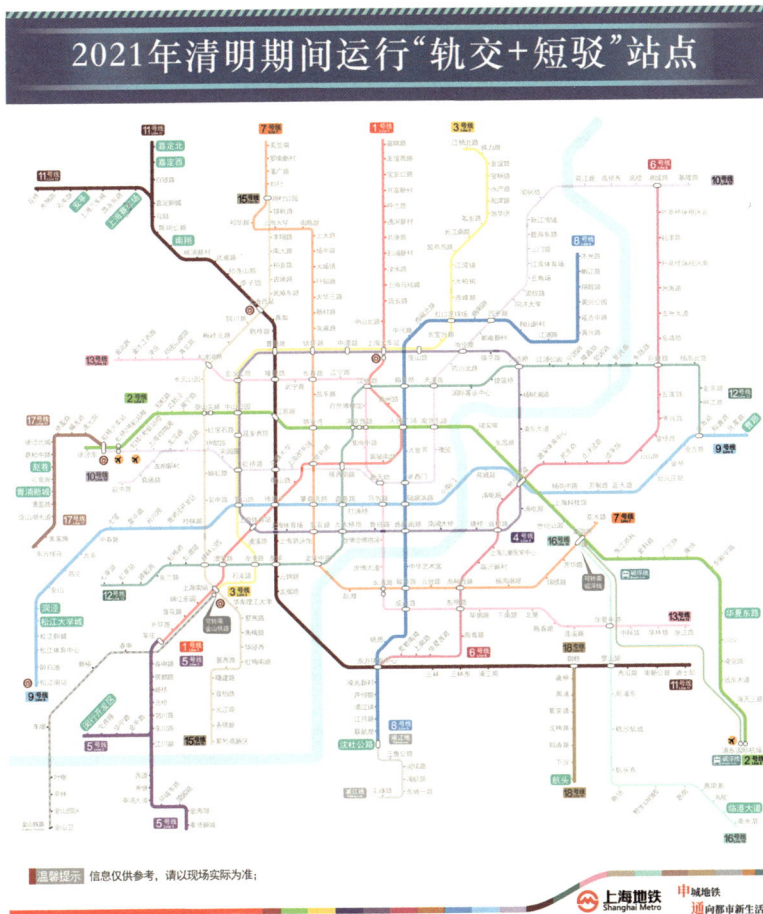

图 3-8　2021 年清明期间短驳服务站点示意图

　　国家会展中心附近有多个地铁车站,包括徐泾东站、诸光路站以及虹桥火车站站,涉及地铁 2、10、17 号线共 3 条线路(图 3-9)。同时,还会常态化开行多条接驳班车往返于国家会展中心与地铁 9、12、13 号线的站点(图 3-10)。

图 3-9 国家会展中心附近的地铁站与地铁线路

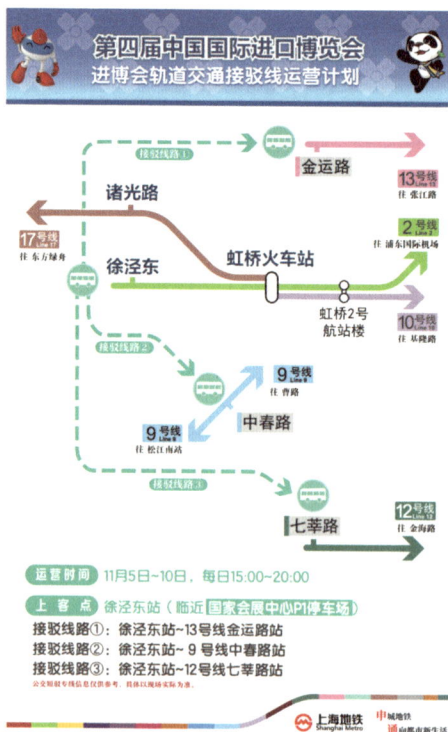

图 3-10 进博会期间开行的轨道交通接驳车

在行车组织方面,上海地铁会编制进博会专项列车运行图。在运行图执行过程中,指挥中心会加强客流分析与监控,遇安保要求调整、极端天气等特殊因素或线路运行计划无法适应客流需求时,会及时做好运行图使用计划调整和指令发布工作。相关线路控制中心(Operation Control Center,简称OCC)会根据2、10、17号线常态通勤客流特征,并结合展会早高峰客流集中进场、晚高峰客流集中出场的特征,合理调整备车存放地点。若徐泾东站遇客流超预期的情况,会根据核心车站大客流三色预警机制,及时采取运力调整措施,有效、快速疏散入、离场客流。相关OCC还会加强各线路运行情况与客流动态分析,分别密切关注各站的客流情况,一旦发现客流密集到达、现有运能无法满足客流需求时,会主动采取调整主支线开行比例、调整备车存放位置、加开列车等方式,优化运力配置。运营公司相关车站会密切关注客流情况,发现客流密集、站台积压时,立即向控制中心申请备车投放,及时疏散客流。

在客运组织方面,为缓解徐泾东客流集中到达的出站压力,原则上在进博会期间的每日客流高峰时段(9:00~11:00),2号线计划性地以"3:1"间隔(3载客1清客)实施虹桥火车站站清客,将2号线客流分流引导至17号线,运营企业会做好客流情况的动态评估研判,根据现场客流情况向2号线控制中心申请做好清客计划的调整工作。

另外,上海地铁徐泾东站在进博会期间会灵活调整各出入口的功能。在上午出站高峰,将大部分出入口作为单向出站口,少数出口作为单向进站口。下午,原本的部分单向出站口将转换为单向进站口,调整后,大部分出入口用作进站,少数出入口用作出站。另外,该站还会做好应急准备,根据现场客流情况实施限流措施,利用一些出入口组织乘客分流。上海地铁充分发挥17号线诸光路站地道开通后可步行直达国家会展中心北广场的优势,引导乘客利用过街地道通行,在大客流情况下及时采取出入口单向通行措施,组织乘客利用地面绕行。

展会入离场高峰时段,各运营公司会加强重点线路、重点车站及沿途车站的客流诱导工作及换乘站的客流输入控制。核心车站做好进出站和排队等候情况的信息报送和社会发布,利用现场 LED 屏、官方 App 等,发布现场排队时间和路线、车站拥堵情况等,引导乘客择优选择出行路径。在核心车站会加强双语服务和无障碍服务,为外国乘客和特殊人群提供更好、更便捷的服务。各运营公司会督促车站服务人员加强服务规范和作业标准化的执行力度,做好乘客问询、引导以及妥善处理乘客事务。

在票务管理方面。上海地铁各运营公司会提前做好应急票储备工作,徐泾东站、诸光路站和虹桥火车站站会在集中出场时段适当增设人工应急售票点,缓解站内购票压力。提前配备手持验票机、二维码支付等必要设施,在进出站高峰时段投入使用,加快乘客进出站速度。并会做好现场大客流情况下开启边门的票卡数据输入工作,从而确保进出站客流数据的准确性。线网各车站会积极引导至国家会展中心相关车站(徐泾东站、诸光路站、虹桥火车站站等)的乘客购买返程票或一日票,同时各宣传部门会强化二维码扫码进站、互联网购票的宣传,缓解散场时段购票压力。

在公共交通联动方面,进博会期间,设置 2、10、17 号线核心保障区段应急公交线路。展会期间,若轨道交通核心三线发生突发事件,导致进博会核心车站(徐泾东站、诸光路站、虹桥火车站站等)运能明显下降,COCC 会向进博会交通保障现场指挥部申请启动《公交应急预案》。

(四)樱花节期间运营保障方案

顾村公园是上海最大的赏樱花地,顾村公园站是每年樱花节乘客赏樱最主要的交通站点。上海地铁根据每年赏樱客流的特征,从升级车站设施、优化客流组织、增加运载能力,到壮大志愿队伍、提高进出站速度、严格防疫防控,努力让车站在环境、设施、服务上以更优秀的面貌为乘客提供服务(图 3-11 和表 3-2)。2011 ~ 2021 年的樱花节期间,7、15 号线顾村公园站累计安全运送乘客约 1 200 万人次。

图 3-11　上海地铁顾村公园站的樱花节服务

表 3-2　2011～2021 年上海地铁顾村公园站的樱花节保障信息

时间	事　件
2011 年	首届樱花节开幕,4 月 4 日、5 日,两天单日客流分别达到 7.9 万人次和 6.2 万人次,与 3 月车站日均客流相比增幅高达 400%
2012 年	车站 2 号出入口完成了内外施工项目,于 3 月 30 日正式开放使用,该出入口距离公园售票处仅几米距离,是离公园最近的一个出入口
2013 年	3 号出入口开启,樱花节期间起到了现场分流的实质性效果;顾村公园入园时段(6:00～18:00)车站安排专人负责站厅至地面的无障碍电梯;加设手持读卡器,加快持交通卡乘客进出站速度
2014 年	再次细化了"樱花节"客运组织方案,一旦进出站客流达到预警,将立即启动专项疏导。顾村公园站实行出入口单向进出站、开启紧急疏散门、设置一米线栏杆等措施合理引导客流
2015 年	车站根据客流情况变更一米栏、导向牌等设施的位置引导和疏散客流。樱花节期间,顾村公园站共计迎来客流 163 万人次,加开列车 118 列
2016 年	樱花节的客流节节攀升,车站优化进出站流程
2017 年	邀请社会志愿者在顾村公园开展"协同志愿、平稳有序"为主题的志愿服务。同年樱花节期间,4 月 3 日总客流创历年樱花节客流新高,为 13.7 万人次,相比 2016 年的高峰日增长 20.1%
2018 年	首次在樱花节期间使用大都会 App 进站,有效加速客流进站速度,期间车站日均进出站客流约 5.2 万人次,其中 3 月 25 日的 9.8 万人次,为当年"樱花节"期间最高客流

时间	事　件
2019 年	7 号线顾村公园站新建 5 号口于 2019 年 3 月 13 日正式投入运营。樱花节期间，车站共售出应急票 10 599 张，同比增长 18.7%，共加开备车 134 列，清明小长假进出客流最高，三日进站客流为 13.1 万人次，出站客流为 14.3 万人次
2020 年	受疫情影响，顾村公园樱花节客流仅为往年 2 成，7 号线顾村公园站充分利用隔离栏进行分流工作，车站采取"一米线"隔离栏形成的蛇形通道，使排队进入的市民好似在走 T 台，被夸上热搜
2021 年	樱花节首个周末总客流共计 16.3 万人次，超过 2011 前首届樱花节期间清明假期最高客流；15 号线开通，站厅绘制着樱花与列车的背景墙《绽放春天》成为新晋合影打卡点

（五）春运返程客流保障方案

每年的春节前后，是我国的长途出行高峰。在此期间，每年就有一半以上的人员流动。上海作为我国的一线城市，春运期间的跨省出行的客流巨大，各大火车站、机场的交通十分繁忙。各大交通枢纽在春节前迎来离沪高峰，又在春节后面临抵沪高峰。因此，在春运期间做好客流保障，引导乘客顺利出行十分重要。春运期间，上海地铁会重点关注三大火车站、两大机场临近站点的客流情况，做好抵沪期间相关车站的运力提升工作。

1. 实施"多头班车"

为重点缓解春运后半段，即返程大客流集中到达、集中换乘地铁的大客流压力，上海地铁途经火车站的线路在该时期会实施"多头班车"方案。即各火车站点在首班车前后，根据实际情况紧跟着再投放加开列车，及时疏运出铁路站守候地铁首班车的返程大客流，同时避免滞留乘客与日常通勤流叠加的拥挤现象。

2. 延时运营

为满足春节节前乘客夜间出行需求，缓解中心城区夜高峰休闲客流及离沪客流密集的压力，上海地铁多条线路会执行常态周末延时运营方案，如图 3-12 为 2022 年春节节前上海地铁延时运营线路区段。

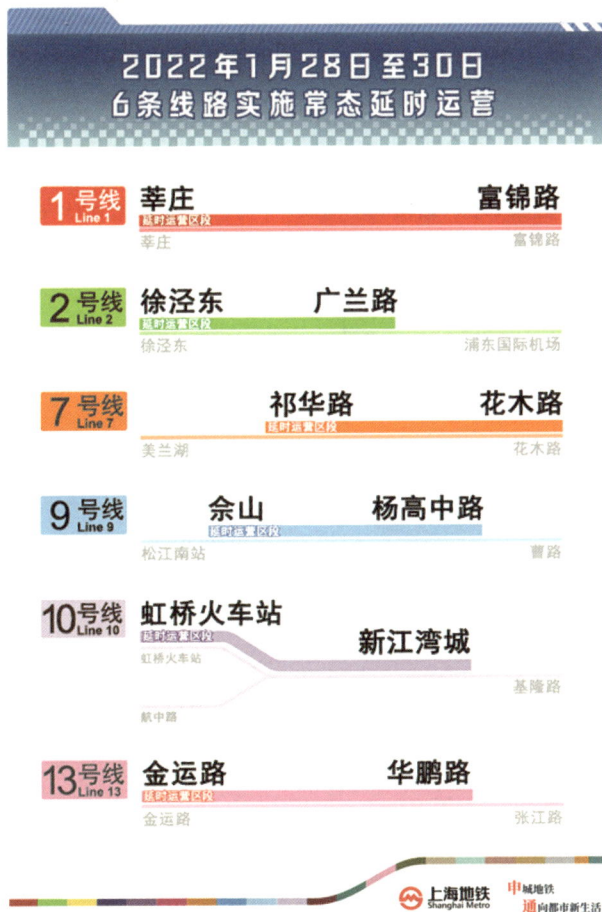

图 3-12　2022 年春节节前上海地铁延时运营线路区段

3. 加开定点加班车

　　为提升春节返程期间重要交通枢纽夜间疏散能力，上海地铁会在 1、2、10 号线加开定点加班车。"春运"期间开行的定点加班车与国庆期间的定点加班车类似，仅停靠部分车站，且仅在火车站与机场办理上客服务。

　　以上海地铁 10 号线为例，2022 年春运返程期间加开的定点加班车的运行计划如图 3-13 所示。

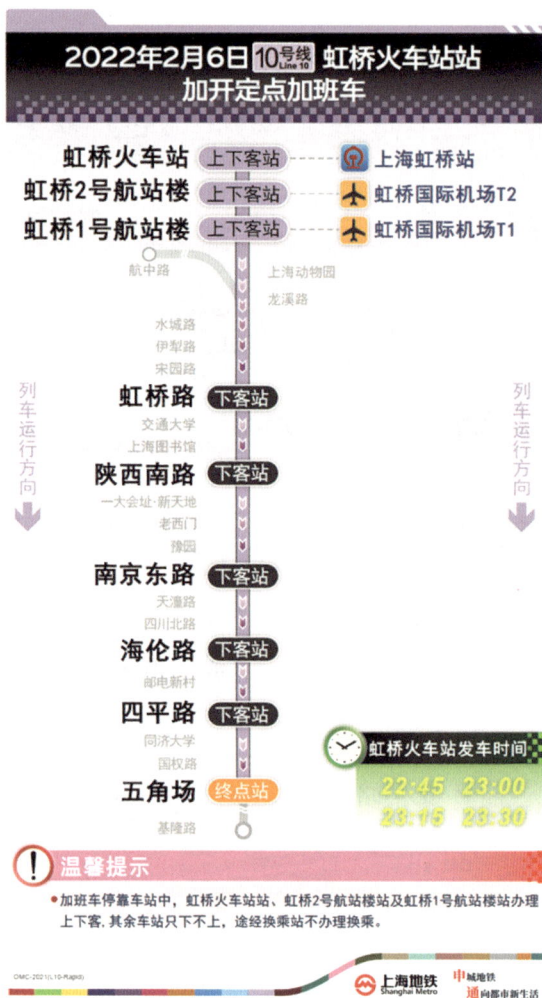

图3-13 上海地铁10号线在2022年春运返程期间的定点加班车开行计划

4. 加强现场客运组织与设施设备保障

春运期间,上海地铁各车站会重点做好乘客问询、引导等客运服务工作,因地制宜提前制定高峰时段大客流保障措施。在遇突发大客流时,会通过客运组织调整措施,增设醒目的临时导向标志、应急票发售点及限流设施,增配客运物品,以及加强各枢纽车站站台、站厅、换乘通道的客流引导等方式来保障大客流的顺利疏解。为了满足"春运"期间客流的需求,地铁运营方还会进一步加强现场的客运组织,针对站台、站厅、出入口、换乘通道等关键部位,提前落实重点车站、重点时间段的车站工作人员、志愿者、车站民警等力量安排,进行合理分工和布岗,联合做好车站客运组织工作。

5. 提供人性化服务,营造节日氛围

春运期间,上海地铁会根据各站点的周边情况,提前做好相应的客流组织引导与管控措施,并且加强疫情防控及巡查力度,提供人性化服务。同时,上海地铁线网各车站会围绕春节传统元素,布置装饰喜庆、祥和、整洁的乘车氛围,为乘客营造良好的站、车环境。

(六)F1 大奖赛运营保障方案

上海赛车场是 F1 大奖赛的举办场所,在比赛开始和结束时的进、出场客流量大而集中。由于地铁 11 号线经过上海赛车场,F1 赛事的观众乘坐地铁出行的占比非常高,上海赛车场站(位置如图 3-14 所示)在赛事期间需要做好客流引导,保障观众的顺利出行。

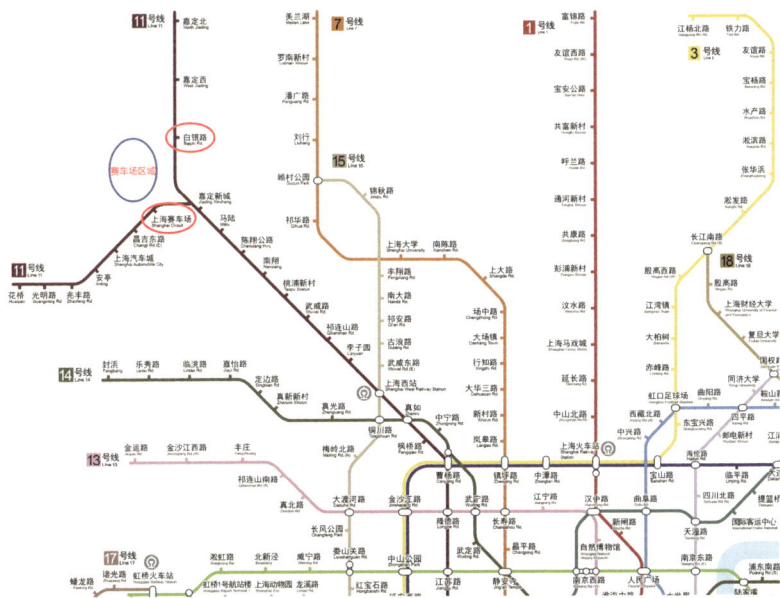

图 3-14　上海赛车场车站位置分布示意图

赛事期间集中进场时段为上午 9:00~13:00,集中出场时段为 15:30~18:00,在进场高峰期,上海地铁会加强从站台至站厅、从站厅至赛车场的客流疏导,如图 3-15 所示。

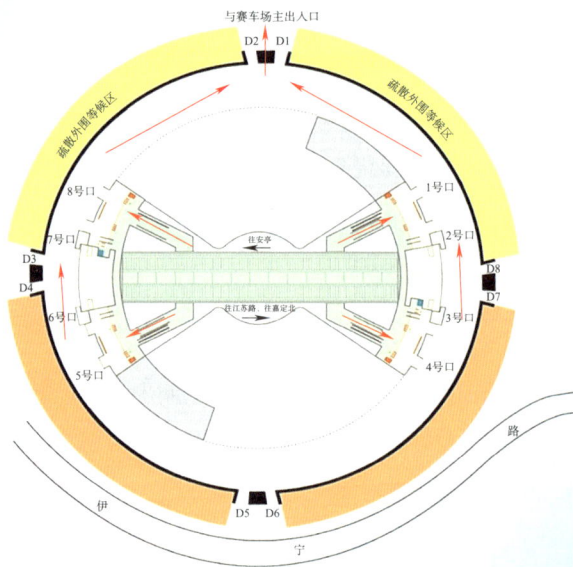

图 3-15　F1 赛事进场高峰时段客流走向图

在出场高峰期,进站客流即出场客流巨大,上海地铁会采取限流措施引导乘客有序进站。具体措施包括:

(1)出场客流组织按"等候区(第一级)→环形通道区(第二级)→车站付费区(第三级)"实施三级限流作业。各级客流疏散控制情况依据上一级客流疏散速度,信息传递由每级指挥者进行传递,并对客流情况及后续客流疏散力度进行确认,如图 3-16 所示。

(2)车站外围与赛事方通道管控,将部分出入口进行调整。某些口为正常疏散通道口,某些口为应急疏散通道口,某些口"只出不进",某些口不开放。应急情况下(进站客流长排队,超过站台客流时)视情增开临时出入口,并设置手持人工验票岗位,加快进站客流疏散速度。并将安检通道调整,如图 3-17 所示。

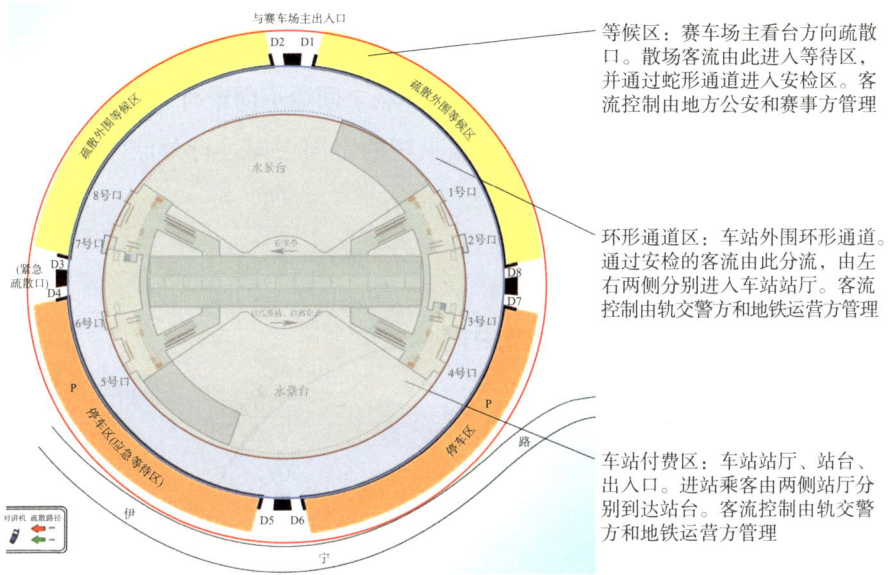

与赛场主出入口

D2 D1

疏散外围候车区

疏散外围候车区

水景台

8号口

1号口

2号口

7号口

（紧急
疏散口）

D3

D4

D8

D7

6号口

3号口

5号口

4号口

P

停车区

P

候车区(应急等待区)

停车区

路

水景台

伊

D5 D6

宁

对讲机　疏散路径

等候区：赛车场主看台方向疏散口。散场客流由此进入等待区，并通过蛇形通道进入安检区。客流控制由地方公安和赛事方管理

环形通道区：车站外围环形通道。通过安检的客流由此分流，由左右两侧分别进入车站站厅。客流控制由轨交警方和地铁运营方管理

车站付费区：车站站厅、站台、出入口。进站乘客由两侧站厅分别到达站台。客流控制由轨交警方和地铁运营方管理

图 3-16　F1 赛事集中散场时段限流组织层级示意图

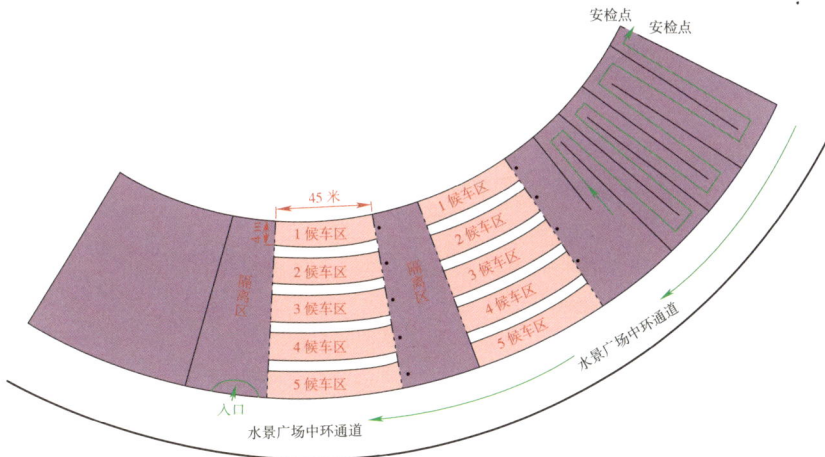

安检点　安检点

45 米

1 候车区

1 候车区

2 候车区

2 候车区

3 候车区

3 候车区

4 候车区

4 候车区

5 候车区

5 候车区

蓄滞区

蓄滞区

入口

水景广场中环通道

水景广场中环通道

水景广场中环通道

图 3-17　F1 赛事期间上海赛车场站外围通道排队示意图

（3）设立临时售票点。在赛事方外围外环形通道设置多个应急售票点，加设应急售票亭。

（4）实施分流措施，在进入车站与赛车场之间通道前进行分流，设置多个关口，在每个关口设置分流栏杆，根据乘客的不同去向进行分流，如图 3-18 所示。

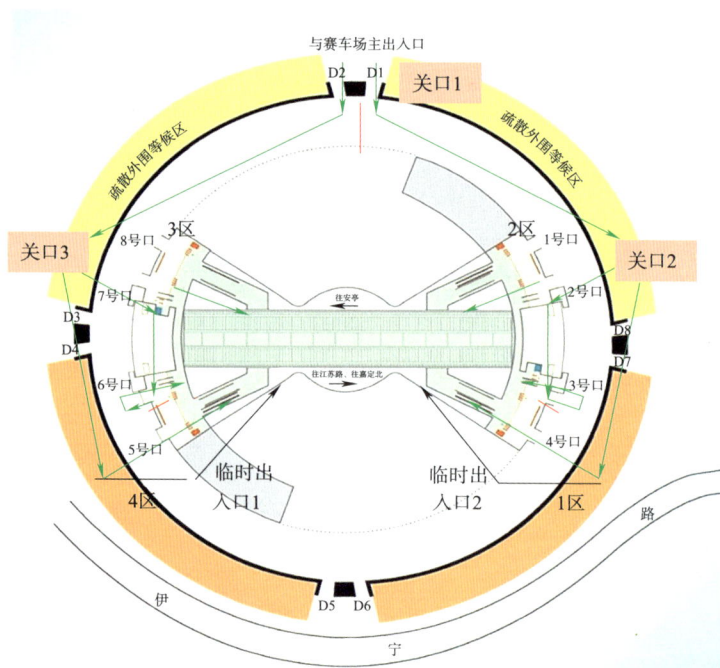

图 3-18　F1 赛事出场高峰时段人员客流走向

第二节
上海地铁暖心运营服务

上海地铁竭力为有需要的乘客提供暖心的服务，以确保这些有特殊需求的乘客出行的顺利。在上海地铁的各个车站里设置了无障碍设施，以便行动不便的乘客使用。对于一些特殊人群，上海地铁为其提供接送服务，陪伴全程出行。上海地铁还实现了所有车站的 AED(自动体外除颤仪)覆盖,以供遇突发状况的乘客急救使用,保证乘客的出行安全。在中高考期间,上海地铁还为考生提供"助考护航行动",使考生便捷地前往考点。

一、无障碍服务

无障碍出行服务是交通服务的更高层次,更能体现人性化和有温度的服务特色。加强无障碍设施建设,完善无障碍服务,是保障弱势群体参与社会生活、共享经济发展成果的必要条件,也关系城市形象。面对众多残疾人和众多妇女儿童等社会群体的需求,上海地铁推出了一系列无障碍服务措施。

对于一些残障或视觉障碍等行动不便的乘客,上海地铁竭力提供接送服务(图 3-19)。盲人乘客在出行前,只需提前规划好出行路线,拨打上海地铁车站电话,提供出发地的地址和出行路径,就会有地铁工作人员为盲人乘客提供全程服务,包括出入口等候、搭乘自动扶梯、站厅测温、配合安检、过闸机、站台候车、上下列车、车厢就座、换乘引导、乘坐无障碍电梯、人员交接等等,每一个环节都默契有序。整个过程至少 4 名工作人员接手,沿途他们会恰到好处地提醒盲人乘客,什么时候上自动扶梯、什么时候列车即将进站、什么时候进无障碍电梯,工作人员会在关键节点无缝衔接,安排妥当,贴心地将有需要的乘客送达目的地。

图 3-19 上海地铁为残障人士提供的无障碍服务

二、自动体外除颤仪（AED）

心脏骤停超过 4 分钟,脑组织会发生永久性损害,因此这宝贵的 4 分钟也被称为"黄金四分钟"。如果在公共场所发生心脏骤停危及生命事件时,在救命的"黄金四分钟"内,正确使用自动体外除颤仪(AED)和实施心肺复苏,能极大地提高院前急救效果,达到挽救生命、减轻伤害的目的。随着现代物质生活水平和需求的大幅提升,在地铁等公共场所推广普及 AED 设备,并开展配套的车站员工急救知识与技能培训,建立长效机制,对进一步保障乘客生命安全具有十分重要的意义。

上海地铁自 2015 年起就在上海市红十字会、市应急办的捐赠和指导下,首先在 2 号线等部分线路车站试点安装 AED,初步涉及 6 条线路 9 座车站。至 2021 年底,AED 覆盖至全网络每一座自然站(图 3-20)。上海地铁全面开展了车站员工急救技能培训,获取有关证书资质,从配套软实力上下功夫,并鼓励经过急救培训的车站工作人员积极参与应急救护服务,建立健全长效机制。同时,上海地铁也欢迎具备医护或急救资质的热心的市民乘客积极参与突发急救工作。

图 3-20 上海地铁 AED 全覆盖

三、助考护航行动

在每年中高考期间,上海地铁都会制定高考服务方案,开展"助考护航行动"。上海地铁结合疫情防护工作,优化运力储备、减少噪声影响、强化现场服务等一系列措施满足考生的出行需求,在各临近考点的车站相继为考生提供助考服务让考生能够安心赴考(图 3-21)。

图 3-21　上海地铁的"护考行动"

上海地铁在临近考点的地铁站出入口、换乘通道和站厅等关键位置,设专人提供考场信息指引。车站还为考生们开启了"绿色护考通道",优先、灵活处理考生的票务问题,考生及陪同家属可凭准考证快捷通行。同时,各相关车站设置爱心助考点,配备助考箱,其中考试专用 2B 铅笔、黑色中性笔、直尺、橡皮、卷笔刀以及消毒湿巾、免洗洗手液、雨伞、风油精、清凉油等应考文具和防疫防暑物品一应俱全,方便考生借用。此外,上海地铁车站还制作了导向牌,放置在站厅醒目位置,配合以车站广播、工作人员指引,使考生能更为顺利、便捷地前往高考考点。

四、列车分区调温

地铁列车行驶于地下、地面或高架等不同环境中,环境温度会发生动态变化,且列车停站开关门时的冷热气流频繁交换,高低峰时期客流密度存在差异。同时,不同乘客的体质和长短途乘车需求不同,对地铁车厢温度的需求也存在差异和动态变化。因此地铁列车的温度调节控制显著区别于民用空调,呈现出相对复杂的特点。

为满足不同乘客对地铁车厢温度的差异化需求,进一步为市民乘客办实事、提升人性化服务品质,2021 年 8 月 8 日至 10 月底,在夏季高温期间,上海地铁在 11 条线路(3、4、5、10、11、12、13、15、16、17、18 号线)上试行"分区调温"(图 3-22),即列车车头和车尾两节车厢的空调温度调为"弱冷",弱冷车厢的空调温度设置比普通车厢高 2℃左右,适合老年、儿童等体弱、畏寒的乘客选择乘坐,中间其他车厢维持原状。同时,上海地铁在上述线路通过广播宣传等方式做好现场客流引导,并持续跟进分区调温后的乘客反馈,不断优化完善调温措施。

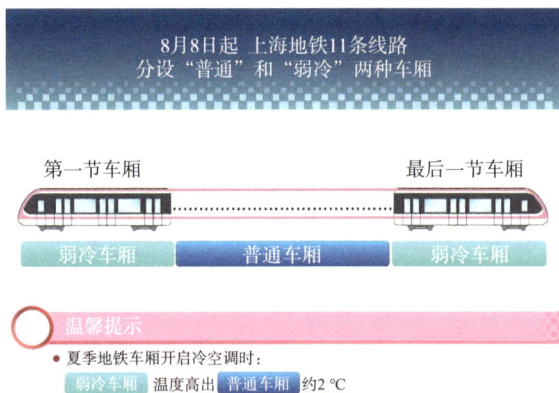

图 3-22　上海地铁列车分区调温

五、静音车厢

为了营造更好的乘车环境,2020 年 12 月,上海地铁实施了新修订的《上海市轨道交通乘客守则》,明确禁止使用电子设备时外放声音(图 3-23),得到了广大网友的认可,一度登上了微博热搜,并登上央视新闻。

图 3-23 上海地铁的静音车厢

第三节
上海地铁一站一特色运营服务

上海地铁对标最高标准、最好水平,主张"细微服务见温情,个性服务见真情",既保障出行必须的基本服务,又创新提升"幸福感"的增值服务,关注服务品质的提升,通过服务流程标准化、服务考评常态化、服务沟通长效化,培育了一批服务规范、特色鲜明、社会赞誉度高的特色服务品牌。上海地铁针对不同站点和乘客需求差异,以细节为突破口,针对不同站点设计相应的服务方法,形成"一站一特色"的人性化服务品牌 50 余项(至 2021 年底),实现运载温馨,营造和谐(表 3-3)。

表 3-3　上海地铁部分服务品牌

类型	车站	服务品牌	特色服务举措
门户枢纽车站	浦东国际机场站（2 号线）	畅行启航	设置"客服中心双语岗"，为国内外乘客出行问询提供便利
	虹桥火车站站（2、10、17 号线）	小煜流星轮	在上万平方米的大型换乘站中，国内首个运用"双轮平衡车"快速抵近乘客，提供换乘、铁路问询等服务，联手火车站为特殊乘客开通"地铁—火车"绿色通道
	上海火车站站（3 号线）	阳光伴你行	三"绝不"服务准则、线路换乘提示条、全市重点医院导医册、残障人士护送服务、全市著名景点介绍图册、春节扫码方阵
多线换乘车站	人民广场站（1、2、8 号线）	熊熊"3D"创新工作室	推出无障碍特色服务、团队售检票服务、建立三个枢纽站间无缝链接服务、快速票务处理、双语服务、票种选购指导服务等 6 项特色服务，为广大乘客提供更专业、更优质、更舒适的客运服务
	世纪大道站（2、4、6、9 号线）	畅行捷向导	在"卅"字形四线换乘站的复杂空间中，人工引导与镭射灯、字母楼梯等相结合，完善站内换乘路径导向，方便乘客快速找到方向
特色车站	豫园站（10 号线）	豫 10 俱进	设计"便民信息"卡片，扫码便可获取豫园车站周边标志性建筑信息
	南京东路站（2 号线）	晶心服务	以地铁 2 号线著名服务品牌、国庆阅兵姐妹花范晶瑾、范晶莹"晶心"服务法的基础上，进一步推出"姐妹花"超萌 Logo、温馨提示、爱心传递、手绘地图四项特色服务举措，形成车站"4＋1"特色服务的格局
	徐泾东站（2 号线）	畅行展护卫	进博会期间为参会乘客提供多语言问询服务，并引导乘客有序进出站
	上海儿童医学中心站（6 号线）	小茜童乐园	接待到儿童医学中心看病的小朋友和家长，舒缓了小孩子对看病的紧张害怕情绪，也为带着孩子前来看病的家长们提供了安心舒适的休息环境
	上海动物园站（10 号线）	"彩虹"团队	提供"暖心茶水""彩虹糖果换气球"等特色服务，满足前往动物园游玩的儿童安全出行需求
	水城路站（10 号线）	盲童领路天使	组建全国首支盲童领路天使队伍，制作及修订全国首本盲文版盲人乘坐地铁指导手册，做好盲童引领护送服务和定向行走
	龙阳路站（16 号线）	小方站长听您说	每月 16 日定期组织乘客恳谈会，倾听意见建议，不断优化服务
线路服务品牌	4 号线全线车站	幸福环线	组织志愿团队、开展志愿活动，组织高考助力活动等

一、水城路站"盲童领路天使"服务

10号线水城路站"盲童领路天使"是上海地铁推出的第一个特色服务案例。2010年地铁10号线开通试运营后,水城路站由于临近上海市盲童学校,车站内常有盲人孩子乘坐地铁,为了向这群特殊的乘客提供帮助和服务,车站随即成立了全国轨道交通行业中首支"盲童领路天使"团队,为盲童提供引领、护送服务(图3-24)。车站专门为盲童学生组织了一次"摸一摸,让我带你认识地铁"的特别活动,由车站值班站长带着盲童学校的学生通过慢慢地触摸车站的闸机、TVM、客服中心等专业设备,让孩子们有一个形象的认识;手把手教他们模拟进站刷卡、出站插卡的单程票使用过程。

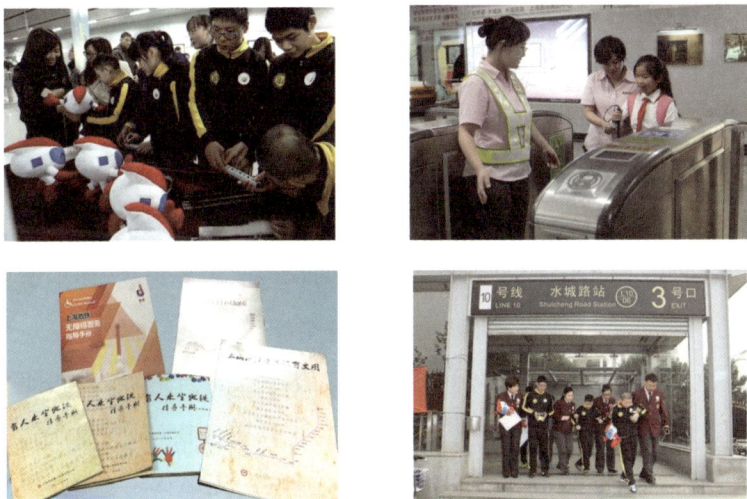

图3-24 上海地铁的"盲童领路天使"服务

为了更好地服务视障人群,上海地铁10号线水城路站推出了触觉地图,地图上布满着各种具有凹凸感的点、线和图形,服务中心、车站布局、换乘线路等信息跃然纸上。从全国首本地铁盲文手册到地图,改版4次,刊印500多册,让3 000多名盲人建立起独立出行、融入社会的信心。与此同时,《上海地铁无障碍服务指导手册》也在水城路站试点,并逐步推广至上海地铁全网络。

至2020年十年间,天使领路团队累计护送盲人近万人次,事迹先后被新

闻晚报、青年报、时代报、劳动报、新华社、中央电视台新闻频道等媒体报道。水城路车站也先后获得"全国五一巾帼标兵岗""上海市五一劳动奖状""上海市五一巾帼集体""上海市工人先锋号"等一系列荣誉。

二、人民广场站从"指路问不倒"到"3D 服务"

上海地铁人民广场站作为上海第一个汇集了三条地铁线路的换乘枢纽站，日均客流超 60 万人次，最高时可超 100 万人次，为了更好服务乘客，人民广场站一直不断持续优化服务方式，形成了一系列品牌传承。

以前，许多乘客都熟知人民广场站有一位厉害的师傅——蔡永恺，他的心中有张"活地图"。作为人民广场站的服务明星，他所创立的"指路问不倒"服务品牌曾经广受乘客的好评。世博会前，他把多年积累的经验以带教的方式，传授给许多新员工。在他的带领下，"指路问不倒"这个爱民便民的特色服务品牌也在不断拓展。

2012 年，以熊熊命名的劳模工作室——"熊熊'3D 服务'创新工作室"应运而生（图 3-25），"3D"是三个英文单词的首字母："培养有活力（Dynamic）的员工队伍，树立全心全意（Devoted）的服务理念，使乘客感受一段愉悦的（Delightful）地铁旅程"。熊熊是全国劳动模范、全国五一劳动奖章、上海十大杰出青年、1 号线小熊"为您"服务台的创始者。"熊熊'3D 服务'创新工作室"从劳模视角整合资源，立足地铁服务窗口，探讨实践服务创新课题，先后推出 6 项服务菜单（票卡导购服务、无障碍特色服务、双语服务、快速售票服务、团队售检票服务、铁三角联盟绿色通道服务）、轨道交通

图 3-25　上海地铁创建的"熊熊'3D 服务'创新工作室"

首本《志愿者培训手册》，在青年员工的岗位实践中创新了点单式快速售票法和路线规划便民条。在工作室的帮助下，人民广场站获得了2013年上海市"现场管理五星级"车站称号，人民广场枢纽站集中监控室获得上海市青年安全生产岗。

三、4号线"幸福环线"

4号线是上海地铁唯一一条环线，串联起了整个上海轨道交通网络，几乎能实现与线网其他市区内线路的换乘，也被大家称为"幸福环线"（图3-26）。2009年，上海地铁4号线荣获全国"工人先锋号"，成为国内首条获此殊荣的地铁线路。2017年3月，4号线幸福环线推出服务创新团队工作室，该工作室集客运、设施、乘务三位一体，围绕"精细管理、创新引领"的主题，用劳模精神引领职工立足岗位，凝聚全员智慧和力量大胆创新，使工作室真正成为企业的智囊团、岗位的创新源，成为推动企业三个转型的强劲动力。

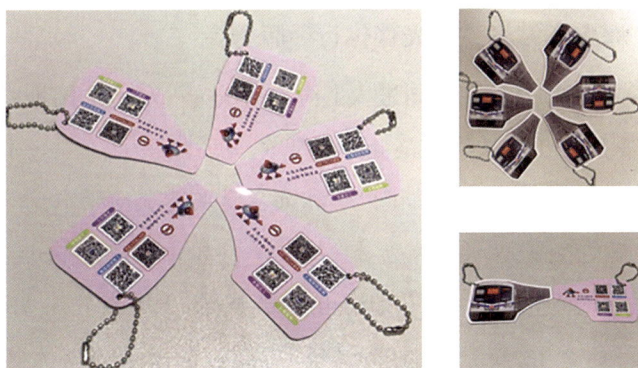

图3-26　"幸福环线"服务团队特制的含有上海地铁出行信息的钥匙扣

四、南京东路站"晶心服务"团队

"晶心服务"团队是上海地铁2号线南京东路站的服务品牌，由"姐妹花"范晶瑾和范晶莹创立（图3-27）。如在国庆节假日期间，由于南京东路站进出站客流最繁忙的时期，该服务团队通过在车站范围内的流动巡视，及时发现问题解决问题，主动提供服务。团队成员及南京东路站全体员工通过

113

专职巡视岗、TVM 导购岗、换乘通道疏导岗、应急售票岗等不同岗位共同为国庆期间保驾任务出力。客服中心也会有该服务团队成员发放国旗，与乘客互动，共同营造节日气氛。对于第一次来上海的外地游客，在南京东路站可以看到"晶心服务"团队成员共同构思制作的手绘地图系列 1.0 和 2.0 版本，可以通过该团队提供的服务来初步熟悉周边的热门景点，进一步合理地安排自己的行程。

图 3-27　上海地铁 2 号线南京东路站的"晶心服务"团队

五、上海火车站站"阳光伴你行"服务台

1995 年，刘连锁从公交公司进入上海地铁成为一名普通的地铁站务员，多年来他在积累服务工作法的道路上从不停歇，先后创建了"三本一图"（三本是指公交线路本、问题及解决办法记录本和乘客反映情况记录本，一图是一张上海市区的中英文地图）、"关爱提示卡"并自学了多种方言，和来自五湖四海的乘客热情交流。刘连锁先后荣获上海市劳模称号和上海市五一劳动奖章。

2016 年，拥有 13 年党龄的郁怡宾同志接过劳模刘连锁的接力棒后，建设了"阳光伴你行"党员示范岗和多功能服务台，配备防暑应急、雨伞文具、点心糖果、针线挂绳等爱心物品，并为来往乘客提供专项问询、导乘服务。同时，细分乘客需求，分析乘客属性，相继推出指路卡、换乘提示条，自制车站周边导医图和上海热门景点图文册等，切实提升乘客获得感。"阳光伴你行"党员示范岗于 2018 年荣获上海市"优秀党员示范岗"称号。

伴随着车站客流递增以及乘客对品质服务要求的日益提高，上海火车站站于 2019 年对"阳光伴你行"多功能服务台进行了升级（图 3-28）。在设施配备方面,从迅速、便捷、人性、高效为入手,醒目的"上海火车站,阳光伴你行"灯箱标志一目了然,帮助乘客快速寻求帮助;"智慧导乘"中心立柱嵌有大型多功能触摸屏,兼具数字地图、站点导向、企业公共文化宣传等多种功能,让乘客充分体验现代化服务的同时,有效节省了人工问询等候时间;定置"多语种语音及时翻译器"可满足50多种语言对话交流,让外籍乘客一键沟通"零距离";服务台还推出了指路视频,以第一人称视角指引乘客到达车站各重点出入口,通过直观感受,解决乘客迷路烦恼;还可以为残障人士提供进出站服务。

图 3-28　上海地铁上海火车站站"阳光伴你行"服务

六、上海儿童医学中心站"小茜童乐园"

"小茜童乐园"是上海首座设立于地铁站内的儿童乐园(图 3-29),位于上海地铁 6 号线上海儿童医学中心站,是上海市级"青年文明号"集体。由于车站紧邻上海儿童医学中心,许多前来就诊的孩子父母常遇到没地方换尿布等尴尬问题。车站 90 后"服务明星"徐紫茜和她的班组成员提出在站厅搭建一块区域为儿童提供母婴服务。

图 3-29　上海地铁上海儿童医学中心站的"小茜童乐园"

2012 年"六一"儿童节,这座别致的"儿童乐园"开门迎客,这也是沪上首个"地铁站内的儿童乐园"。"小茜童乐园"占地 20 平方米,包括一间小型教室和一间母婴室。摆放许多卡通书、迷你桌椅、玩具。而哺乳室内还增加了沙发、求助铃、取暖器、母婴料理台等。从最初的爱心糖果服务、热心母婴服务、细心导乘服务,到目前车站"5+1"便民特色进一步完善。据介绍,"5+1"特色服务即 5 个便民特色(微博互动、医院导航、兑换硬币、提供热水、母婴服务)和 1 个文化特色角。开放至今,为无数需要帮助的家庭提供舒适放松的私密空间,并多次被新闻综合频道、东方卫视、文汇报、劳动报等媒体报道,深受乘客认同和大众赞赏。

七、龙阳路站"小方站长听你说"

上海地铁 16 号线龙阳路站的小方站长于 2017 年推出了"口袋小方"微信公众号,建立了一个线上互动平台,旨为乘客挖掘更为便利的服务。为了最大限度方便乘客的出行,在该公众号里,有车站团队精心挑选的实用地铁线路图、首末班车时刻表和地铁票务小百科等出行信息,还有包含磁浮科技馆、周浦花海、新场古镇、上海野生动物园、鲜花港等景点的风景图片。还推出了"小方站长听您说"互动平台,乘客可以随时随地在线上互动平台与小方站长联系,小方站长会及时与乘客留言进行互动。小方站长于每月 16 日还会开展"小方站长听您说——倾听您的声音"乘客恳谈会,开诚布公、敞开心扉、用心聆听、耐心解释、诚心回答,与乘客进行面对面的交流沟通,听取乘客的意见和建议(图 3-30)。

图 3-30　上海地铁龙阳路站的"小方站长听您说"服务团队

八、虹桥火车站站"小煜流星轮"团队

上海地铁虹桥火车站站区位于上海的西门户,是 2、10、17 号线三线换乘的特大型枢纽站,也是世界级交通枢纽虹桥枢纽中的重要一员。尤其是进博会期间,虹桥火车站站承担着主会展中心的后方交通堡垒保障工作。2011 年,车站值班员高煜面对车站不断攀升的客流,她利用双轮电动车的吸睛效应和高速移动的特性,创建了能够走出窗口、主动服务的全国首个流动性特色服务品牌——"小煜流星轮"(图 3-31)。流星轮为车站筑起了一道靓丽的"流动服务风景线",一个"流星轮"将多家驻楼单位与上海地铁串联在一起:他们为特殊乘客提供绿色通道;为遇突发情况晚点的乘客办理铁路、机票退改签工作;为身体不适乘客开启虹桥枢纽"120 快速响应通道",与机场共享紧急救护医疗资源等。高煜带领的团队创建"三速一捷"服务、"小煜流星轮 GPS 一站式导航"服务将地铁窗口服务效率提升 30%、服务响应速度提升 50%、乘客满意度始终保持在 98% 以上。

图 3-31　上海地铁虹桥火车站站"小煜流星轮"团队

九、豫园站"豫 10 俱进"团队

上海地铁 10 号线豫园站位于上海市中心,附近的景区与商圈较多,常常会有游客在该站进出。"豫 10 俱进"团队为乘客提供周边信息咨询服务(图 3-32)。2020 年 6 月,随着上海夜生活节拉开序幕,各大夜市和步行街纷纷火热开启,10 号线豫园站作为邻近地铁站,每周六、周日为夜市客流做好准备。"豫 10 俱进"服务团队结合豫园商贸及步行街位置,制作指引图,设计了"10 号线豫园站出入口客流管控计划提示卡""元宵豫园游玩指南"等服务手册。

图 3-32　上海地铁豫园站"豫 10 俱进"团队

十、徐泾东站"畅行展护卫"团队

"畅行展护卫"是上海地铁 2 号线在进博会期间的服务团队(图 3-33)。"畅行展护卫"团队成员各有所长、相互配合。英语日语服务、手绘地图、爱心接力,"展护卫"们用专业的服务技能和个人所长为海内外乘客提供温馨、贴心、周到的服务。团队制作了《迎进口博览会英语 100 词 100 句》,收纳整理了与外国乘客沟通时使用频次较高的服务英语,并更新融入了防疫、垃圾分类内容。此外,在"双语服务"的基础上"展护卫"们还学习了简单的手语手势,以便为特殊乘客提供"手语服务"。

图 3-33　上海地铁徐泾东站"畅行展护卫"团队

第四章 04 上海地铁文化服务

导语

　　城市轨道交通不仅仅是城市的公共交通工具，也是演绎都市文化的重要公共空间，是乘客出行、购物、娱乐的重要场所，也承载城市文明建设、宣传和引导等职能，承载着城市历史文化与精神内涵。建地铁就是建一座城，城市的文化决定了地铁文化的走向，城市文化和地铁文化是一脉相承的。

　　地铁文化在城市文明中起着重要的支撑作用，上海地铁在文化服务建设过程中，构建了政府指导、企业主导、社会协同、公众参与的社会共建共享机制，不断探索与艺术机构、社会资源之间的互动与合作，把文化传播的"单向度"转化为"双向度"，将海派文化的开放、多元、融合、时尚、精致等元素有机融合，一直在努力打造多层次的地铁公共文化体系，将枯燥单调的地铁出行变成"可阅读、有温度、有情怀"的文化之旅，提供有情、有品、有味服务，让乘客"看得到作品、听得到音乐、学得到知识、悟得到精神"。

第一节
上海地铁车站文化建设

地铁空间不仅是容纳着多种符号文本的"地下街道",也是可供城市使用者书写与阅读的意义空间,正逐渐成为城市文化表达与传播的重要载体。上海大力推进地铁车站公共文化建设,将公共文化阵地的规划设计与车站周边环境相匹配,与地面地标性建筑、历史文脉相适应。上海地铁从建设之初的壁画、浮雕、乘车使用的票卡,到 2009 年推选出上海地铁"畅畅"吉祥物文化形象,再到 2010 年世博盛会,先后以城市建设、公共安全、精神文明、艺术展览、廉政文化、爱心慈善等为主题,在上海地铁的场域空间以电子屏、灯箱、磁卡、海报、移动电视、艺术长廊、书店等形式设立多种载体的公共文化项目,打造"可阅读、有温度、有情怀"的公共艺术殿堂和文化宣传阵地,提供有情、有品、有味服务,让乘客"看得到作品、听得到音乐、学得到知识、悟得到精神"。

一、"看得到作品"的车站空间打造

上海地铁通过将公共文化阵地的选址规划和空间设计与地铁新线建设相结合,与车站周边环境相匹配,与地面地标性建筑、历史文脉相连接,不断提升公共文化空间的艺术品位。通过站城一体的综合开发、一站一景的建筑艺术、有情有品有味的地铁服务使市民在地铁中与历史重逢、与友人邂逅、与时尚对话,被文化部评价为"使地铁乘客在不经意间领略和感知艺术的体验更为惬意和直观",被誉为大流动"细胞"艺术宫、"文化会客厅"和"上海文化"的新名片。上海地铁经常在车站公共空间内设立艺术作品展览,所展出的作品贯穿古今中外,包含绘画、摄影、书法、文学等多种形式。

(一)海派书画作品展

2015 年 2 月,"过中国年圆中国梦"上海市公益广告宣传暨海派书画作

品展亮相在地铁人民广场站(图4-1)。上海市文明办运用公益广告这一有效形式,结合中国传统年文化,站位百姓视角,发动包括上海海上书画院、上海华侨书画院在内的上海知名艺术机构和著名艺术家,精巧构思、精美设计,倾力创作了一批公益广告精品力作,集中反映"中国梦"的宣传主题。

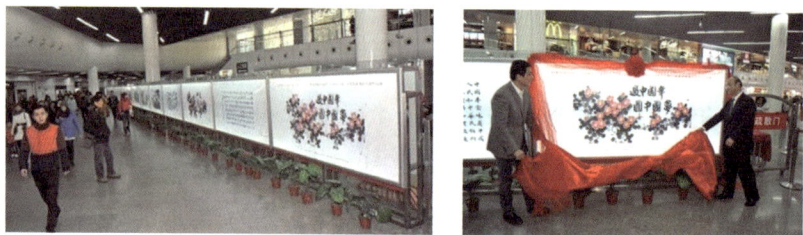

图4-1　人民广场站的海派书画作品展

(二)墨西哥魅力风情图片展

2017年6月,墨西哥魅力风情图片展亮相于上海地铁人民广场站(图4-2)。展览在上海地铁人民广场站换乘大厅进行为期数周的展示,以艺术的方式拉近了与万里之遥"仙人掌王国"的距离,让市民乘客不出国门欣赏到墨西哥古代文明与现代社会的璀璨文化。

图4-2　人民广场站的墨西哥魅力风情图片展

（三）美与情境——刘海粟与后印象

2019 年 2 月,纪念刘海粟欧游 90 周年系列活动"美与情境——刘海粟与后印象"亮相在陕西南路站(图 4-3)。中国新美术运动拓荒者刘海粟的泼墨泼彩代表作复刻品,以及来自波士顿艺术博物馆的印象派大师梵高、莫奈和雷诺阿的经典作品复刻品悉数到场,展示了中国和欧洲的风光山色,也传递了中西糅杂的美学与精神。

图 4-3 陕西南路站的"美与情境——刘海粟与后印象"作品展览

（四）纪念夏衍先生诞辰 120 周年展

2020 年 10 月,《启蒙与救亡——与世纪同行的革命文人》纪念夏衍先生诞辰 120 周年展览亮相在徐家汇站(图 4-4)。该展览聚焦杰出革命文艺家、著名社会活动家、中国左翼电影运动的奠基人和开拓者、近代中国享有盛誉的文化名人夏衍,以夏衍先生前半生主要的求学、革命、生活、著作经历为脉络,针对夏衍作为文学家、评论家、剧作家和革命者等多重历史身份,囊括了夏衍近70年文艺创作历程的众多重要代表作,甄选诸多早年稀见的民国史料书籍、手稿、实物等珍贵展品面向公众展出。展品涵盖了其散文、时文、杂文、小说、电影剧本、话剧剧本、文学评论、理论研究等文学范畴,回溯他不同时期的文艺创作活动及革命战斗轨迹,展现了夏衍在负笈求学、投身革命、红色文艺等领域多样丰富的人生截面。

图 4-4　徐家汇站的纪念夏衍先生诞辰 120 周年展览

(五)徐"绘"百年前行路——主题创作作品展

2021年11月,徐家汇地铁文化长廊举办"徐'绘'百年前行路——主题创作作品展"(图4-5)。该展览以主题性绘画及雕塑作品为主要表现形式,旨在回顾过去、关注现在、放眼未来,既有展现徐汇区域内革命先辈们百折不挠、实现民族复兴的斗争足迹,又有党领导人民锐意进取,创造新时代中国特色社会主义事业的奋斗足迹。整个展线中共有27件绘画雕塑作品、配合作品内容的文字和5篇语音故事穿插期间,梳理出整个展览的脉络。

图4-5　徐家汇站"徐'绘'百年前行路——主题创作作品展"

(六)徐家汇站"刘建航院士塑像"

2021年8月7日,中国工程院院士、上海市优秀共产党员刘建航(1929～2016)青铜塑像在地铁徐家汇站南通道内揭幕。这是继"大武有力"铜牛雕塑后,上海地铁公共空间第二件永久性展示的艺术品。刘建航是中国工程院院士,隧道与地下工程专家,是上海地铁原总工程师、被誉为"上海地铁之父",是老一辈上海地铁建设者中的杰出代表。他创建了软土地层的"时空效应"理论,形成了指导上海地铁大规模建设的工艺方法,2002年被评为上海市科技功臣。刘建航院士塑像为1:1大小的青铜全身像,以刘院士生前工作照为参考,展现了他头戴安全帽、手持电筒、神情专注查看隧道的形象(图4-6)。

图 4-6 徐家汇站"刘建航院士塑像"

二、"听得到音乐"的车站空间打造

上海地铁除了在车站设立展览为乘客提供视觉上的享受以外，还会考虑如何为乘客提供听觉上的享受，即让乘客"听到音乐"。无论是在车站内播放背景音乐营造环境氛围，还是设立"音乐角"举办演出，都是将优秀的音乐作品带入车站，建立充满音乐的车站空间。

（一）车站内背景音乐

作为"文化进地铁"地铁公共文化建设主要项目之一，上海地铁从2013 年 1 月在 2 号线南京西路站站厅试点背景音乐开始，结合新建车站开通和运营线路信号系统改造，陆续在 2 号线中山公园站等车站的 19 个站厅、通道或出入口，增加了背景音乐功能，每天 10:00 ~ 15:00 播放，让来往的乘客在地铁公共空间享受音乐文化。根据乘客感觉曲目单调的反映意见，上海地铁与东方广播中心合作，特别是在音乐内容的编辑上，经过多次实地试听和调试，选用了近百首指弹吉他曲目、氛围音乐、爵士乐以及古典音乐。同时，根据车站管理人员的建议，把播放时间延长到了 23:00，期间每播放45 分钟暂停 15 分钟。

（二）音乐角

上海地铁音乐角于 2013 年初建立在人民广场站的换乘大厅内，来自不同年龄段各行各业的不同团队会定期地在此举办主题演出，涵盖歌唱、演奏、舞蹈、戏剧等不同形式的音乐表演（图 4-7）。例如，在 2014 年的第

200 场演出中,来自民间的多个艺术团表演了开场舞与民乐演奏,上海地铁员工进行了歌唱表演,几位戏剧名家表演了京剧的著名片段。再如,在2019 年的第 700 场演出中,上海某著名合唱团通过演唱的方式向乘客们宣传文明乘车的内涵与意义,不仅营造了车站的音乐文化环境,还展现了上海地铁所传播的价值观,创新地将传统的音乐文化与地铁文化相融合。2018 年,"上海地铁音乐角"荣获市民文化协会(2013~2017)影响力品牌奖。

图 4-7　上海地铁音乐角举办的演出

三、"学得到知识"的车站空间打造

上海地铁的车站内还经常设立科普展览,向乘客介绍更多领域内的文化,让市民在地铁里"学到知识",对生活与世界有更广泛的认识。

(一)滴水湖站灯塔模型

2016 年 7 月,由中国航海博物馆收藏的华阳灯塔、赤瓜灯塔模型在滴水湖站亮相展出(图 4-8)。16 号线滴水湖站作为毗邻中国航海博物馆的地铁车站,可以让更多的乘客能够在参观场馆之前提前领略到航海文化;而航海博物馆也为地铁车站增添了航海科普和爱国主义的文化元素,为滴水湖站进一步打造科普文化型车站奠定了基础。

图 4-8　滴水湖站的华阳灯塔、赤瓜灯塔模型

（二）徐家汇站航天主题展

2018 年 9 月，"人民科学家钱学森与上海航天"主题展览在位于地铁徐家汇站的上海地铁文化艺术长廊正式向公众开放参观（图 4-9）。该展览分为"钱学森与上海航天""一流教育奠定成才之基""功成名就，祖国在心""冲破罗网，终回故土""科学与艺术的天籁之音""钱学森图书馆"六个板块，通过 70 余张珍贵图片、20 余组文献实物和视频，生动展现了中国航天事业奠基人、人民科学家钱学森一生成长、成才的成功之道，以及他对上海航天事业创建与发展所给予的关心、指导和帮助。

图 4-9　徐家汇站的"人民科学家钱学森与上海航天"主题展览

(三)人民广场站网络安全主题展

2021年10月,上海地铁与市委网信办联合推出的网络安全文化长廊于人民广场站亮相(图4-10)。该展览强化"网络安全为人民,网络安全靠人民"理念,通过30张主题灯片,向熙来攘往的乘客们传播网络安全知识,并从实际出发,用20个案例,以举例问答分析的形式,让市民乘客加深对网络安全的了解。

图4-10　人民广场站的网络安全文化长廊

四、"悟得到精神"的车站空间打造

上海是中国共产党的诞生地,有着丰富的红色文化。上海地铁常在车站内设立红色主题展览,为乘客讲述中国共产党与中国人民解放军在上海的历史,赞颂中国近现代革命先锋的优良品质,让乘客在车站内"悟得到精神"。

(一)"党的诞生地·一线一站"文化长廊

2017年5月,地铁13号线南京西路站"党的诞生地·一线一站"上海地铁文化长廊正式揭幕(图4-11)。该文化长廊长33.6米,高2.8米,突出艺术性和观赏性,以陆俨少、张安朴、陈逸飞、唐云等著名画家创作的与"党的诞生地·上海"相关的画作和部分爱国主义教育基地陈列展出的美术、雕塑作品为基本素材,同时呈现上海主要地铁线路上"党的诞生地"相关爱国主义教育基地基本信息和二维码,共展示艺术作品 27 幅,涵盖 11 条地铁线路信息,26 个市级爱国主义教育基地信息。主办方按照主题突出、艺术表现、示范设计、统一部署、同城效应的原则,在不同的地铁线路上完善"党的诞生地"文化长廊建设,并不断更新内容,充分展示上海是中国工人阶级的大本营和工人运动的发祥地,是马克思主义的传播中心和革命先锋文化的集聚地,是中华民族走向复兴之路的伟大起点的历史内涵和生动故事。

图 4-11　南京西路站"党的诞生地·一线一站"文化长廊

(二)庆祝上海解放 70 周年图片展

2019 年 5 月,在上海解放 70 周年纪念日来临之际,为全面回顾 70 年前解放军指战员不畏牺牲、英勇作战的 16 个日日夜夜,龙华烈士纪念馆与徐汇区文旅局、上海地铁公共文化发展中心共同打造推出《十六夜——庆祝上海解放 70 周年》图片展(图 4-12),旨在以解放军的事迹和精神激励大家继承革命前辈开创的事业,为实现中华民族伟大复兴的中国梦而共同奋斗。该展览位于徐家汇站,展线长度 48 米,解构了 1949 年 5 月 12 日至 5 月 27 日的每一天,通过 50 余张照片,10 余件实物,15 个小故事,以日历的形式向广大观众展示了上海战役期间解放军的每一天行军过程。此外,龙华烈士纪念馆英雄烈士研究中心录制的《老兵口述史》在展览中首次与观众见面。

《老兵口述史》通过 5 位上海战役亲历者的回忆,讲述了战场的残酷和解放军指战员的英勇,诠释了"遗爱般般在,勿忘缔造难"。

图 4-12　徐家汇站的《十六夜——庆祝上海解放 70 周年》图片展

(三)建党 100 周年宣传活动

2021 年 6 月,上海地铁庆祝建党 100 周年系列宣传活动正式启动。上海地铁将一大会址·新天地站打造成为迎接建党百年的重点主题车站。在市委宣传部的指导和关心下,上海地铁联合中共一大纪念馆、上海市文史研究馆、"演艺大世界"及上海各大剧团,通过"主题角""回顾角""文化角""演艺角"等四大展区,利用平面展示、实物展陈、书画作品展示以及演艺片段播放等形式,让乘客在出行中回归初心始发地,感受中国共产党百年来走过的光荣之路(图 4-13)。

图　4-13

图 4-13　上海地铁一大会址·新天地站文化建设

(四)"光荣之城——上海红色纪念地巡礼"展览

2021 年 8 月,为了回望党在上海的奋斗足迹,感悟上海厚重的红色文化底蕴,上海地铁公共文化发展中心承办的"光荣之城——上海红色纪念地巡礼"展览在上海地铁陕西南路站文化长廊举行(图 4-14)。该展览以《光荣之城:上海红色纪念地 100》一书为基础,主要聚焦上海重要革命遗址遗迹及其背后的故事,分为日出东方、革命洪流、艰难前行、中流砥柱、走向解放五大板块,通过简明扼要的文字介绍和丰富多彩的图片,勾勒出党在这座光荣之

图 4-14　陕西南路站的"光荣之城——上海红色纪念地巡礼"展览

城带领人民从黑暗走向光明的历史脉络，让广大市民乘客身临其境般感知那段风云激荡的热血岁月，真情缅怀党开天辟地奋勇前进的峥嵘历史，在革命传统教育中汲取砥砺前行的动力。

第二节
上海地铁列车文化建设

文化列车孕育城市独特之美，让乘客能近距离地了解不同领域的文化知识，进一步在车厢这一公共空间内营造文化氛围。为了更好地展示上海城市风采，宣传上海地铁公共文化，传播时代正能量，上海地铁自 2013 年以来，利用列车这一平台，结合各类主题活动及重要节日，陆续推出了涵盖文学、艺术、科技、历史等类型的各色主题文化列车，让单调的出行生活充满意趣（表 4-1）。

表 4-1　上海地铁推出的部分文化列车

年份	文化列车所在线路	文化列车名称	主题类型
2014	8	科普号	科技
2014	11	韩天衡美术作品	艺术
2016	2	永恒的莎士比亚	文学
2017	2、10	海派中医	中国传统文化
2021	1	党的诞生地·上海	历史
2021	10	红色专列	历史
2021	1、2、4	百年号	历史
2021	3	陈伯吹专列	艺术

一、"科普号"与"韩天衡美术作品"文化列车

2014 年 9 月上海地铁上线了 2 列主题列车。8 号线"科普号文化列车"

在拉手和壁贴为乘客介绍形形色色的生活小百科,供乘客边乘地铁边学习。11 号线"韩天衡美术作品文化专列"选择了中国著名篆刻、美术、书法艺术家韩天衡先生的部分书画印作品在地铁车厢内进行展示,如图 4-15 所示。

图 4-15 上海地铁"科普号文化列车"(左)与
"韩天衡美术作品文化专列"(右)

二、"在地铁邂逅莎翁"文化列车

2016 年,英国文化教育协会、上海市对外人民友好协会、上海地铁和上海翻译家协会共同在上海人民广场地铁站启动了"在地铁邂逅莎翁"活动。从 2016 年 8 月 31 日起至 2016 年年底,一列"永恒的莎士比亚"文化地铁列车每天运营在上海地铁 2 号线上(图 4-16)。这列"永恒的莎士比亚"2 号线

图 4-16 上海地铁 2 号线莎士比亚文化列车

列车上，所有的拉手和车门海报均呈现了出自莎士比亚的 48 句金句，分别来自莎翁的 19 部作品，从大众最耳熟能详的悲剧《哈姆雷特》，到 2016 年上海国际电影节展映过的改编电影《理查三世》等等。列车的车壁海报则介绍了"永恒的莎士比亚"下半年在中国进行的 6 项活动。

三、"海派中医"文化列车

2017 年 9 月 15 日，地铁 2、10 号线各有一列满载"海派中医"文化元素的地铁列车正式上线（图 4-17）。此次"海派中医"公益宣传是上海市科委2017 年"科技创新行动计划"科普项目，当天的启动仪式也拉开 60 天公益宣传的序幕。"海派中医驶向未来"的主题寓意让海派中医的智慧为我们的健康保驾护航，驶向美好的未来，这也是国内首次中医药文化全方位进入地铁。

图 4-17　上海地铁"海派中医"主题列车

四、"建党百年"系列文化列车

2021 年，在建党 100 周年之际，上海地铁亮相了数列建党百年主题列车。2021 年 3 月，地铁 1 号线"党的诞生地·上海"主题列车将"一大会址""二大会址""四大纪念馆"等诸多红色地标，以经典画作等形式在车厢拉手、壁贴呈现（图 4-18）。

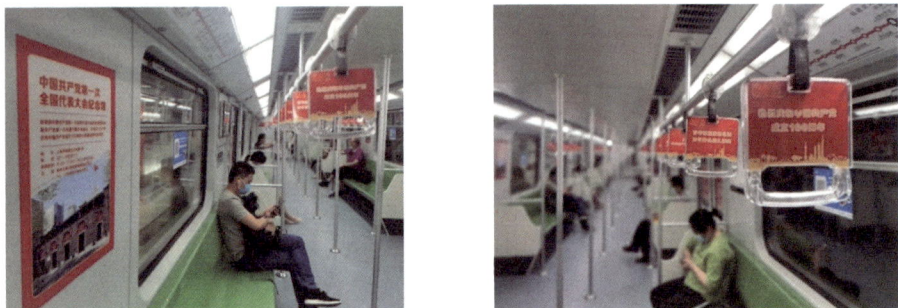

图 4-18　"党的诞生地·上海"主题文化列车

上海地铁 10 号线沿线红色资源丰富,13 个红色场馆分布在 10 号线不同站点 1~2 公里的范围内。2021 年 6 月,上海地铁推出了地铁 10 号线"红色专列",在该文化主题列车上,展示了精选的 30 幅由青年大学生创作的向党的百年华诞献礼作品(图 4-19)。此外,红色地铁专列上的拉环,正面精选 13 个场馆的照片,附有场馆简要介绍。背面为各具特色的学习题目,一方面作为大学生去场馆扫码打卡的必答题目,另一方面这些题目也可以供乘地铁的市民观看学习。

图 4-19　上海地铁 10 号线"红色地铁专列"

上海地铁 1、2、4 号线分别行经中共一大纪念馆、二大会址纪念馆、四大纪念馆。为进一步展示这三处"红色地标",上海市委宣传部与上海地铁合作,于 2021 年 6 月在这 3 条线路上各选取 1 列地铁列车,打造"百年号"红色主题专列,让乘客们坐上专列感受红色文化氛围(图 4-20)。

图 4-20　上海地铁 2 号线"百年号"红色主题专列

五、"陈伯吹专列"文化列车

2021 年 12 月 12 日,一列装满"陈伯吹国际儿童文学奖原创插画展历届优秀参展作品"的地铁 3 号线"陈伯吹专列"从上海宝山——陈伯吹先生的故乡,正式开启(图 4-21)。车厢里的 400 多个拉手和 60 副车壁都被优秀作

图 4-21　上海地铁陈伯吹文化列车

品占满,配合历届文学奖获奖作品金句,显得童趣盎然。此列专列由上海市新闻出版局、上海市宝山区人民政府和陈伯吹儿童文学基金专业委员会三方合作,利用上海地铁列车进行文化艺术宣传。

第三节
上海地铁文化延伸

上海地铁是承载城市精神、演绎都市文化的重要公共空间。经过 20 多年的不断探索,上海地铁在市委宣传部、市文明办、市文旅局的指导关心下,形成了地铁公共文化新品牌。上海地铁为上海发展、城市交通和文明建设做出的巨大贡献,得到了各界充分肯定,已然成为"上海城市的靓丽名片"。

一、助力上海城市文明建设

随着上海地铁网络不断完善,地铁在提供便捷交通服务的同时,其特殊空间也在潜移默化地影响着都市人的行为习惯,甚至是意识。上海地铁正是在这样的乘客互动过程中发展,践行"地铁文明引领城市文明"理念,助力上海的城市文化建设。

上海地铁在长时间的地铁文化沉淀中,已经自然形成一套地下空间内的行为规范,习惯于乘坐地铁通勤的乘客会非常自然地遵守,比如排队候车、避免在车厢内进食、避免大声讲话、避免手机外放声音等等。乘客受到地铁潜移默化的影响,变得越来越文明,同时上海地铁本身也在被乘客所改变,越来越人性化。如针对"低头族",在车站站厅台阶处贴上了"上下楼梯请勿看手机"的提示语;针对乘客经常"吊门"的现象,站台门上都有醒目的文字和声音提示;为方便人们描述位置,在站台每扇门框上都贴了唯一的数字编码;为方便乘客上网,上海地铁全网络覆盖了免费 Wi-Fi 等。

二、博物馆文化建设

博物馆是展现文化的窗口,在我国文化自信建设过程中发挥着重要的作用。建好一座博物馆,能够更好地发扬、传播、引领文化,促进我国文化事业的蓬勃发展。上海地铁博物馆创建于 2014 年,由上海申通地铁集团有限公司筹建,是中国首家展示城市轨道交通发展历程的专业博物馆。上海地铁博物馆以"安全地铁、科技地铁、绿色地铁、人文地铁"为主题,沿着地铁轨迹,分别以地铁发展历史、地铁功能、地铁文化、地铁安全、世界地铁等几大板块进行布展和展示。

上海地铁博物馆展陈面积 3 200 平方米的博物馆,通过文献档案、全自动列车运行沙盘、虚拟列车 DIY 组装、实时路况客流数据、4 号线全编组列车模型、车站 X 光透视等展项(图 4-22),运用声光色效等技术,展示了上海地铁的发展历程及上海超大规模地铁网络建设、运营、科创及文化等方面所取得的成果,是上海市爱国主义教育基地、上海市专题性科普场馆、上海市工业旅游景点服务质量达标单位。

图 4-22　上海地铁博物馆内的展示模型

三、票卡文化建设

地铁的车票不仅是乘车的凭证,也是上海这座城市的名片。在地铁票的方寸空间,可以让城市文化与每个个体建立起一个情感联系的媒介,让个体和城市之间融合得更好更有温度,让城市文化的更新与个体更加接近,提高个体对于整个城市文化生活的认知和认同。

上海地铁在 2010 年世博前期推出了一日票,于 2012 年推出三日票,此后特种票的图案以"海宝"和"畅畅"为主。为了使上海地铁车票的图案更加丰富,更加具有文化意义,近年来上海地铁策划了一系列车票的图案(图 4-23)。和消防、安全相关的主要有消防宣传单程票、轨交安检单程票等。结合一些具有重要意义的纪念日和节日所发行的特种票主要有建党纪念日、无车日、科普日、迪士尼"站赏"系列等。具有艺术人文气息的主要有"纪念三文豪逝世 400 周年""纪念茅盾诞辰 120 周年""周慧珺书法单程票""四大名园"等,还有一些具有政治纪念意义的车票,如"党的诞生地光荣之

图 4-23 上海地铁特色票卡

城上海""建党 95 周年""逐梦新时代"等,与体育赛事相关的有"国际田径钻石联赛""网球大师杯赛""F1 锦标赛""上海城市定向户外挑战赛"等。让乘客在乘坐地铁的同时,不仅可以享受上海地铁舒适的体验,更能感受到人文、艺术文化的熏陶,还可以收藏纪念。

四、文化建设的社会参与

地下空间是城市的延续,也是对城市治理和公共服务的另一重考验。上海地铁一直在努力让乘客参与到地铁的文化建设中来。上海地铁积极与社会各类人群或机构合作,联合建设上海地铁文化环境,让更多的人参与其中。上海地铁坚持"开门办地铁"的理念,加强与政府部门、艺术机构和社会资源的互动与合作,构建起"地铁搭台、社会唱戏"的格局。与市文明办、市总工会、市法宣办等合作,开展"致敬'最美守护者'""劳模墙""法治文化列车"等公益文化活动;与进博局、"花博会"组委会、交通委、市疾控中心等合作,开行"进博号""诗情花意"地铁列车,进行世界城市日、中国航海日、世界肺炎日宣传;与文艺院团合作,推出"国韵入心、雅意随行"六大剧种文化专列;与央视新闻合作,联手康辉、郎平等,在 2020 年底策划了"晚安地铁"语音播报暖心活动。随着社会参与面的不断拓展,文化传播的"双向度"和社会各界的美誉度也在不断提升。

如 2021 年,上海地铁联合其他多个部门共同承办了"光荣之城——上海大学生地铁志愿服务主题活动暨红色地图打卡活动"(图 4-24)。该活动精心选取 100 个上海红色地标,图文并茂地讲述纪念地背后的生动历史故事,聚焦与红色文化密切相关的 35 个场所场馆,分布范围涵盖 6 条地铁线路的 15 个站点。上海地铁与志愿团队以及各个行业的专家合作,共同营造上海地铁系统内的文化氛围,为乘客带来独具上海特色的人文服务。

图 4-24 上海大学生地铁志愿服务红色地图打卡活动

上海地铁运营服务实现

导语

　　城市轨道交通服务实现是指运营企业为实现高品质运输服务而提供的组织管理手段，这些手段是支撑轨道交通网络高效、安全和可靠运营的关键，也是提升轨道交通运营企业服务质量的重要保障。

　　上海地铁的服务实现主要从客流管理和列车管理两方面着手，实现手段包括客运组织管理、网络运能管理、运营效率提升以及新线运营的提前介入等方面。

第一节
上海地铁客运组织管理

客运组织是指通过合理布置客运有关设备、设施以及对客流采取有效分流或引导措施来组织客流运送的过程，其工作的核心是保证客流运送的安全，保持客流运送过程的畅通，减少拥挤并保证大客流发生时及时疏散。上海地铁在运营过程中，不断进行客运组织的管理创新，为乘客提供安全可靠的运输服务。

一、大客流管理

大客流是指轨道交通车站在运营过程中的某一时间段内候车、停留的乘客数量超过了该站设计最大允许的客流容量，或列车的实际载客量已经超过了设计载客量，并有继续增加的趋势。如果不采取紧急措施，极有可能发生人员伤亡等意外事件。上海地铁围绕日常大客流、节假日与重大活动大客流、突发大客流等三个层面（图5-1），严格把控客运组织现场各作业环节。同时，从技术、机制、应用等方面入手，积极探索创新，全方位提升大客流管控水平，全力营造平安地铁。

针对超大规模网络化运营带来的大客流常态化、安全风险复杂化等一系列新形势，上海地铁按常态（工作日早晚高峰）、专项（节假日、大型活动）进行客流组织类大客流风险排摸，形成风险点基础台账。根据现场客流实际及管控效果，每周对风险点进行更新，建立动态管理长效机制。截至2021年11月25日，上海地铁线网排摸梳理常态类共26座车站、32个点位；专项类共31座车站、40个点位；早高峰计划限流车站控制在9～11座，实际启动数量结合现场客流动态调整。同时，持续关注车站大客流风险点，并结合客流实际不断优化管控措施，实现大客流的精细化管控。上海围绕日常、节假日、重大活动等三种大客流场景，通过客流监控掌握客流出行特征，把控客运组织现场各作业环节以加强现场疏导，并定期开展评估改进，确保运营服务的安全高效。

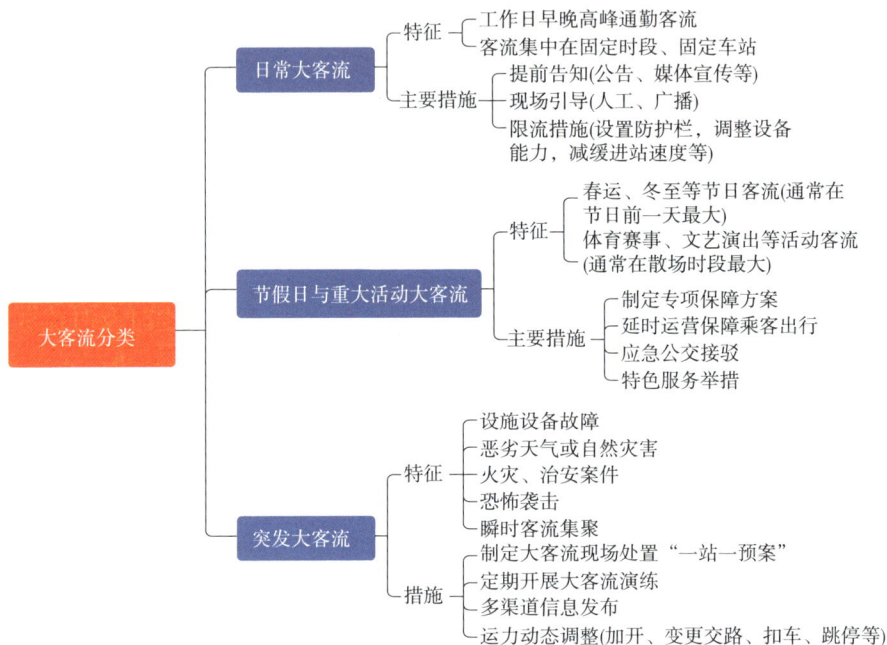

图 5-1　上海地铁的大客流分类

（一）大客流形成原因分析

上海地铁大客流形成的原因主要有：

（1）因运能与运量不匹配造成车站短时客流集聚，如早晚高峰、节假日、各类重大社会活动引发的爆发性客流等。

（2）因设备基础条件限制或通行能力不足造成车站局部区域瞬时客流积压，如上下行列车同时到站时楼梯口积压、换乘客流在车站换乘通道交汇换乘等。

（3）因突发故障或事故（件）造成车站客流积压，如设备故障造成运营延误；如遇气候变化、自然灾害、火灾、治安案（事）件、恐怖袭击等情况造成车站乘客滞留拥挤等。

（二）大客流处置原则

上海地铁的大客流的处置原则遵循"科学预判，分级响应""控外疏内，整体控制""强化联动,及时疏导""有序指挥,畅通信息"四个原则,如图 5-2 所示。

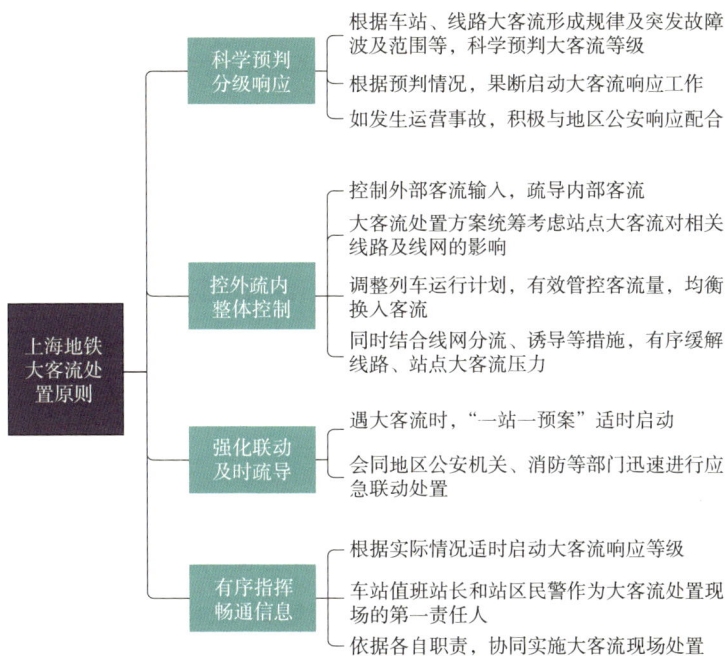

图 5-2　上海地铁大客流处置原则

上海地铁会根据实际情况适时启动大客流响应等级;车站值班站长和站区民警作为大客流处置现场的第一责任人,依据各自职责,协同实施大客流现场处置。

(三)大客流响应启动条件

上海地铁大客流启动分为两个级别,启动条件为车站客流量达到车站在站台站厅、上下楼梯、出入口通道、换乘通道等拥堵点客流容量的百分比。二级为客流超 60%,一级为客流超 80%。

(四)大客流响应和处置

根据大客流等级划分和启动条件,上海地铁运营方和公安机关方任何一方均可发起大客流响应。启动后,双方会依照各自职责分工落实实施,确保现场协作联动、指令一致、指挥顺畅。对高峰时段、节假日、重大活动期间及运营故障等引起的大客流疏导,现场指挥员主要由运营方负责人担任,公安机关人员会根据要求实施配合;当轨交公安机关认为现场需要采取强化措施时,现场指挥员可以变更为公安人员,COCC 会根据轨道公交总队指挥中心要求下达指令。遇突发案(事)件等引发的大客流时,现场指挥员主要由轨交公安机关派员担任,运营方会根据要求配合实施。

二、工作日早高峰限流管理

随着上海地铁网络化运营的不断深入,客流增长速度非常快,工作日日均客流超过 1 000 万人次,多条线路的列车满载率在早高峰时段超过了100%,部分断面客流饱和度达 130%。为了应对急增的网络客流,上海已将限流纳入常态化管理。

(一)限流时间制定

上海地铁的限流启动时刻取决于各线路客流的时间分布规律及运输能力短缺时段。常态限流时间包括早高峰及晚高峰,限流持续时间则主要取决于高峰客流的持续时间,并与站台的能力和列车满载率等因素有关,且持续时间一般大于 30 分钟。

(二)限流地点制定

上海地铁的限流车站主要以车站的进出站客流量作为选择依据,选择进站量大而出站量少的车站作为主要的限流车站。在早高峰时段限流车站多分布在城市外圈,在晚高峰时段限流车站多分布在城市内圈。车站内限流位置则主要集中在自动扶梯、进站闸机、售票机、换乘通道及车站的出入口等处,根据限流等级,应按"站台层→站厅层→换乘通道→出入口"的顺序来实施。

(三)限流措施制定

上海地铁根据客流规模与运输能力的不匹配程度将限流级别划分为车站级限流、单线级限流与线网级限流三种。实施等级根据车站客流拥挤程度和突发事件等级由低级向高级逐级执行。限流措施分客流控制与站车协同两种。客流控制是指减缓乘客进站速度和限制单位时间乘客的进站量,具体包括设置栅栏、放慢安检速度、减缓人工售票、减少闸机开放数量、封闭自动扶梯、自动售票机及车站进出口等。站车协同措施则是将客流控制与多种列车运行调整措施组合运用来缓解客流集聚在站内的问题,常用的列车调整措施有加车、扣车、跳停、变更交路、备车投用等。

(四)限流方案实施

上海地铁在运营实践过程中,会根据高峰客流的变化趋势动态调整限流方案。常态限流时间以工作日的早晚高峰为主,持续时间为 1~1.5 小时不等;限流车站主要集中在城市外围区域,市中心的限流站点大多为换乘车站。以 2020 年 3 月 19 日为例,上海地铁对 17 座地铁站实施了早高峰限流措施,如图 5-3 所示。

线路	车站	限流时间
2号线 4号线 6号线 9号线	世纪大道	7:30-9:00
3号线	长江南路	7:15-9:00
3号线	殷高西路	7:15-9:00
3号线	江湾镇	7:15-9:00
8号线	沈杜公路	7:30-8:45
8号线	芦恒路	7:30-8:45
8号线	杨思	7:40-8:45
9号线	佘山	8:00-9:00
9号线	泗泾	8:00-9:15
11号线	江苏路	7:45-9:00
11号线	安亭	7:30-9:00
11号线	南翔	7:30-9:00
16号线	龙阳路	8:00-9:00
16号线	鹤沙航城	7:00-9:00
16号线	新场	7:00-9:00
16号线	惠南	7:00-9:00
16号线	周浦东	7:30-9:00

图 5-3　上海地铁网络的限流方案(2020 年 3 月 19 日)

三、应对"突发公共卫生事件"的服务管理

突发公共卫生事件是指可能发生造成社会公众身心健康严重损害的传染病疫情、群体性不明原因疾病以及其他严重影响公众健康和生命安全的公共卫生事件。

2020年初，新冠肺炎疫情暴发并快速蔓延至全国各个城市，给上海城市轨道交通的日常运营带来了巨大挑战。为应对新冠肺炎疫情，上海地铁根据国家、市政府、新冠肺炎领导小组办公室等相关文件和会议精神，第一时间编制下发工作要求，规范疫情防控流程；第一时间推进"两个必须"（进站测温、佩戴口罩）、消毒、通风等各项防疫措施，筑牢疫情防控安全防线；第一时间在所有地铁车站提供包括儿童口罩在内的多规格防疫用品，在严格落实防疫要求的同时，体现精细化管理和服务温度。

1. 疫情暴发的应急响应过程

自2020年疫情暴发上海启动重大突发公共卫生事件一级响应以来，上海地铁采取了一系列行车和客运措施来落实疫情防控工作的部署，一方面需要保障不同时期的乘客出行需求，另一方面还要降低人员聚集产生的病毒传播风险。上海地铁第一时间成立领导小组和8个专项工作组，即运营组织疫情防控、建设施工疫情防控、物资组织协调、疫情防控信息、宣传报道、员工健康关怀、财务资金保障和责任落实督查组，每周召开专题会议，研究部署和总体推进以"外防输入、内防扩散"为基本原则的上海地铁各项疫情防控措施。

上海地铁的第一阶段（2020年1月至3月）的疫情防控措施可分为三个时期（图5-4）。复工前上海市启动了一级响应，这一时期的主要任务是阻断疫情传播，行车方面暂停了昆山区段的地铁运营，根据客流情况暂停了部分线路的延时运营；客运方面加强了环境卫生消毒，要求乘客佩戴口罩，全网实施了进站测温；复工后的初期，上海市仍处于一级响应阶段，为了应对复工潮带来的疫情传播风险，这一时期的主要任务在于大客流管控，在行车和客运方面采取了一系列的措施来控制列车断面满载率，降低人员聚集风险，此外还启动了乘客扫码登记，为相关病例的后续追溯提供数据支撑；随着疫

情的逐步控制,上海将重大突发公共卫生事件应急响应级别由一级调整为二级,相关行车和客运措施得到放宽和优化,但仍保留了佩戴口罩、进站测温、扫码登记等措施。

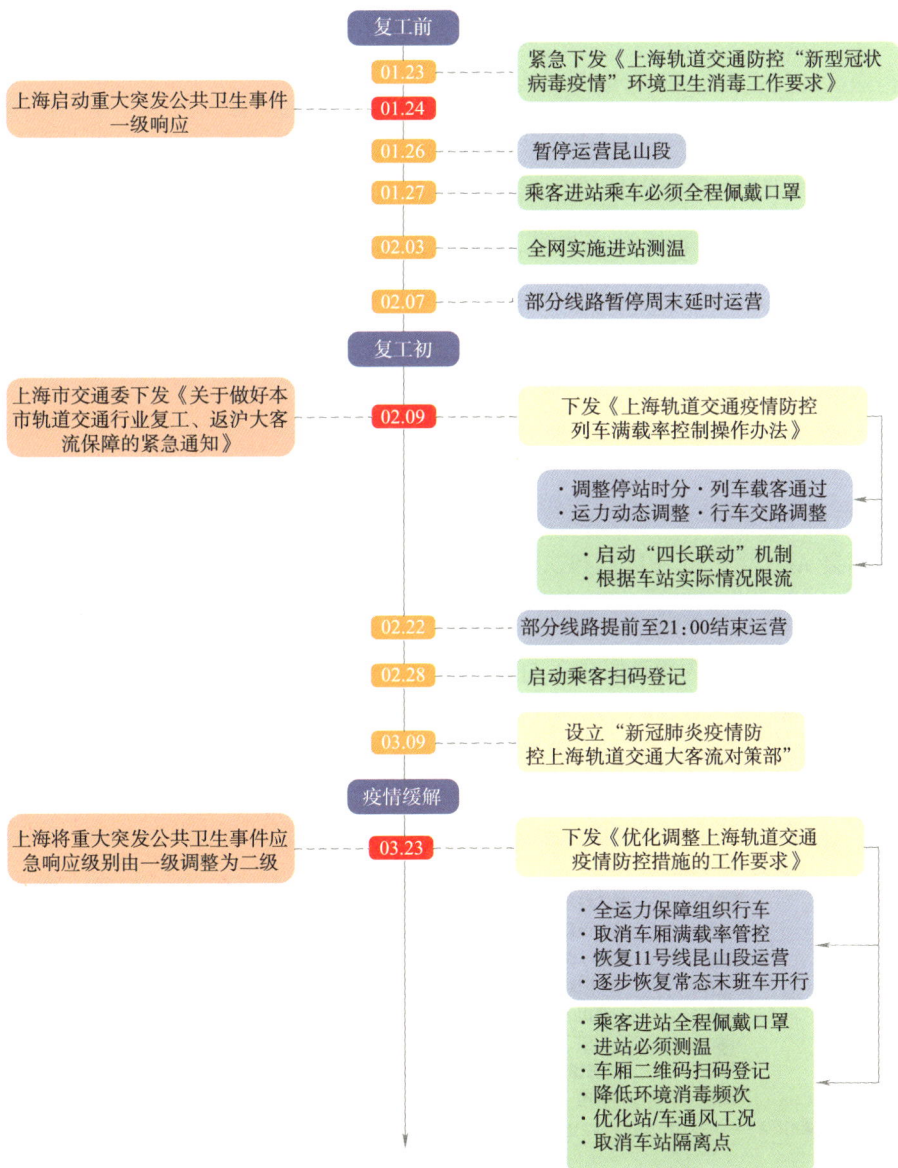

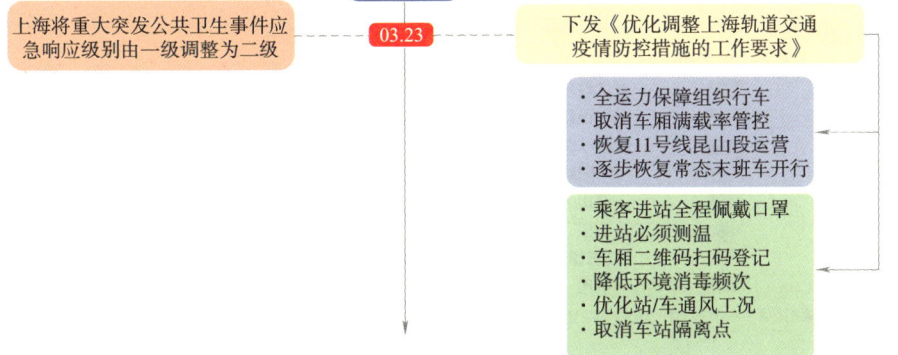

复工前

01.23 —— 紧急下发《上海轨道交通防控"新型冠状病毒疫情"环境卫生消毒工作要求》

上海启动重大突发公共卫生事件一级响应 —— 01.24

01.26 —— 暂停运营昆山段

01.27 —— 乘客进站乘车必须全程佩戴口罩

02.03 —— 全网实施进站测温

02.07 —— 部分线路暂停周末延时运营

复工初

上海市交通委下发《关于做好本市轨道交通行业复工、返沪大客流保障的紧急通知》 —— 02.09 —— 下发《上海轨道交通疫情防控列车满载率控制操作办法》

· 调整停站时分 · 列车载客通过
· 运力动态调整 · 行车交路调整

· 启动"四长联动"机制
· 根据车站实际情况限流

02.22 —— 部分线路提前至21:00结束运营

02.28 —— 启动乘客扫码登记

03.09 —— 设立"新冠肺炎疫情防控上海轨道交通大客流对策部"

疫情缓解

上海将重大突发公共卫生事件应急响应级别由一级调整为二级 —— 03.23 —— 下发《优化调整上海轨道交通疫情防控措施的工作要求》

· 全运力保障组织行车
· 取消车厢满载率管控
· 恢复11号线昆山段运营
· 逐步恢复常态末班车开行

· 乘客进站全程佩戴口罩
· 进站必须测温
· 车厢二维码扫码登记
· 降低环境消毒频次
· 优化站/车通风工况
· 取消车站隔离点

图 5-4　上海地铁防控措施时间轴(2020 年 1 月至 3 月)

2. 疫情期间的客流管理措施

上海地铁在第一时间运用数字技术推出乘车扫码登记措施,覆盖全网超 6 000 节车厢车门及车窗位置,共近 16 万张二维码,并加强车厢广播宣传,有效促进疫情动态防控。上海地铁在第一时间编制并实施突发公共卫生事件应急指南等防疫企业标准,为运营一线精准施策提供强有力的技术保障,并推广至深圳地铁等业内同行,为行业常态化疫情防控做好技术储备。

上海地铁在第一时间推出进站测温、自助口罩服务、消毒通风等各项防疫措施,实现无感非接触式测温、自助口罩服务线网 100% 全覆盖,让市民乘客养成良好的防疫卫生习惯,并减免商户租金 12 837 万元,在共同构筑防疫屏障的同时,彰显精细化管理和服务温度。截至 2022 年 3 月底,线网 508 座车站共设立 974 处测温点,热成像仪 974 台,口罩机 987 台,确保所有车站付费区外至少有一台口罩机,为确保城市有序运行提供有力保障。上海地铁在第一时间依托线上线下双渠道提供最新地铁相关疫情动态,官微、Metro 大都会 App 等平台每日发布次日限流预告(图 5-5)、"早高峰乘坐舒适度预告",引导乘客错峰出行;车厢移动电视、LED 大屏、灯箱广告加强抗疫公益宣传,实现运输不中断、服务不打折。

图 5-5　上海地铁疫情期间早高峰限流及舒适度预告

第二节
上海地铁网络运能管理

运能管理是除客运组织外实现高质量服务水平的另一个关键因素。上海地铁根据客流特征设计列车开行方案，对不同时段、不同车站的客流进行精准管理与预测，以实现运力资源的最大化利用。同时，针对晚间时段的大量客运需求，上海地铁还提供了延时运营服务，提高了地铁线网的运能利用率。

一、网络列车开行方案创新

面对超大规模网络，上海地铁在现有运营计划基本饱和的情况下，针对工作日高峰、平峰，双休日、节假日、重大活动期间等不同时段客流需求的变化，通过"压"间隔、"抢"时间、"延"时段等方法编制运行计划，为不同乘客创造不同时间价值(图5-6)。

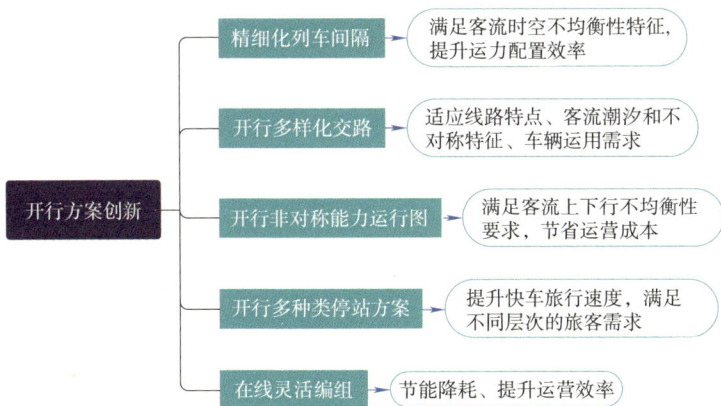

图 5-6　上海地铁网络列车开行方案创新实践

(一)精细化列车运行间隔

上海地铁客流具有明显的时空不均衡性，为确保列车运力配置高效、合理和经济性,针对不同日期(工作日、双休日)、不同时段(早晚高峰、平峰)、不同区段(市区段、郊区段)等,精细化列车运行间隔,并对各线编制工作日、双休日等多套列车运行图,提升运行计划的灵活性和适用性。同时,在非高峰时段(工作日平峰、双休日)以最大满载率70%为目标设计开行方案,为乘客的出行提供一定的舒适性。

根据乘客出行特征,结合停车场地理位置,在1、2、7、9、11、16号线上安排了多点首班车,既满足了不同区段的乘客出行需求,又分散了乘坐全程首班车的客流,增加了部分车站的运营时间同时提升了乘客乘坐列车的舒适度。

随着上海地铁线网规模不断增长,运能与运量之间的矛盾日益突出。为了缓解高峰客流压力,通过多样化运行交路、多样化开行方式、多样化行车间隔等提升客流断面的运能。此外,为进一步引领行业发展,对标国际先进轨道交通企业,通过压缩发车间隔提升服务水平、提升乘客乘坐地铁舒适度。期间,中心城区高峰时段最小发车间隔从2011年的5分缩短至2020年的2分30秒,7号线最小发车间隔达到115秒,9号线最小发车间隔达到110秒(图5-7)。

图5-7 上海地铁在中心城区高峰时段发车间隔的变化

(二)开行多样化交路

上海地铁除了单一交路外,结合线路特点、客流潮汐和不对称特征、车辆运用需求,采用大小交路(大部分线路)、环形交路(4号线)、Y形交路(10号线、11号线)等多种交路方式(图5-8)。

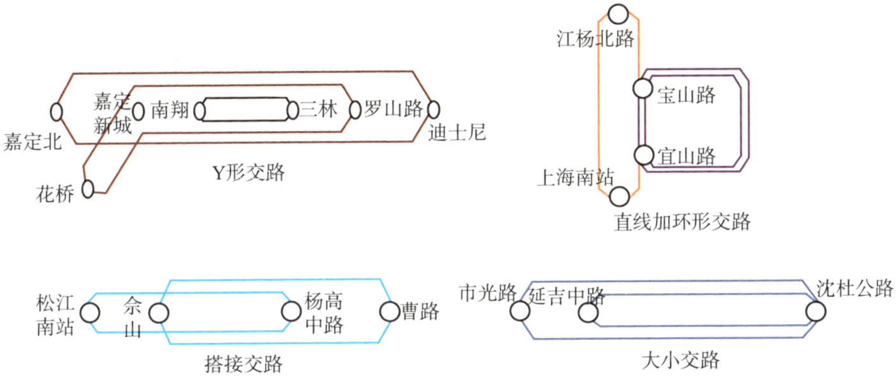

图 5-8　上海地铁开行的多样化列车交路形式

（三）开行非对称能力运行图

由于上海地铁大部分线路的客流都具有明显的时段、空间上的不均衡性特征,在多条线路采用了上下行方向不对称运行的列车运行计划(即在同一时段内,上下行分别根据本方向的客流强度需求,开行不同比例、数量的列车),使运能运量匹配性最高。以 7 号线为例,早高峰时段上行方向最小行车间隔为 1 分 55 秒(31 列每小时),同一时刻下行方向的最小行车间隔为 2 分 30 秒(图 5-9);若采用对称的开行方式,则仅能做到上下行 2 分 15 秒(26.7 对每小时),运能相差 16%。

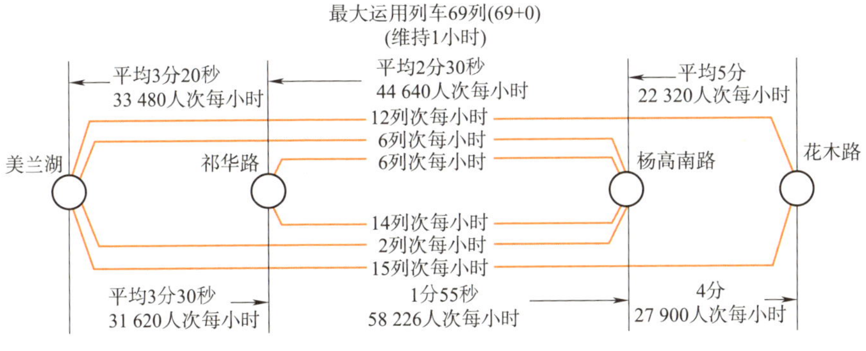

图 5-9　上海地铁 7 号线早高峰时期的行车间隔

（四）开行多种类停站方案

为进一步方便长线路乘客出行、提升运营效率,上海地铁 16 号线于

2016 年 3 月 21 日起开行"大站车",即部分列车越站运行,仅停靠龙阳路站、罗山路站、新场站、惠南站、滴水湖站 5 座车站上下客。"大站车"单程运行时间较"普通车"缩短约 12 分钟。"大站车"开行时段覆盖工作日、节假日,龙阳路至滴水湖双向运行,为了减少快慢车开行对通过能力的影响,工作日早高峰往龙阳路方向不开行大站车。

为适应海昌公园开园后的客流出行需求,16 号线先后于 2018 年 10 月 1 日、2018 年 11 月 16 日分别对双休日、节假日、工作日大站车增加"临港大道站"停靠站点。目前大站车停靠站点为"龙阳路站、罗山路站、新场站、惠南站、临港大道站、滴水湖站",单程时间比普通车缩短 9 分钟左右。

发展上海临港自贸区是上海的重大任务,16 号线作为连接临港地区和市区的重要纽带,是临港自贸区配套综合交通体系的重要一环。为贯彻落实国家战略,2019 年即启动 16 号线直达车方案的研究工作,分析客流特征、梳理设备条件、反复测试验证。16 号线直达车于 2020 年 6 月 18 日正式上线,市区至临港自贸区单程 60 公里仅需 37 分钟,相比站站停的普通车省时 36%,约 20 分钟(图 5-10 和图 5-11)。目前 16 号线每个工作日全天开行 4 班直达车,直通两端终点站龙阳路和滴水湖,途经站点均不停靠,为临港地区的大发展进一步提速增效。16 号线于 2020 年 12 月 29 日起对直达车进行提速,提速后,市区至临港自贸区仅需 35 分钟,进一步提升了效率。16 号线是国内首条具备快慢车功能的线路,也是国内首条开行直达车的线路。16 号线直达车的旅行速度达到了 102.94 公里每小时,速度利用率超过了 80%。

图 5-10 上海地铁 16 号线三种不同的列车停站方案

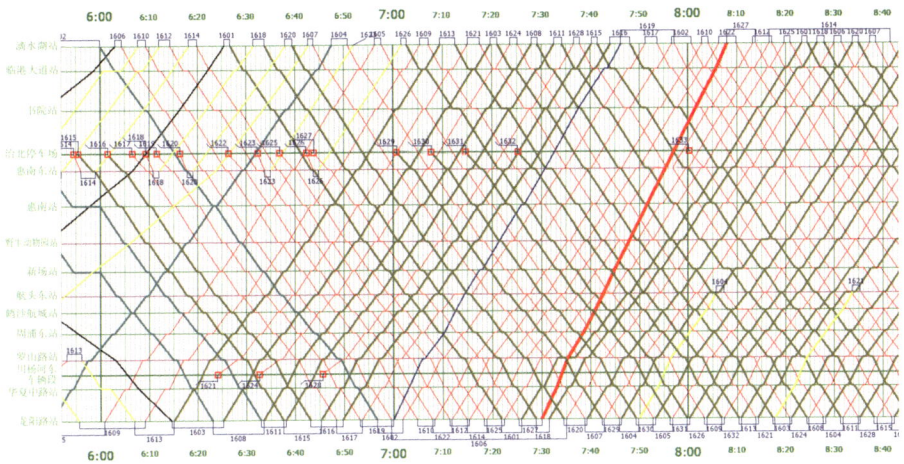

图 5-11　上海地铁 16 号线的快慢车运行图方案

(五)在线灵活编组

为进一步实现节能降耗、提升运营效率,上海地铁 16 号线于 2021 年 11 月 12 日起,逢工作日平峰时段,首创试行"3+3"在线"拆、并"(解挂编)的行车组织方式,将一列 6 节编组列车在龙阳路站 1 号站台解编为两列 3 节编组列车,再分别投入运营。解除连挂后,两列 3 节编组列车分别在 11:19 和 11:30 发车开往滴水湖方向,沿线各站均停靠上下客。抵达滴水湖站后,两列 3 节编组列车正常驶回龙阳路站 1 号站台,再重新进行连挂,恢复为一列 6 节编组列车投入晚高峰运营(图 5-12 和图 5-13)。该方式可在同等运力的情况下提升服务水平,降低列车空载里程,并实现节能减排。这在国内城市轨道交通领域尚属首次。

两组 3 编的列车重联运行,可以有效提升能力利用效率。长编列车与重联列车各有各的优势,长编组列车适用于客流长期旺盛的列车;而重联运行的列车适用于客流波动较大的列车。当客流量较少时,安排 3 编列车运行,相对于 6 编列车而言,其可变的编组形式更加灵活。这一举措不但可以提高客流高峰时期的运量,又可以在客流低谷期维持正常车次频率,保障运力,同时配合国家战略转型节能减排,降低能耗,平衡运力与服务水平,缓解列车维护的压力,延长列车架大修的周期。

图 5-12 上海地铁 16 号线在线解编作业

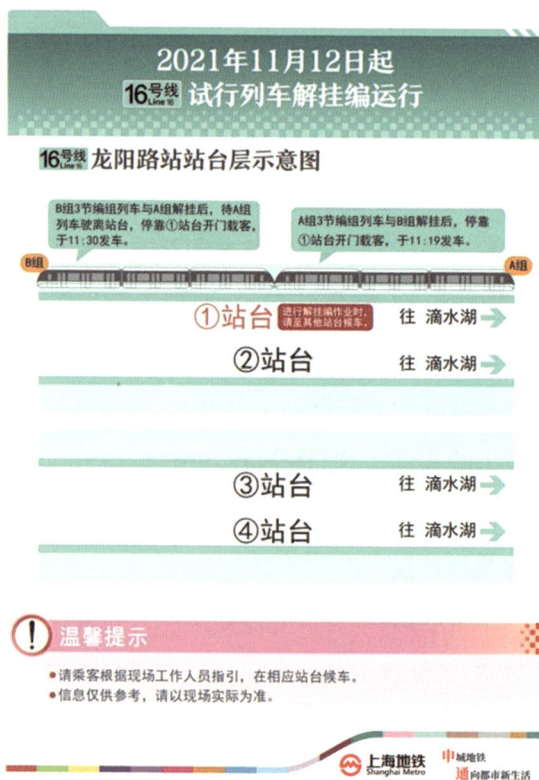

图 5-13 上海地铁 16 号线在线解编示意图

二、延时运营服务

随着上海地铁网络不断发展,地铁已经成为城市公共交通的骨干,是广大市民出行的首选交通方式。随着乘客夜间出行需求的不断增加,地铁运营结束时间逐步成为社会关注的问题。上海地铁线路的常态首末班车时间是根据线路客流特征和设备条件确定的,大部分线路末班车的始发时间集中在 22:30,上海地铁为进一步提升服务质量而采取延长运营措施,但延长运营是关乎运营安全、设备条件、人员作业、客流特征等多方面因素的系统工程。如何在不影响既有运营及施工质量的前提下提升夜间服务水平,成为运营管理人员面临的重要课题。

(一)常态延时运营服务

2016 年底,1、2、8 号线率先在周末(周五、周六)实施常态延时运营 30 分钟。2017 年 4 月 28 日起,进一步制定了上海地铁线网延时运营方案升级版,对 1、2、7、8、9、10 号线实施周末(周五、周六)夜间延时运营,实现中心城区延时线路车站运营时间过零点,主要服务于本市中心城范围夜间客流返程。为进一步拉动上海夜市经济,2019 年 9 月 20 日起,再次新增 13 号线实施周末(周五、周六)夜间延时运营。2021 年 4 月 30 日起,除周五、周六外,逢法定长节假前最后一个工作日,线网相关线路也实施延时运营,为实现"夜上海"地标、商圈和生活圈的夜间交通保障提供更大便利(图 5-14)。目前运营服务时间最长线路已达到 20 小时,延时运营期间,日最高延时运送

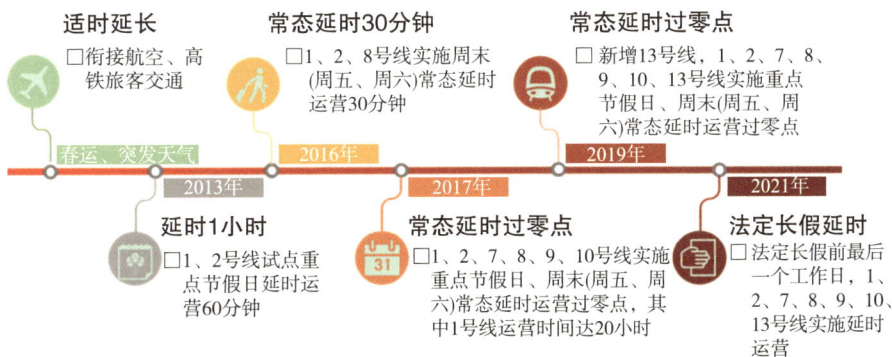

适时延长
□衔接航空、高铁旅客交通
春运、突发天气

延时 1 小时
□1、2 号线试点重点节假日延时运营 60 分钟

2013年

常态延时 30 分钟
□1、2、8 号线实施周末(周五、周六)常态延时运营 30 分钟

2016年

常态延时过零点
□1、2、7、8、9、10 号线实施重点节假日、周末(周五、周六)常态延时运营过零点,其中 1 号线运营时间达 20 小时

2017年

常态延时过零点
□新增 13 号线,1、2、7、8、9、10、13 号线实施重点节假日、周末(周五、周六)常态延时运营过零点

2019年

法定长假延时
□法定长假前最后一个工作日,1、2、7、8、9、10、13 号线实施延时运营

2021年

图 5-14　上海地铁的延时运营发展历程

乘客 4.38 万人次,2018、2019 年运送人数接近 150 万人次。

至 2022 年 3 月,上海地铁的延时服务涉及线网 7 条线路、170 余座车站,实现中心城区车站运营时间到零点,有力推动上海"夜间经济"发展,获得了市民的好评,被央视誉为"有温度的城市"(图 5-15)。

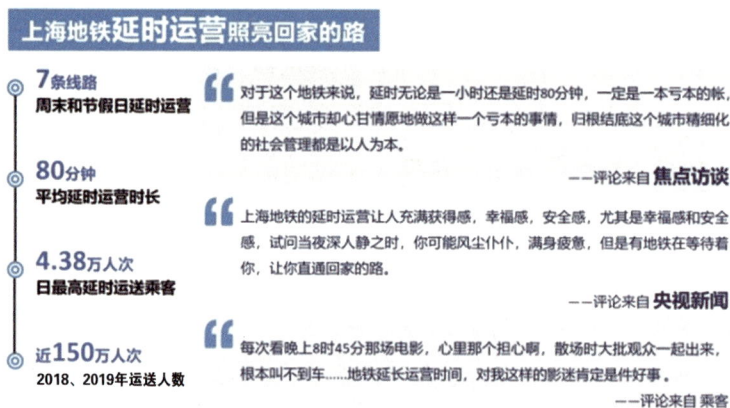

图 5-15 上海地铁延时服务的外部评价

(二)定点加班延时运营服务

为方便返沪客流疏散,进一步在虹桥火车站、上海火车站和上海南站提供交通枢纽定点加班延时运营服务。2、10 号线为服务虹桥枢纽夜间抵沪客流,常态运营结束后采用加开定点载客班车(仅停靠部分固定站点)的运行方式,继续运送乘客进入市区。2011 年 1 月 17 日起,2 号线在常态末班车后每日加开 2 班定点加班车,虹桥火车站站最晚始发时间为 23:20,加班车采用大站车方式开行。2012 年 4 月 28 日起,2 号线常态末班车后第 2 班定点加班车的虹桥火车站站最晚始发时间调整为 23:30。2017 年 9 月 25 日起,10 号线在常态末班车后每日加开 2 班定点加班车,虹桥火车站站最晚始发时间为 23:00,加班车采用大站车方式开行。2021 年,逢法定长假的最后一个休息日(周五、周六除外),对涉及虹桥枢纽、上海火车站、上海南站的 1、2、10 号线实施定点加班车方案,末班车发车时间延长至 23:30(图 5-16)。在铁路大面积延误的情况下,上海地铁也会在市交通委指挥中心的统一安排下,实施交通枢纽大客流疏散的应急加开机制,为市民乘客提供人性化加开服务。

2011年	2012年	2017年	2021年
2号线末班车后每日常态加开2班至23:20	2号线末班车后每日常态加开2班延长至23:30	2、10号线末班车后每日常态加开2班分别至23:30、23:00	法定长假最后一个休息日,1、2、10号线实施定点加开至23:30

图 5-16　上海地铁末班车调整发展历程

以 2021 年国庆节为例,由于 10 月 6 日至 10 月 7 日晚间各大火车站的抵沪客流量大,现有的行车方案无法满足如此大量的出行需求,上海地铁在此期间将途经上海火车站、上海南站、虹桥枢纽的地铁 1 号线与 10 号线延长末班车时间。调整后,各大火车站的地铁末班车发车时间延长到了 23:30,延时运行图如图 5-17 和图 5-18 所示。

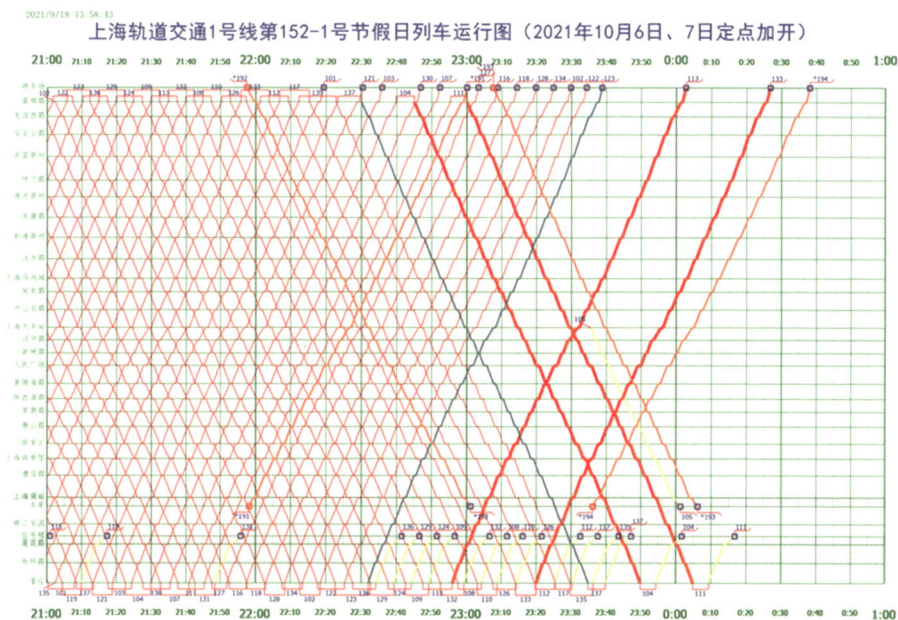

图 5-17　2021 年国庆节期间上海地铁 1 号线的延时运营方案运行图

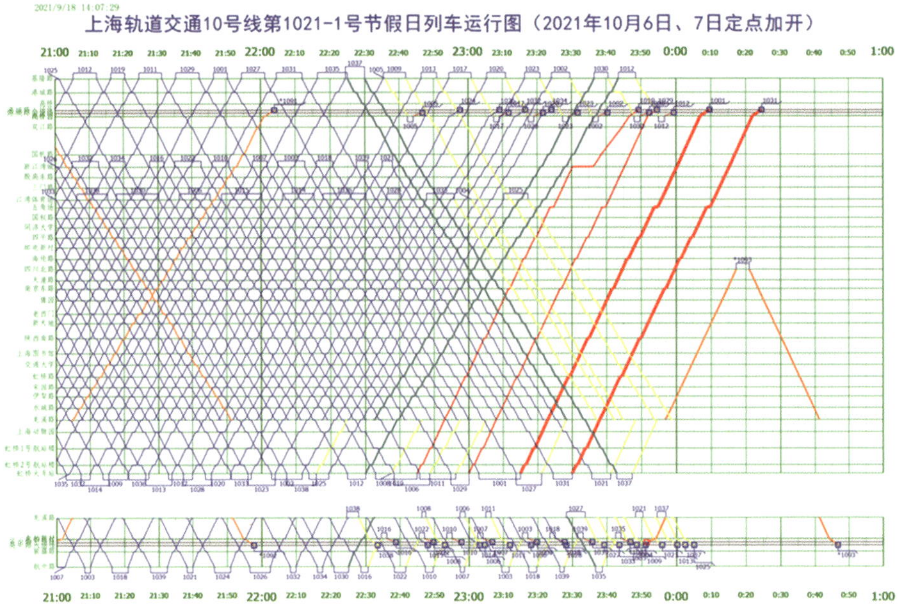

图 5-18　2021 年国庆节期间上海地铁 10 号线的延时运营方案运行图

第三节
上海地铁运营效率提升

随着信息技术的发展,上海地铁的运营管理也逐步向自动化、数字化、智能化方向发展。新的信息技术使得列车运行更智能,列车旅速大幅提升,网络调度更高效,全方位提高了上海地铁的运营效率。

一、列车运行智能化

全自动运行系统作为先进的客运交通系统,引导着城市轨道交通发展的趋势。上海地铁也在不断进行技术更迭,朝着全自动运行的方向发展。轨道交通线路系统自动化等级从低到高为 GoA0 到 GoA4,其中 GoA3 和 GoA4 均属于 FAO 即列车全自动运行系统,但其自动化水平有所差别。GoA3 对应的运行模式为 DTO"无人驾驶列车运行",GoA4 对应的运行模式为 UTO"无人干预列车运行"。

　　2010 年 11 月,上海建成第一条无人驾驶运行线路 10 号线,运营里程 35.2 公里,由新江湾城站至虹桥火车站站,主线在龙溪路站连接支线,抵达航中路站,2014 年 8 月 9 日正式开始以全自动运行模式开始运行。10 号线二期工程运营里程 9.8 公里,于 2020 年 12 月接入一期段贯通运营,一步到位开通全自动驾驶模式,实现了自动唤醒、自检、出库、驾驶、停站、报站、开关门、折返、回库、洗车、休眠等全过程自动完成,运营效率和运营可靠度始终保持在较高水平。通过全自动运行线路的运营管理技术积累和经验传承,在车站设施设备接管、车站行车组织、客运组织、调度指挥、维修保养等方面具备全面、成熟的理论研究和工作实践。

　　2018 年 3 月,上海第二条全自动无人驾驶线路,也是上海市首条全线采用胶轮路轨(APM)系统的轨道交通线路投入运营。线路起于沈杜公路站,途径浦江镇,止于汇臻路站,运营里程 6.3 公里。胶轮路轨 APM 系统是采用全自动无人驾驶技术,由电力牵引,配置橡胶轮胎支撑在轨道面上运行,车辆底部具有特殊导向结构确保车辆沿着轨道中心运行,可单车或数辆编组运行的自动化导轨交通系统。浦江线首次将胶轮路轨 APM 系统应用到既有地铁线客流走廊的延伸服务中,灵活构建郊区新城与中心城之间的交通联系,丰富轨道交通网络层次,有效发挥网络服务效益。

　　上海地铁新开通的 14、15、18 号线以及 2022 年在建线路均按照全自动运行系统标准建设,其中于 2020 年 12 月 26 日开通初期运营的 18 号线是上海首批全功能一次性开通最高等级全自动运行的地铁线路,在列控功能和乘客服务方面具备整套自动化功能,将极大提升运营质量,为后续工程的设计、建设、调试、运营积累经验,起到示范作用。于 2021 年 1 月 23 日开通初期运营的 15 号线,是国内首条一次性开通里程最长且具备最高等级(UTO)全自动运行轨道交通线路,信号系统采用基于无线通信并满足自动化等级 GoA4 的全自动运行系统。15 号线在运行模式上增加全自动运行控制模式及故障方式下的控制模式,专用无线通信系统采用 LTE 综合承载网方案,车辆根据信号系统接受执行控制中心发出的远程命令,自动控制列车激活、自检、起动、加速、减速、制动、停车、休眠等运行工况,综合监控系统增加列车状态监视和显示功能。15 号线全自动运行的建设与开通,推动了上海地铁建设更高质量发展,保证了网络运营安全性与可靠性、降低运营成本,提高了系统整体技术水平,提升了运营服务质量与广大乘客乘坐体验。

全自动运行线路列车旅行速度平均可提高约 9% ~ 10%,并从一定程度上规避因人为操作失误对运营造成的影响,提供更高的服务质量,为岗位深化复合提供条件。

二、旅行速度提升

随着上海地铁客流一直处于上升的趋势,线网中大部分线路高峰时段均出现运能不足的情况,受列车数量不足限制不具备增能的条件,而列车增购周期完全不能与客流增长速度相适应。另一方面,实际运营生产中,各线路实际旅行速度均未达到设计旅行速度,因此可以通过提升旅行速度方式,加快列车周转时间,从而提升运能。

上海地铁的旅行速度提升方案研究始于 2016 年,并于当年在上海地铁 12 号线首次进行试跑验证。通过提升区间运行等级,上下行区间运行时分均有效减少;通过设置个性化停站时间,不仅减少了上下行停站时分,还加强了与客流的匹配度;此外,通过规范司机作业标准,控制司机作业时分,大大提高了司机作业效率。在 12 号线旅行速度提升试点成功后,在线网其他各线陆续推广应用了旅速提升方案,运行效果良好。通过提升旅行速度方式不仅提升了运能,还加快周转时间节省了投用的列车数量。

12 号线正式实施旅行速度提升方案后,通过调整区间运行等级方式,上下行区间运行时分缩短超过 300 秒,降幅约 5% 左右。根据个性化设置 12 号线每个车站停站时间,上下行停站时分减少了约 200 秒,降幅约 8% 左右,且与客流匹配度更高。通过对司机确认发车条件的流程分析与优化,缩短司机确认发车条件用时标准,各站的司机作业时分确保在 15 秒内,提升列车在停站期间司机人工操作的作业效率。12 号线旅行速度从原来的 30.99 公里每小时提升到 32.94 公里每小时,增幅 6% 左右;在行车间隔不变的情况下,可以节省 2 列车的投用,节省约 1.08 亿的购车费用。

三、网络调度管理新模式

随着轨道交通网络的不断发展,其对于公共交通和城市有序运行作用日益突出,但同时,轨道交通运营突发事件对轨道交通本身及城市的运行安全也影响重大。当轨道交通发生列车重大故障、供电系统故障、列车弓网故障、外来人员或异物侵入线路及轨行区等突发事件时,会产生较长时间的运营延误,并且因为网络的通达性的提升,可能会转化为影响一个局域或整个网络的事件。针对这样的问题,上海地铁提出了从早期的"单一企业 + 人工"到现在的"联动社会共治 + 人工 + 智能辅助"的应急管理模式转变,并进行了初步的探索与尝试,以此适应更为复杂的网络化应急管理要求。

为提升上海地铁运营指挥内动力,突破既有管理体系局限性,实现线路级与网络级调度指挥集中,多单位、多组织、多系统的应急指挥畅通高效,上海地铁建设了 3C("3C"即 Control 控制、Command 指挥、Coordination 协调)调度集中控制中心(图 5-19)。在常态情况下,对列车运行、电力设备状态、

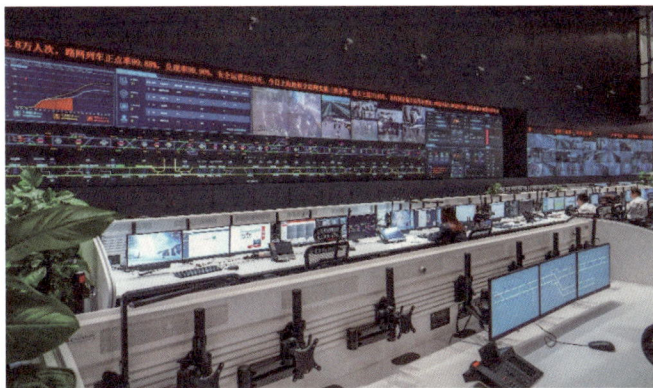

图 5-19　上海地铁网络运营指挥调度中心

现场客流和客运组织等实行统一、全面地监控;非常态情况下,对突发事件进行统一指挥,对线网所有信息实行统一交互、对内联络,对线路间的运营组织实现高效协同;重大保障任务或应急处置时,实现领导、专家和指挥人员集中商议、决策和指挥,快速下达指令。上海地铁以"提升运营安全"为首要目标,进一步升华"管理统一、专业集中、运作高效"等特点,建立并完善集中统一、协同联动的调度指挥制度。

1. 探究集控调度管理模式优化

上海地铁充分考量实际运营质量、管理水平、岗位技能、配套制度等因素,进一步优化整合资源,打破固有的控制中心各自为政的模式,从组织架构、人力资源、线网业务方面为着手点,建立精简高效的集控管理架构,实现集控调度统一管理、跨线联合作业高效、应急响应快速调配。

2. 构建依托综合指挥平台的"一体指挥,多元联动"机制

上海地铁依托建立在各条运营线路之上的运营综合协调和应急指挥管理平台,对线网信息进行整合呈现,网络化监管运营生产,同时通过通信接口连通各级指挥机构的网络,减少多层指挥层级在信息传递上的延迟及失真,实时交互数据信息以提升指挥效率,实现集"运营监视和管理""统一指挥和协调""应急处置和联动"于一体的调度智慧指挥机制。

3. 提升突发事件多维度协调联动处置机制

上海地铁借助 3C 调度集中控制中心优势,进一步在突发事件处置过程中协调联动调度体系、维保体系,在调度体系横向维度,通过制定同信号系统跨线路之间的联动处置预案,集中人员优势,提高调度处突效率及非正常行车安全互控;在维保体系纵向维度上,通过多专业工程师联动、设施设备故障等突发事件应急会商联席机制,优化突发事件初期维保单位介入处置的时机和人员配置,减少故障持续时间,降低运营影响。同时根据联动处置经验,进一步完善现有应急管理预案,定期开展培训和演练,提高处置突发事件的应变能力和操作水平。

四、管理数字化和智慧化

上海地铁建设了以"云"(地铁云)、"网"(高速数据通信网)、"数"(数据中心)为核心的全网数字化基础设施。地铁云是指计算、网络、存储、安全管理的平台,数据存储能力达 120 太字节;高速数据通信网覆盖网络调度指挥、线路控制中心及关键管理节点的传输与数据通信网络,实现了车站和列车车载 Wi-Fi 信号全覆盖;数据中心汇聚基础设施、网络运营、企业管理、公共服务、网络安全等 5 大类业务数据,涵盖建设施工现场管理、网络行车指挥、关键设备运行实施检测、设施设备维护作业、大客流管控等 45 个应用场景(图 5-20)。

图 5-20　数字赋能上海地铁运营服务

如上海地铁首创安全风险数据集成管控平台,融合智慧视觉、伺服支撑、冻结测温、远程监控等先进技术,制定首个基于客观事实的轨道交通建设风险评估标准,实现区间、旁通道、基坑等工程关键点的全过程、全覆盖状态管控,经过几轮的迭代优化,工程变形指标下降 60% 以上,在全国轨道交通建设风险管控能力中始终处于行业领先水平。

又如上海地铁聚焦建设、运营、维护等关键领域,针对超大规模客流、异构制式系统和数量庞大的设施设备运维,综合应用现代先进技术,通过智能化感知、智能化分析、智能化作业、智能化决策,实现主动采集、主动评估、主动反馈、自主决策。建成超级"数据中心",采用"云技术",实现"一网统管"。以数据驱动安全保障、质量提升以及过程优化,以先进技术驱动领先服务和精益运营,以智慧化能力提升促进服务方式的智慧。

再如上海地铁针对车辆、供电、信号等运营安全关键设备,创新设施设备智能运维模式,建立链接城市轨道交通运营全过程、45个运营应用全场景的智慧运营标准子体系,形成覆盖城市轨道交通6大专业63项智能监测的"1+3"智慧维保平台和系列标准,形成智慧维保系统。开展上海市"地铁列车维修标准化试点"项目,通过车辆在线监测,实现设施设备状态的实时分析、评价、预警,提升安全可靠性,车辆智能维护效率大幅提升,应用新型车辆综合智能检测系统对车轮、车门等系统进行自动检测,将传统4人协作耗时2小时的维护作业大幅缩短至5分钟以内。经过数据积累和分析,实现运维由传统的计划修、故障修向状态修的转变,检修效率提升50%,列车可靠性提升30%。

第四节
上海地铁运营提前介入新线建设

地铁建设是城市轨道交通现代化发展的重要组成部分,新时期轨道交通建设不仅对建设单位提出了更高的要求,还对运营人员提出了提前介入工程的要求。地铁运营人员是地铁工程的最终用户,运营人员提前介入地铁工程,一方面有利于最终用户及时发现立项策划、设计和准备阶段以及施工阶段中的缺陷问题,从而与建设单位共同研究解决措施,纠正和改善工程中的不当之处,从整体上提高地铁的建设和运营水平;另一方面也有利于运营人员全面深入掌握地铁设备设施情况,为运营期间设备的日常维护和管理打好基础。在运营主体确定后,组织运营人员介入工程建设,明确介入内容和介入形式,可以降低使用后的运营成本、提高运营的工作效率。为了从根本上减少新线设施设备中存在的固有缺陷,提高系统的可靠性,上海地铁不断深化新线的运营提前介入工作。

一、运营提前介入管理办法

2005 年,上海地铁即建立了运营介入轨道交通工程建设的制度规范,明确了运营单位参与新线关键设施设备招投标的技术审查、主导联调联试等要求。经过多年的探索和实践,上海地铁的新线介入工作推进至前期规划阶段。在规划阶段即研究形成维护管理模式,明确装备等资源的共享要求,形成标准和方案,并将相关需求纳入项目工程可行性研究报告。在新线项目前期建设阶段,各运营单位会按照责任分工介入线路工程建设,做好运营接管、试运行演练和运营开通各项准备工作。为此,上海地铁出台了《运营介入轨道交通工程建设实施细则》,明确了运营提前介入的阶段、工作内容、各部门的分工和相应的工作制度等。

二、运营提前介入工作内容

上海地铁在工程建设前期阶段、工程施工实施阶段、工程验收接管及运营准备阶段都制定了详细的运营提前介入的工作内容与要求,如图 5-21 和图 5-22 所示。

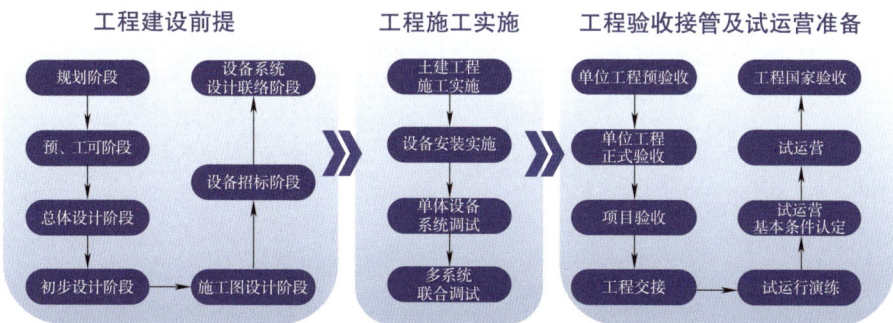

图 5-21　运营提前介入各阶段主要内容

新线介入的管理要求

1. 与项目公司建立领导沟通机制
2. 明确新线分管领导及现场工作组分工职责
3. 现场工作组受项目公司和运营单位双重领导
4. 现场工作组编制相应工作计划，并予以落实

新线介入的人员要求

1. 现场工作组负责人应由区域站长及其以上岗位的人选担任，其他成员应有一定工作经验
2. 参加专业组的工作人员应相对固定，且具备一定工作经验

试运行/营的设备要求

1. 试运行演练前，确保信号系统及其他设备系统具备使用条件
2. 后期投用的设备须严格执行相关管理程序和规定
3. 组织施工单位或设备供应商对设施设备缺陷进行整改

工程接管要求

1. 专业系统交接时，安排管理权、实物资产、备品备件、合同和竣工资料等同步交接
2. 若难以按时交接，应先期接管管理权，负责相关设备的日常管理，项目公司按要求组织设备维护及抢修
3. 原则上在试运营开通后3个月内全部完成

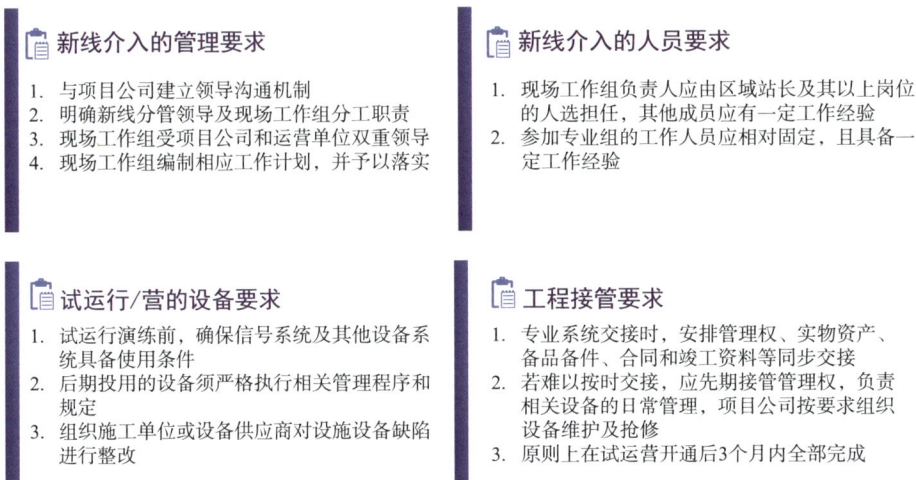

图 5-22　运营提前介入各阶段主要工作要求

三、运营提前介入部门分工

运营提前介入阶段的主要参与部门有运营管理中心、项目公司、建设管理中心、维修保障中心、运营公司，各部门的工作分工和具体职责如图 5-23 所示。

四、运营提前介入工作制度

为保障运营介入工作的顺利开展，上海地铁制定了相应的工作制度，包括会议制度、重要事项通报和闭环整改制度、新线工作考核制度、新线工作情况报告制度，各制度具体内容如图 5-24 所示。

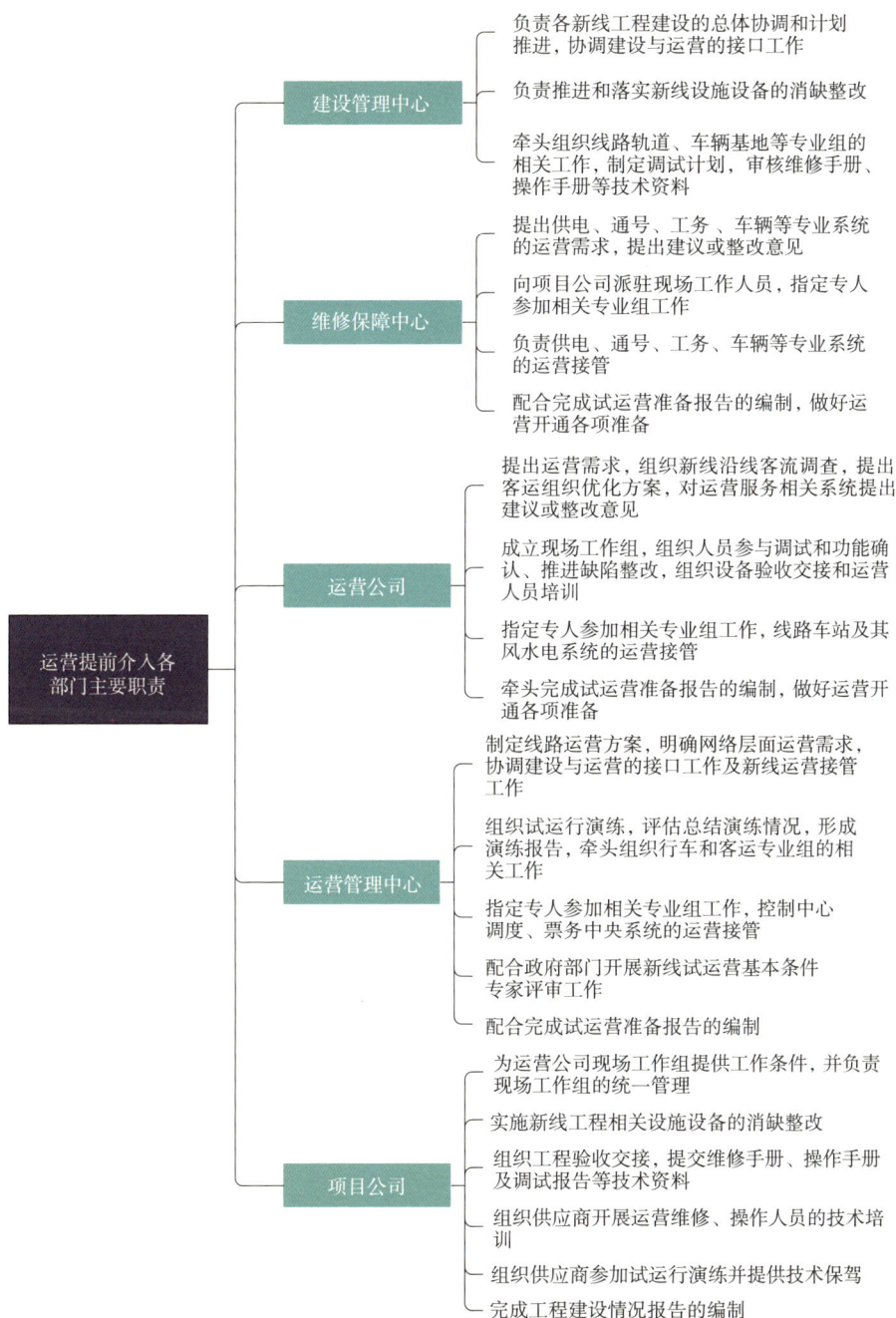

图 5-23　运营提前介入各部门主要职责

1 会议制度

· 分线月度联席例会：沟通新线工作进展、协调落实运营需求、推进运营接管工作
· 建设运营双月联席例会：沟通新线工作进展、协调解决建设和运营的接口问题
· 专项协调会议：协调新线运营接管过程中急需明确的事项

2 重要事项通报和闭环整改制度

· 现场设施设备缺陷及设备系统功能不完善等事项
· 危及设备、人员安全，引起社会影响、严重降低服务水平的重大事项
· 公司应对运营单位提出事项及时组织研究、制定改进措施，做好消缺闭环工作

3 新线工作考核制度

· 制定新线工作考核办法
· 考核运营单位、项目公司的新线协同工作情况

4 新线工作情况报告制度

· 新线工作月报：新线介入与接管情况月度报告
· 专项报告：新线介入与接管的重要信息

图 5-24 运营提前介入工作制度

06 第六章 上海地铁应急管理

导语

　　应急管理是突发事件的预防与应急准备、监测与预警、应急处置与救援、事后恢复与重建等应对活动。其目的是为了预防和减少突发事件的发生，控制、减轻和消除突发事件引起的严重社会危害，规范突发事件的应对活动，保护人民生命财产安全，维护国家安全、公共安全、环境安全和社会秩序。城市轨道交通是一个复杂系统，经常会由于设施设备功能失效或一些不可预知的内外部因素导致列车发生长时间、大面积延误，造成部分车站客流积压严重，给网络运营安全带来严峻挑战。

　　上海地铁一直致力于保障地铁安全、有序、高效运营，为乘客提供安全、准时、便捷、舒适的服务。经过多年的实践与探索，上海地铁已经形成了包括应急体系、应急预案、应急机制、应急处置技术创新和社会共治等一整套完整的应急管理体系。

第一节
上海地铁应急管理体系

国家标准《城市轨道交通运营管理规范》（GB/T 30012—2013）中明确运营单位应建立健全组织机构，设置行车组织、客运服务、设施设备维护和安全管理等部门，并保障各部门职责明确、分工合理、衔接紧密，制定切实可行的运营组织管理程序。为了提升运营安全水平，上海地铁建立了以满足顾客要求，增强顾客满意为目标，以设施设备、人力资源、财务资源、信息资源为保障，以运营管理、品牌管理、技术创新管理等为核心的全价值链质量安全管理体系，确保公司使命、愿景、战略目标的实现。

一、质量安全责任体系

为构筑平安地铁网络，上海地铁建立了"质量奠定基础、安全守住目标、风险防范化解先行、综合绩效跟踪考核"的质量安全责任体系。覆盖建设、运营、服务、经营全过程，形成领导负责与员工担当、社会共治与乘客参与的内外双循环。由集团董事长挂帅，运营副总裁担任集团首席质量官，构建最严全面质量安全内控标准及制度，实行质量安全"一票否决"。

以车站安全管理为例，上海地铁车站实施站长负责制，实行由上至下的管理制度和由下至上的汇报制度。管理人员有站长、值班站长、值班员、票款员、站务员、保安、保洁等。根据其工作性质，车站工作 24 小时运转。站长为日勤岗，值班站长为倒班岗，负责相应班次的管理责任，指导和组织值班员、站务员、保安、保洁开展工作。上海地铁车站的人员管理架构及各岗位工作要点如图 6-1 所示。

图 6-1　上海地铁车站安全管理架构

二、风险管理体系

上海地铁结合长期运营实践经验,充分考虑网络化运营管理特征,以有效融入日常生产需求为初衷,创新构建具有行业特色的风险"双分级"管控模式,进而有效而合理地促进运营全过程筑起"事前预防、过程控制、事后分析"三道安全防线,从而使上海这座城市的超大规模轨道交通网络始终维持安全而高效的营运状态。上海地铁风险管理体系包含双重预防机制、分级管理机制和三级防控机制三部分(图6-2)。

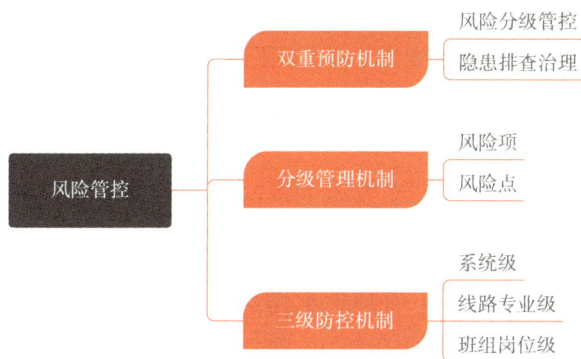

图 6-2　上海地铁风险管理体系

（一）双重预防机制

上海地铁注重以史为鉴,关注运营安全问题严重程度趋势,有针对性地实施安全前置管控,以风险分级管控动态完善风险清单及管控措施,以隐患排查治理持续验证措施全面有效并及时消除缺陷,形成双重预防机制。

（二）分级管理机制

上海地铁基于风险矩阵法,结合企业组织架构,对风险矩阵法进行创新运用,提出风险"双分级"管控模式,强化风险管控工作与运营生产组织的契合度,提升风险管控工作对运营安全的效能。其主要方法是将风险矩阵法中的后果严重程度(风险项)和发生可能性(风险点)分别作为两个维度的风险进行等级划分和管控。

（三）三级防控机制

上海地铁以行车组织、大客流引导、设施设备、公共安全风险管控为重点,推出致命性风险管理理念,形成工作制度,实施区域、线路、专业的风险分级指标管理,实现网络系统级、线路专业级以及班组岗位级快速响应的三级运营质量安全防控。三级防控机制配合"风险项 + 风险点"的双分级管理模式,可以有效夯实风险项管理,监管生产现场风险点。上海地铁对已辨识涉及运营安全的 553 个风险项,实施"一险一长、一险一策、一险一档"的精细管理。

第二节
上海地铁应急预案管理

城市轨道交通系统中可能发生的事故是多种多样的,为了保证各种类型预案之间的整体协调,实现共性与个性、通用性与专业性的结合,宜采用分层次的综合应急预案。上海地铁依据多年运营经验,强化应急管理体系建设,结合运营生产及管理实际需求,建立了运营突发事件"1 + N + X"应急预案体系,并制定了相应的应急预案优化及演练评估方案。

一、"1 + N + X"应急处置预案体系

为进一步规范上海地铁运营突发事件应急处置工作,上海地铁建立了运营突发事件"1 + N + X"应急预案体系(图 6-3),即:1 个综合预案明确总体应急处置工作机制;N 个专项预案是按突发事件的类型分类编制,涵盖客运组织(大客流、区间疏散等)、设施设备(列车事故、信号故障等)、公共安全(公共卫生、火灾等)、自然灾害(防汛防台等)四大类突发事件。通过专项预案的编制,协调相关各方有针对性地应对后果相对严重的运营安全事件,以降低实际影响程度,同时也指导实际生产单元细化完善现场处置方案;X 个现场处置方案是对专项预案的细化,指根据不同运营突发事件类型,针对具体的岗位、场所或设施设备等所制定的应急处置措施,明确现场作业岗位或人员的应急工作职责、响应流程、处置措施、安全注意事项等内容,体现自救互救、信息报告和先期处置的特点,是在突发状况下现场应急处置的行动准则。综合预案、专项预案、现场处置方案,自上而下、有序衔接、分工协作、联动处置,切实保障了运营突发事件高效处置。2017 年,上海地铁完善形成了1 项总体预案和 32 个专项预案,所有车站建立"一站一预案"现场处置方案。

同时,充分考虑上海轨道交通不同制式线路的应急处置特点,明确不同制式线路突发事件应急处置要求,并逐步完善形成由地铁、磁悬浮、胶轮导轨等不同制式组成的"1 + n × N + X"应急预案体系(图 6-4),切实提升应急预

案的科学性和合理性。

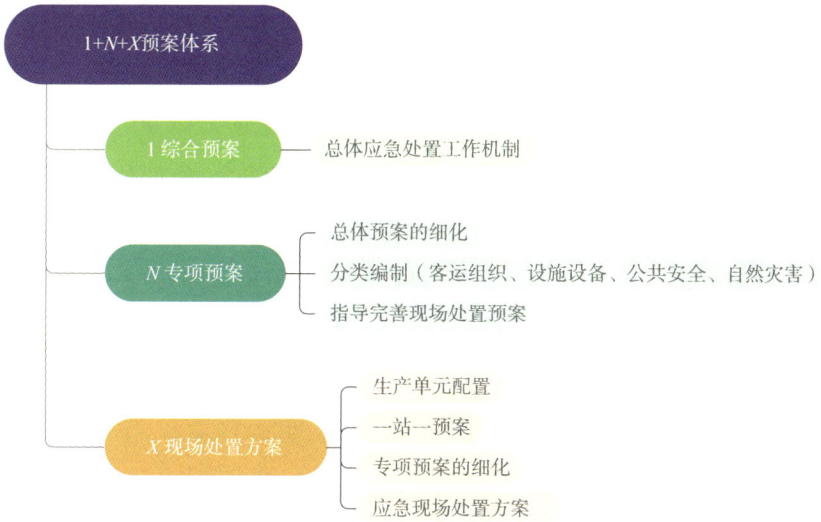

图 6-3　上海地铁的"1 + N + X"应急预案体系

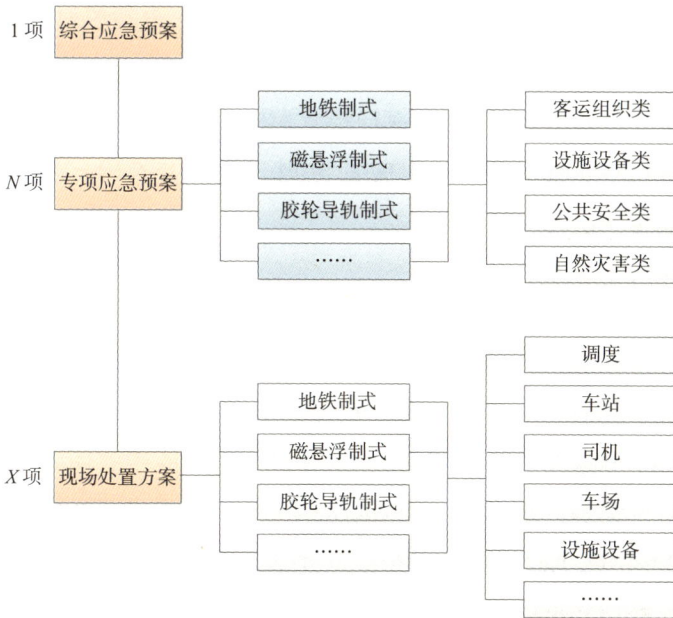

图 6-4　上海地铁的"1 + n × N + X"应急预案体系

二、应急预案优化

为充分加强应急预案对于现场应急处置的指导，上海地铁在基于"1+ N+ X"的应急预案体系建立基础上，基于新运营架构、新运输组织模式、新技术发展以及现场突发事件的新变化，一直在努力优化预案体系。如生产现场按照处置方案，定期开展演练，通过桌面与实战相结合，确保处置方案涉及的成员完全熟悉应急处置流程、符合响应时间要求、正确操作使用装备。专业部门按照风险管控的阶段需求，针对性组织专项预案演练，全面磨合相关各方应急联动能力，检验应急响应速度，测试应急资源功能状态。通过策划综合预案演练，进一步提升复杂场景下的应急资源调度与整合的能力，原生风险及次生风险防控的能力。

为积极响应国家关于进一步加强和规范城市轨道交通运营安全管理的政策，按照《申通地铁集团运营突发事件应急预案管理规定》的具体要求，上海地铁引入第三方评估机构，分别从城市轨道交通安全应急管理理论层和应用层出发，采取了实地调研、文献归纳、推理论证、头脑风暴等系列方法，重点关注预案管理要求、组织机构职责、主要事故风险、应急资源、应急预案衔接和实施反馈六个要素，评估现行预案的针对性、实用性和可操作性，结合评估结果修订完善了现行预案体系，提高了应急预案体系的全面性和应急预案实施流程的鲁棒性。

三、应急预案演练与评估

上海地铁针对不同场景下风险可能产生后果的概率，细分站点区域、设施设备单元、作业步骤，采取动态跟踪调整，实施精准管控，以安全检查整改推动生产现场问题的及时发现并纠正，以预案演练优化确保生产现场有效应对事件并降低其严重性，形成双重保障体系。上海地铁定期开展演练评估工作。2014 年，上海地铁引入第三方评估机构开展新线和既有线的演练评估工作。按照实事求是、科学考评、依法依规、以评促改的原则，围绕演练目标和要求，采取"一人盯一岗"的方式对参演人员表现、演练活动准备及其组织实施过程进行客观评价。在演练结束后，第三方评估机构从演练条件、演练场景搭设、预警和响应、应急处置、物资装备等方面进行考评，并出具演练评估报告，将发现的风险源和隐患及时反馈给上海地铁，上海地铁根据评估报告中提出的问题和不足，制定了整改计划，明确整改目标，跟踪督促落实整改结果，实现问题的"整改闭环"工作，保障了上海地铁的安全运营。具体演练评估内容包括实战演练准备、实践实施情况评估、桌面推演评估三个方面。

第三节
上海地铁应急管理机制

城市轨道交通系统中存在多种潜在的事故风险，为了降低和控制事故风险，为乘客提供满意的服务，有必要建立城市轨道交通应急管理机制。上海地铁的应急管理机制可以分为集团内部的"3＋5＋3"应急响应机制和与外界联动应急处置的"四长联动"机制。

一、"3＋5＋3"应急响应机制

为实现突发事件应急处置高效联动，上海地铁结合"1＋N＋X"应急预案体系，建立健全运营突发事件"3＋5＋3"应急响应机制，即三级应急指挥体系、五级预警机制、三级运营保驾机制。

（一）三级应急指挥体系

三级应急指挥体系是以资源配置统筹集约、线网联动职责分明为原则，建立由 COCC、OCC 及现场指挥组组成的"路网＋线路＋现场"的三级指挥体系，分别负责网络协调层、运行控制层和现场执行层应急处置工作的落实。必要时，成立轨道交通应急决策指挥部（ETC），总体协调指导应急处置工作。各层级的主要应急职能如图 6-5 所示。

应急指挥体系

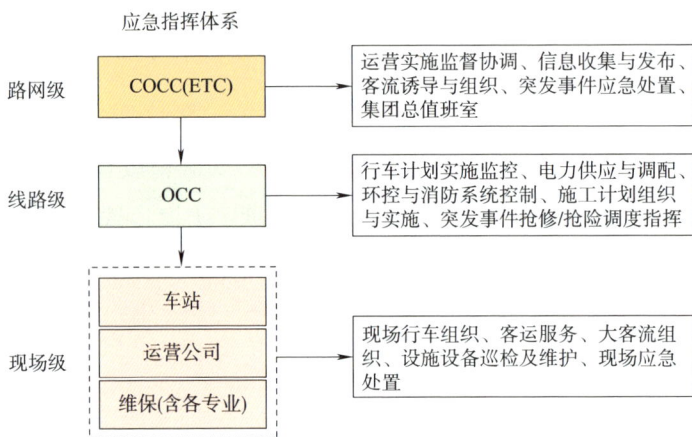

图 6-5　上海城市轨道交通网络的三级应急指挥体系

COCC(ETC)负责上海地铁网络的运营实施监督协调、信息收集与发布、客流诱导与组织、突发事件应急处置等职能。OCC 是城市轨道交通日常运输工作的指挥中枢,负责行车计划实施监控、电力供应与调配、环控与消防系统控制、施工计划组织与实施、突发事件抢修/抢险调度指挥。事发现场负责现场行车组织、客运服务、大客流组织、设施设备巡检及维护、现场应急处置等。

(二)五级预警响应机制

为了快速反应、有效处置网络故障及突发事件,降低故障对网络运营的影响,同时考虑上海地铁网络运营管理架构特点,上海地铁根据突发事件性质、影响范围、危害程度等要素,明确由低到高"五级、四级、三级、二级、一级"预警等级、启动条件及响应要求,强化突发情况下分级响应、逐级负责,提升应急响应效率。

(三)三级运营保驾机制

三级运营保驾机制是指针对重要保障任务、运营生产特殊时期等,明确由低到高"三级、二级、一级"运营保驾等级、启动条件及保驾要求,加强关键岗位、关键场所保驾值守,确保一旦发生突发事件可立即响应、到岗处置。

根据运营保障任务、运营生产实际状态及各类事件可能对行车安全、线路、网络运行造成的危害和影响,上海地铁将运营保驾等级从高到低依次划分为一级、二级、三级。

二、"四长联动"机制

随着上海地铁网络的不断发展,受其网络复杂性及内外界风险因素的随机性影响,上海地铁所面临的运营风险日渐突显,也不断暴露出突发事件应急处置存在现场指挥与管控不畅、运营企业单方力量处置难以满足复杂的突发事件处置需求等问题。因此,为了进一步加强轨道交通突发事件大客流疏导与应急处置工作,在上海市政府的支持下,上海地铁创建了"四长联动"机制(图6-6),即突发事件下由车站站长、轨交公安警长、属地派出所所长及属地街镇长联动配合,共同保障大客流组织安全、高效、有序。

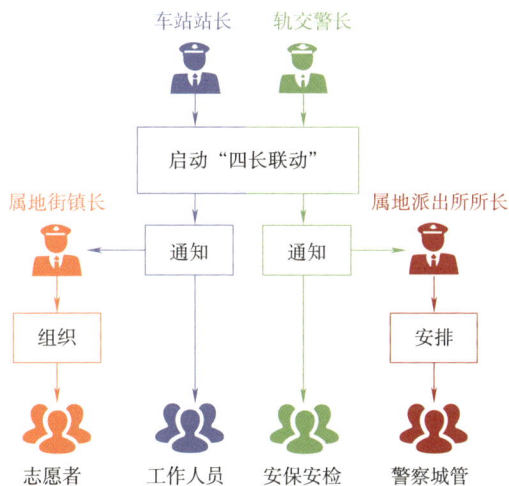

图 6-6　上海地铁四长联动机制

(一)"四长联动"工作机制

"四长联动"机制的工作原则为"以人为本、安全至上、各司其职、协同应对、信息共享、紧密联动"。"四长联动"的工作职责如图6-7所示,工作内容与要求如图6-8所示。

图 6-7 "四长联动"的工作职责

(二)"四长联动"机制的运用实践

世纪大道站是上海地铁 2、4、6、9 号线的换乘枢纽站,日均换乘客流量达到 50 多万人次。为强化应急响应效率,世纪大道站"四长联动"机制设立微信群作为信息沟通平台,形成警力圈和街站圈两个联动圈,即由地面警力与轨交陆家嘴站派出所民警组成的警力圈以及由世纪大道站区与潍坊街道组成的街站圈。在遇突发情况下,由世纪大道站联系潍坊街道志愿者,车站民警联系潍坊街道派出所民警,以便于第一时间发布响应信息并及时开展联合处置工作。

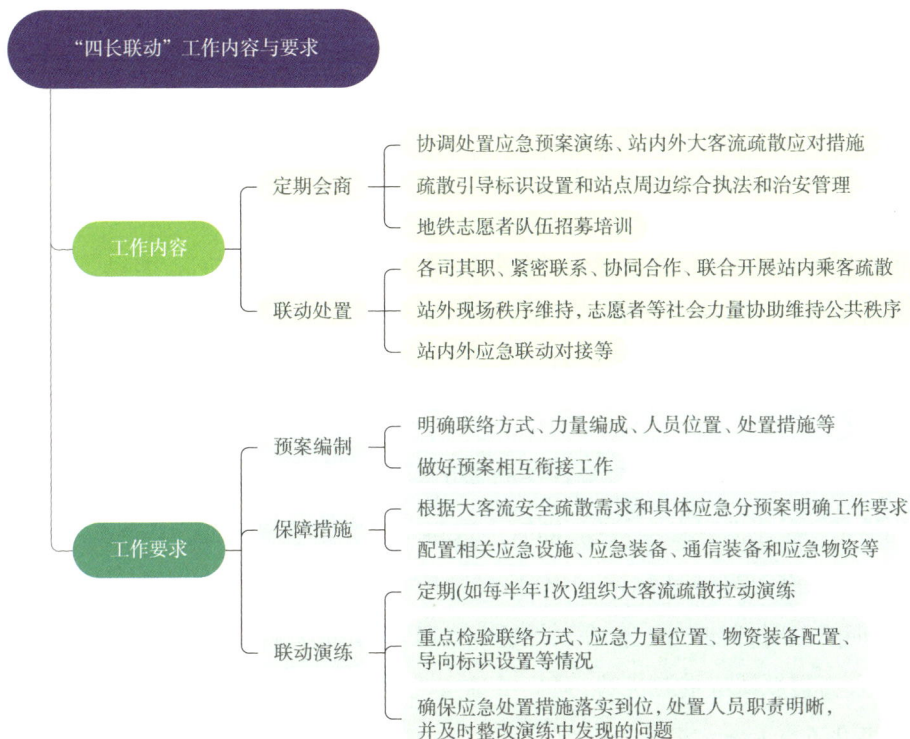

图 6-8　"四长联动"的工作内容与要求

根据突发事件事态的发展,将增援力量分解为两个梯次,不同的影响程度下采用不同的增援梯次,以进行相应的增援力量配置。在启动公交预案的同时,即同步启用第一梯次增援,由车站站长通知驻站民警并联系街镇长,街镇长在接到增援请求后,迅速安排增援力量,在 15 分钟内到达车站车控室,接受车站站长统一指挥,分别配置于车站相应出入口站厅位置、费区内、公交应急疏散点等位置。同时,驻站民警接到通知后,联系公安警长并提出增援请求,调拨警力,分布于车站周边地面以加强交通疏导。

当第一梯次响应启动 2 小时后,地铁运营仍未恢复时,即启用第二梯次增援。此时,街镇长接到车站站长第二梯次的增援请求后,增派增援力量;公安警长接到驻站民警报告后,再次调拨警力到达现场。所有增援力量在相应出入口站厅位置、费区内、公交应急疏散点等位置按需分配、按点配置、各司其职，共同开展应急处置工作。

通过世纪大道站试点社区联动机制可以发现，"四长"在应急处置时能够直接联系，减少了层层汇报的繁琐环节，显著提升了应急处置的响应效率。"四长联动"机制不仅解决了原先应急处置预案对地面客流疏导工作人员配置不足的问题，而且强化了多家共建单位之间的沟通协调，打破了以往突发事件应急处置时各自为政的格局，促进"地上地下相呼应、多方协同保安全"全新格局的形成，为突发事件的应急处置工作提供了有力的保障。

（三）"四长联动"机制的运用成效

"四长联动"机制是一种社区联动机制，为推进"地铁共治"理念的落地提供了一种思路和参考依据，同时也取得了良好的实践效果。"四长联动"先后多次在上海地铁触网故障、信号故障、挤岔事故等突发事件中得以运用，期间"四长"协同配合、联动处置成效显著，充分发挥了轨交公安、属地派出所、街道乡镇等资源优势，强化了站点内外人员疏散撤离的有序衔接，切实提升了突发大客流疏导能力，得到了内外界的一致认可。

"四长联动"机制于 2015 年在世纪大道站试点成功后，上海地铁建立了《上海轨道交通车站建立"四长联动"机制总体方案》，全面推广既有线路、新开通线路车站"四长联动"机制建立、预案编制、联动演练等工作，目前各项工作均在动态开展与持续完善中。全网所有车站均建立地铁站长、轨交公安警长、属地派出所所长和属地街镇长属地联动的社会共治模式，实现属地安全共治的工作格局，定期开展多种形式的应急演练，有效提升运营安全服务质量，快速应对运营安全突发事件。

第四节
上海地铁应急处置

上海地铁进入网络化运营阶段后，可预知大客流和突发性大客流的风险隐患明显增长,由此引起的突发事件频次也同步增高。一方面,随着网络规模的逐步扩大,网络客运量、换乘客流量的快速增长,造成日常可预知的高峰时段大客流风险隐患的增加。另一方面,由于网络换乘车站、汇集线路增多,一旦发生突发事件影响运营,会造成大量客流快速集中至毗邻车站或最近的换乘车站。此外,由于网络规模扩大,系统设备数量增加,设施设备发生故障的频次也随之增加。针对这样的问题,上海地铁提出了从"单一企业 + 人工"到"联动社会共治 + 人工 + 智能辅助"的应急管理转变,借助技术创新手段来提升应急处置能力。

一、应急处置技术创新

上海地铁应急处置技术创新主要包括:大客流自动监测下的精准预警、处置助手 App 助力精准处置、自主抢修与社会化抢修相结合、客流组织类大客流风险动态管控机制建立、公众参与提升应急演练仿真等。

(一)大客流自动监测下的精准预警

上海地铁的大客流风险管控压力相对较大,尤其大型换乘枢纽车站,具有客流大、流线多、时空分布不均衡等特点。传统的人工巡视以及 CCTV 视频监测,难以精确掌握车站各区域、各节点客流的流量、密度和流向,发生突发事件时,也难以及时准确预警,并启动相应的预案。为此,上海地铁设计了基于多源数据融合的客流监测管理系统(图6-9),并在 1、12、13 号线汉中

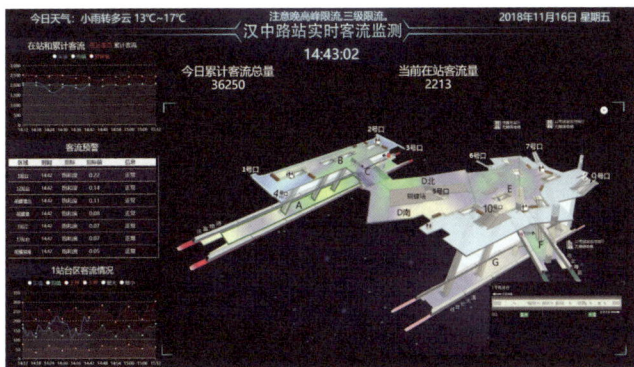

图 6-9 上海地铁汉中站的客流实时监控系统

路站进行了示范应用。系统在车站的不同区域,包括站台、站厅、换乘通道等选择使用不同的客流监测技术。同时,该系统可以按秒、分、小时、日等单位对车站站台、站厅、换乘通道等区域客流进行精准识别,一旦发现异常情况,能够自动发出警报并提供相应信息,辅助车站工作人员在第一时间选择相应等级的应对措施。

(二)处置助手 App 助力精准处置

上海地铁目前车型种类繁多,且部分线路车型老化故障率较高,增加了列车司机排故处置难度。此外,在面对突发事件发生时,部分员工因为心理素质水平和业务能力的差异,往往会产生一定的误操作率。为此,上海地铁基于安卓、iOS 系统平台研发了列车故障应急处置助手 App,分为排故手册、求助、常见故障索引三大功能模块,帮助列车司机在突发应急事件下,根据所在线路与车型,快速查阅故障处置手段,有效解决目前线路车型多、司机水平参差不齐、现场排故时间不稳定等实际问题,大幅提升突发应急情况下的现场作业水平。

(三)自主抢修与社会化抢修相结合

上海地铁将合资合作模式拓展至抢修专业,自主与委外强强联合,建立健全由 1 支自主抢修队与 N 支社会化抢修队相结合的专业队伍,覆盖车辆起覆、道岔信号、结构土建、接触网设备、变电设备及防汛防台等各大主要功能,共同开展抢修作业,实现系统内部与社会化外部应急抢修资源的统筹利用。此外,设置 24 小时兼职抢修点和值守点,形成专业化与区域化相结合的维修抢修模式,不断优化抢修资源布局和专业队伍建设。

(四)客流组织类大客流风险动态管控机制建立

上海地铁按常态(工作日早晚高峰)、专项(节假日/大型活动)进行客流组织类大客流风险排摸,形成风险点基础台账。根据现场客流实际及管控效果,每周对风险点进行更新,并在生产周例会上进行汇报,建立动态管理长效机制。截至 2021 年 11 月 25 日,路网排摸梳理常态类共 26 座车站、32 个点位;专项类共 31 座车站、40 个点位。

(五)公众参与提升应急演练仿真

上海地铁每年以贴近实战为主开展不同层级的高仿真应急演练,随着开展应急演练的经验累积,又在演练的计划方案、组织机构、形式规模等方面进行了不断的优化、丰富。逐步改变了原先员工参与演练的单一模式,演练重点逐步聚焦在与公安、消防、公交、地区政府、社会资源等各方面的协调联动,建立多层次沟通协调平台,形成地铁应急处置与合作共建的工作机制。同时不再局限于夜间非运营时段开展演练,例如运营期间开展列车火灾应急处置实战演练,让随车乘客也亲身体验整个演练过程,强化乘客自救互救的安全逃生意识。

二、应急处置案例分析

根据应急事件事故风险的来源,上海地铁针对不同类型的突发事件,基于历史运营经验的总结与改进,丰富与完善了应急管理体系,提升了应急处置能力。下面分别以大客流应对和异常天气应对为案例进行分析。

(一)进博会期间徐泾东站大客流应对

为更好地服务进博会,做好徐泾东站现场大客流组织及保障工作,上海地铁根据车站现场客流疏导情况,对 2 号线徐泾东站建立了专项"大客流三色预警管控机制"。预警管控机制按等级由低到高分为"黄色""橙色""红色"三色预警,并明确启动条件及对应的管控措施,如图 6-10 所示。

大客流黄色预警情况下,在车站重点关注站厅、出入口等处的客流秩序,利用扩音设备加强人工宣传疏导,确保乘客安全,同时根据站口位置设置不同岗位工作,并加强信息沟通;大客流橙色预警情况下,在黄色预警管控措施的基础上,车站加强人工广播宣传,强化疏导客流;大客流红色预警情况下,在橙色预警管控措施的基础上,考虑启动应急大巴疏散客流,并做好应急大巴启动的配套客运服务和客流引导疏散准备工作。

黄色预警

启动条件
- 出站进场时段，任一出入口采取间歇性限流措施；
- 散场进站时段，任一出入口出现站外最长排队等候时间超过30分钟；
- 故障或突发情况造成列车晚点预计5分钟以上

管控措施
- 重点关注站厅、出入口等处的客流秩序，利用扩音设备加强人工宣传疏导；
- 站口外设置观察岗，汇报出口平台及展馆处客流进场及拥堵情况；
- 采取间歇性分流、设置客流等候预告牌、派设服务岗等方式，均衡客流；
- 加强信息传递，及时将相关信息汇报交通保障现场指挥部、COCC等上级部门

橙色预警

启动条件
- 任一出入口关闭；站台客流滞留，导致列车清客时间大于80秒；
- 散场进站时段，任一出入口出现站外最长排队等候时间超过60分钟；
- 故障或突发情况造成列车晚点预计15分钟以上

管控措施
- 在黄色预警管控基础上，加强人工广播宣传疏导，做好客流疏散引导；
- 实施站口进站限流管控，做好车站补充力量、志愿者的调配；
- 向OCC申请新的开行方案；
- 信息上报交通保障现场指挥部，加强与其他车站的信息互通；
- 加强信息传递，及时将相关信息汇报COCC、公司生产指挥室等上级部门

红色预警

启动条件
- 地面出入口拥堵，排队乘客无法出站；站台客流滞留，导致列车清客时间大于120秒；
- 散场进站时段，任一出入口出现站外最长排队等候时间超过90分钟；
- 故障或突发情况造成列车晚点预计30分钟以上

管控措施
- 在橙色预警管控基础上，加强人工广播宣传疏导，做好客流疏散引导；
- 向OCC申请新的开行方案，缓解站点内客流压力；
- 信息上报交通保障现场指挥部，启动应急大巴疏散客流，做好配套准备工作；
- 加强与其他车站的信息互通，及时掌握乘客出行和列车开行情况；
- 加强信息传递，及时将相关信息汇报COCC、公司生产指挥室等上级部门

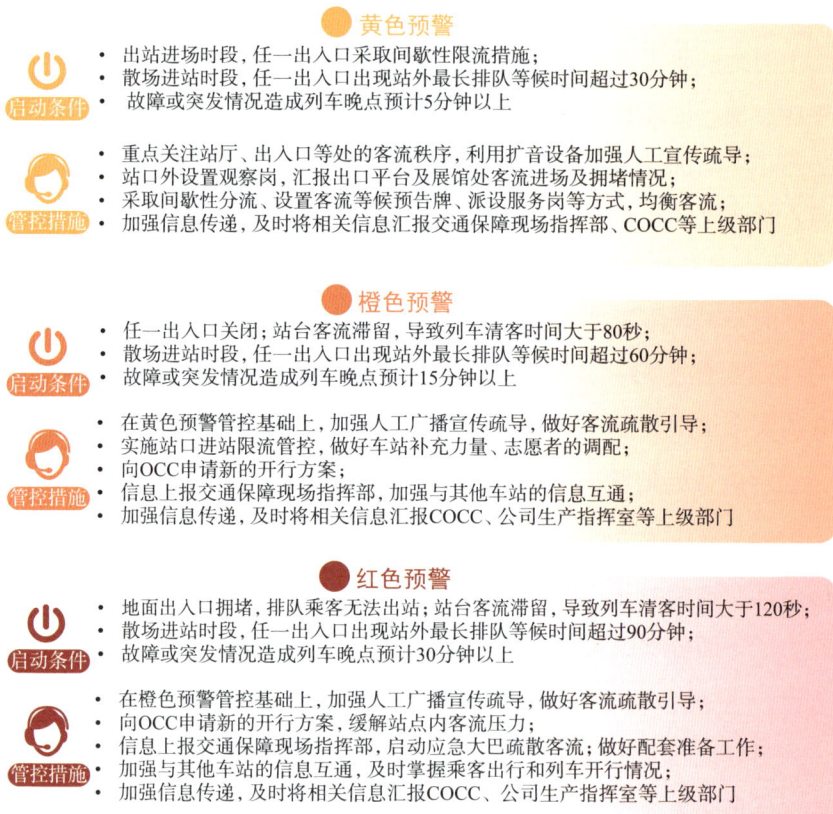

图 6-10　三色预警管控机制

（二）台风"烟花"应对

2021年7月23日至25日，受第6号台风"烟花"影响，上海出现大暴雨。上海地铁高度重视台风应对防范，切实做好风险隐患排查、强化应急物资与抢险队伍储备等工作，全力以赴，确保轨道交通运营安全有序。

在气象预警监控方面。上海地铁加强气象、防汛预警信息监测，与市气象服务中心共同研发了轨道交通气象风险预警系统，利用基础地理信息数据、上海地铁气象站及沿线临近自动站气象监测资料、雷达、台风路径等多种气象监测资料构建上海地铁气象监测和预警服务平台，实现对影响地铁的灾害性天气实时监测、阈值报警、风险预警等功能，为轨道交通应对灾害

性天气的运营指挥提供依据,确保第一时间落实有效应急部署。

在大风防御应对方面。上海地铁在台风来临前抓紧组织力量对车站、基地、线路附属设施和悬挂物紧固状态开展检查和巡视工作,防止因物体脱落、倾倒导致设施侵限、高空坠物、人员伤害事件的发生。同时加强地面及高架线路大风条件下行车组织安全。

在强降雨防御方面。上海地铁做好排水泵、排水渠、集水口、出入洞口等防汛设施的状态检查,确保排水设施通畅性。针对常发性积水区段、关键部位、防汛薄弱部位(如车站出入口、车站周边地面风井、线路洞口、与建设工地接口区域、下沉式广场)加强现场监控,重点对高水位报警等信息要及时处置。

在特殊的列车运行方案制定方面。上海地铁在台风期间,为确保地下各区段的正常运营,考虑到台风的二次登陆可能会对车场各区段、出入库段线路及地面设备等造成影响,避免列车次日凌晨无法正常出库的情况,上海地铁紧急调整,首次采用大规模列车正线留车过夜的应急措施。运营公司专门安排列车司机留守,确保运营开始值乘作业及时到位,全网累计295列列车在正线留车"过夜"。

在客运管控及信息引导加强方面。上海地铁将加强车站客流疏导,对出入口、电扶梯等重要部位加强客流秩序管控,防止车站出现客流大量积压,形成进出站客流对冲,如图6-11所示。台风期间,上海地铁密切关注防汛防台预警信息,并及时做好运营情况告知、现场解释工作。通过地铁服务热线、乘客显示屏、地铁电视、电台、官网、微博、微信、官方App、车站广播等

图　6-11

图 6-11 上海地铁调度中心应对台风"烟花"

平台及时第一时间向乘客、社会发布各类运营信息(图 6-12)。

图 6-12 上海地铁应对台风"烟花"的信息发布

第五节
上海地铁"社会共治"

随着城市轨道交通网络的不断发展,乘客出行需求逐渐多样化与复杂化,运营潜在风险也日益突出,运营企业单方力量处置难以满足复杂的运营需求。为进一步提高运营服务水平,上海地铁积极寻求社会合作,探索出了一套"社会共治"体系。

一、通过党建联建创新安全共治

上海地铁加强与施工单位、周边社区同创联建,持续推进"党建联建＋社会治理"实践与创新。在上海市突发公共事件应急管理委员会办公室和市交通委员会的协调和指导下,上海地铁已在全网所有车站建立了"四长联动"机制(图6-13),增强了应急联动资源合力,充分发挥属地资源的优势,提升各方力量之间的应急响应时效性,并切实提升乘客安全疏散能力和效率。此外,依托"四长联动"机制平台,上海地铁积极推进车站与属地共治共管,严格整治车站"四乱"现象,进一步优化了车站出入口环境与秩序,为大客流疏散创造有利条件。

图6-13　上海地铁"四长联动"大客流处置应急演练

二、通过志愿者联盟构建社会共治平台

2016年,上海地铁向社会正式发布"平安地铁"App软件,运用"互联网＋志愿者"的平台优势,创新实现地铁车站公共安全信息的新媒体平台实时报送、跟踪处置、积分奖励等功能,发动广大乘客,通过手机及时报送社会治安和运营安全隐患,共同参与到上海地铁公共安全的防范(图6-14)。目前系统在上海地铁全网络运行,已有11万余名志愿者注册参与安全护航。

图 6-14　平安地铁 App 吸引市民乘客投身公益活动

三、通过宣讲融合营造社会共治氛围

近年来,上海地铁面向公众广泛开展各类安全教育活动,拓展公众参与地铁公共治理的有效途径。"地铁安全进校园"是上海地铁安全宣传的一个品牌,曾荣获第五届中国青年志愿服务项目大赛银奖。"地铁安全进校园"项目自 2012 年立项,至 2020 年底,系列活动走进全市 100 余所中小学,开展近 400 节课时。项目成员通过科普地铁知识、有奖问答、观看地铁安全视频等方式,为中小学生普及地铁发展历程、乘坐地铁安全知识,传递安全理念,进一步加深在校学生对安全文明乘坐地铁常识的了解,倡导安全文明绿色出行,让更多市民乘客养成良好的安全意识和文明意识,让维护地铁安全成为社会共识(图 6-15)。

图 6-15　上海地铁"安全进校园"

第七章 **07** 上海地铁设施设备管理

导语

　　城市轨道交通设施设备包括线路与车站、车辆、供电、信号，通信设备及其他机电设备（自动售检票系统、火灾自动报警系统和自动灭火系统、环境与设备监控系统、通风与空调设备、给排水及消防设备、安全门、防淹门、自动扶梯和电梯、门禁系统、综合监控系统等），是运营服务的关键物质和技术基础。

　　上海地铁在进入超大规模网络运营阶段之后，不仅在规模体量方面有了"量级上"的提升，同时也在网络结构功能与装备系统能力方面带来了"品质上"的变化。上海地铁面对品种繁多的设施设备，负荷较大的运行状态，重塑管理理念，通过智能化和数字化等手段着力提升设施设备运维管理技术，切实保障设施设备良好状态，确保运营状态安全有序，为高品质服务助力。

第一节
上海地铁设施设备管理体系

上海地铁在进入超大规模网络运营阶段之后,对设施设备运维管理提出了更高的要求和挑战,面对品种繁多的设施设备,负荷较大的运行状态,重塑管理理念,提升设施设备运维管理技术,切实保障设施设备良好状态,确保运营状态安全有序。上海地铁聚焦专业化、智能化、精益化、集约化的发展方向,坚持"精检细修,安全可靠"的管理理念,推行全寿命周期管理,实施地铁维保的全要素、全过程、全链条管理,不断迭代与完善形成"护航通向都市新生活"的上海地铁维保质量管理新模式;以"勇当上海申通改革开放的排头兵、创新发展的先行者"的使命责任担当,深入诠释了地铁与都市发展、地铁与市民生活的关系,为"申城地铁,通向都市新生活"保驾护航。

一、设施设备管理模式

上海地铁提出了"护航通向都市新生活"的地铁设施设备管理模式,是以专业化、智能化、精益化、集约化的"四化"为抓手,以设施设备全寿命周期生产管理体系为立足点,以标准化管理体系、技术管理体系、质量安全管理体系、人力资源管理体系、精益现场管理体系、信息化管理体系六个体系为基础支撑,形成了具有上海地铁特色的运维质量管理模式,如图7-1所示。

在上述运维管理模式中,"四化"是上海地铁设施设备管理提升的主要手段,也是应对上海地铁超大规模网络下设施设备管理所面临难点和痛点最重要的方法。

（1）专业化

拥有专业资深、经验丰富的管理团队——由车辆、供电、通号、工务和物资后勤等五大主体专业组成,共同形成技术专业化和运维管理专业化格局。

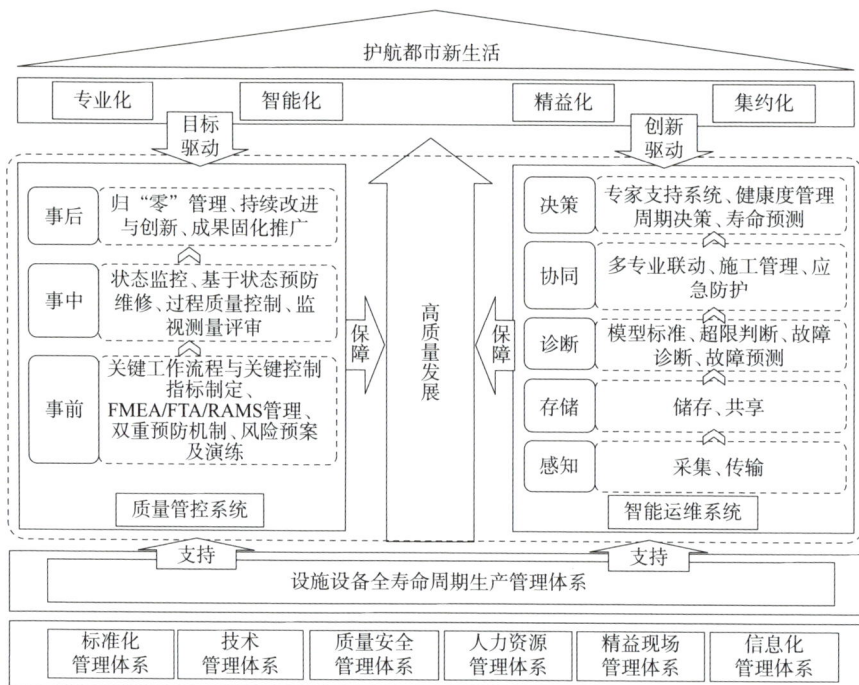

图 7-1　上海地铁运维管理模式框图

（2）智能化

借助科技手段，打造智能化运维。直面规模体量的飞速增长，加强科技含金量，优化检修模式，打造智能化运维架构。

（3）精益化

导向安全可靠，坚持精细化检修，增强经营意识，提高企业经济效益。构建由精益生产管理、精准维修理念和精英检修团队组成的维护格局，形成预判到位，措施到位，响应到位的维护态势。从运行管理向经营管理转型，加强成本管控，降本增效，永无止境。

（4）集约化

立足兼容互通，探索体系管理，形成集约化效益。对内梳理资源，整合优势，提升效能；对外与供应商间共享技术成果，推动进步，引领标准。

"专业化"保证了上海地铁在超大规模网络发展下企业拥有技术上核心竞争能力,为智能运维系统构建奠定基础;通过"智能化"运维系统的构建,"精益化"生产管理的格局打造,使得企业整合优势,提升效能,实现"集约化"效益。"四化"一体发展有效保障了运营过程中的安全可靠和高效运行,为企业追求成为一流高质量企业奠定基础(图 7-2)。

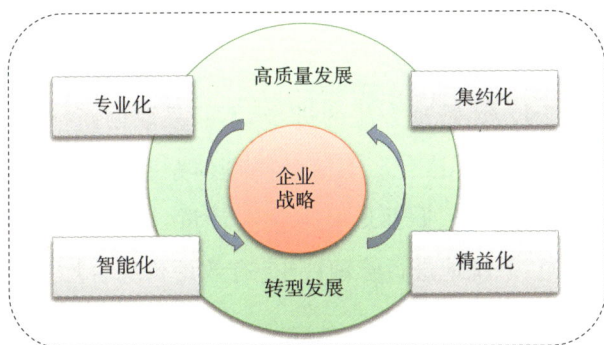

图 7-2　上海地铁"四化"循环模式图

二、全寿命周期管理体系

上海地铁运用信息化管理平台,从计划管理(计划性、非计划性)、项目实施、运营保障(运营值守保驾、专项保障、应急管理、运能管理、故障管理、调度管理)、新线接管和与之相配的生产保障配套等;通过监控优化等流程进行展开,贯穿施工组织监管、故障闭环跟踪、生产任务下达、路网用车统筹、应急事件指挥等方面,构建企业高质量的底层基础。

(一)标准化管理体系

上海地铁结合超大规模网络特点,对设施设备配置标准的"统型"研究,逐步在全网络内形成型号制式、接口标准的统一。对生产现场持续推进标准化生产管理,形成标准化车间、班组全覆盖;通过标准化工作在作业现场的全面推进,使标准能够无偏差在现场得到贯彻与执行,不断提高设施设备检修质量和工作效率。

(二)技术管理体系

上海地铁从技术评估、技术研究、技术审查、技术应用4个方面开展技术管理工作,配以辅助与支撑系统如技术政策、技术情报、技术标准、知识库、信息平台等5项内容,并融入实际业务工作如节能管理、设施设备管理、档案管理、科研管理、项目管理等中。通过技术管理和技术创新的互补,以创新促管理、以管理保创新,形成了技术管理的良性发展机制。

(三)质量安全管理体系

上海地铁基于技术、管理方法的进步,不断采取创新举措提高绩效,并对行之有效的措施进行标准化。实施各管理体系整合,在质量管理体系运行基础上不断完善与安全、职业健康、环境、计量、设备、信息化等管理体系的相互融合。规范、系统地进行管理评审,有效评价综合性管理体系的适宜性、充分性和有效性,并促进改进。

(四)人力资源管理体系

上海地铁根据新技术、新设备的投入使用,维修策略、生产组织模式调整对人才的需求,研究形成相应标准。实施高级人才引进、储备和培养长效机制,吸引和留住核心技术人才。建立"纵向畅通、横向互通"的薪酬双通道体系,鼓励专业技术、高技能人才得到"双通道"发展,加大智能运维、大数据分析等人员培训的项目比重,与对口专业高校联合建立工作室、工作站,开展课题攻关研究。

(五)精益现场管理体系

上海地铁制定了"精益星级现场管理体系建设工作方案",建立了推进组织机构及工作机制,并将其纳入十四五战略规划,提升公司整体现场管理成熟度水平。结合上海行业特点,完成《城市轨道交通设备设施维护保障现场实施指南》的编制并申报中国质量协会团体标准,以填补行业内现场管理指导性标准的空白。

(六)信息化管理体系

上海地铁构建的信息化系统是以基础硬件为依托,覆盖现场作业、职能管理、业务展示等三层体系架构,共 15 个系统。信息化管理以智能运维系统信息流为牵引,有效整合设施设备管理的 EAM 系统、项目合同系统、施工管理系统、应急抢险系统、移动点巡检系统、指标综合看板等,充分利用信息化手段,实现"统一管理、数据精准、多维度分析"的功能,夯实精准运维的基础。

三、设施设备管理实践

(一)施工全过程管理

上海地铁面对点多线长,十万量级的施工量,上海地铁根据"分区域、分等级、主体明确、指标管控"的原则,建立了适用于超大规模网络的管理体系,实现了高效管控。其中分区域是将施工按照物理位置分为正线轨行区、车站、停车场、保护区,4 个区域;分等级是将施工按照对运营影响的严重程度分为常规、二级重大和一级重大,3 类施工;主体明确主要是两个方面,一是明确各个区域施工管理主体,二是明确不同等级施工方案审核主体;指标管控则是建立计划变更率、施工兑现率、施工计划执行延误事件、施工违规4 个核心指标,对各单位施工情况进行对标评判。在此基础上,开发了施工管理系统,对施工的申报、审批、登记、注销等进行全过程管理,并实现指标的自动统计和分析。

(二)设施设备集约共享

集约共享就是要将网络中有限的资源"尽其用,尽其利"。一是推进了控制中心、车辆基地、主变电站等大型设施设备的资源共享。如:6、12 号线共用民生路主变;11、13、16 号线共用川杨河基地和隆德路控制中心等等;二是面对网络化运维的新特征,上海地铁正在进一步挖掘设施设备的兼容互通能力,如推进实现两线之间列车的互联互通,为运营调整和日常维护创造有利条件,深化重要设施设备互相支持与互为备用的能力,进一步提高设施设备利用效率,有效降低重大故障的影响。

(三)以可靠性为中心的设备维护

高可靠性是要求设备故障发生频率能够控制在可接受范围内,可实现长时间无故障的运行。上海地铁的设施设备维护一直以来坚持"以可靠性为中心"。在设计方面,通过提升设计标准、加强配置冗余,提升设备的本质安全。如在 2 号线信号系统更新改造时,将业内首次实现双模冗余信号系统,即兼顾改造前后的系统运行,也进一步提高设备可靠性。在维护方面,推行精益化管理策略,聚焦精细管理、精准维护,稳步提升设施设备维护质量,基于设备状态,实施关键技术改造项目,持续保持系统运行的稳定性。

(四)以服务运营为中心的设备抢修

服务运营是要改变传统运维中仅关注设备的情况,而是以运营需求为导向展开设备运维工作。近年来,上海地铁着力构建基于网络统筹、以运营需求为导向的维修模式。一是故障应急处置以"先通后复"为根本原则,重点保障运营快速恢复。在线网应急抢修值守的基础上,建立专职抢修队、兼职抢修队、综合工区相结合的应急抢修网络,重点突出专业性和对线网重要节点的保障;二是在大修改造方面,列车架大修和信号、供电等系统的大修改造计划,均围绕运营计划实施动态调整,实现大修改造与运营增能同步匹配。

(五)列车全寿命运维

列车全寿命周期均衡运维模式,是一种以列车维修规程为基础,结合列车状态、生产资源状态、外部指标要求等形成全面动态均衡的最优维护计划,并在不折不扣执行后,交付运营的一种设备运维模式。相较于传统的"人工计划修＋故障修"模式,列车全寿命均衡运维模式解放了规程与计划间的相互制约,能够更好地满足保持列车设备状态,提升列车可靠度。随着智能感知技术特别是在线感知技术的不断发展,维护策略总体上由计划维修向视情维修过渡是维修模式发展的趋势。2020 年起,上海地铁在 17 号线探索基于智能感知的列车全寿命周期均衡运维模式(图 7-3),取得了较好的实践效果。

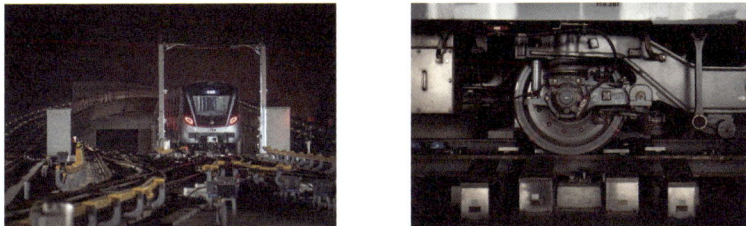

图 7-3　上海地铁列车全寿命运维案例

（六）站台门统型

上海地铁站台门系统主要有四家供应商，各厂家在传动方式、控制方式、通信协议等都不尽相同，存在"百花齐放，百家争鸣"的现状，极大增加了备件供应、设备维保的困难。为此上海地铁全面开展站台门统型工作，编制了《上海轨道交通站台门系统互联互通规范》（以下简称互联互通标准），统一系统架构，通过模块化的设计思路，结合电气接口、通信协议/点表的标准化，使不同厂家相同模块能够互联互通；同时结合统一的操作方式和图控界面，在确保轨道交通安全运行的前提下，提高站台门系统的可靠性、稳定性和应急处置效率，有效降低运维成本（图 7-4）。

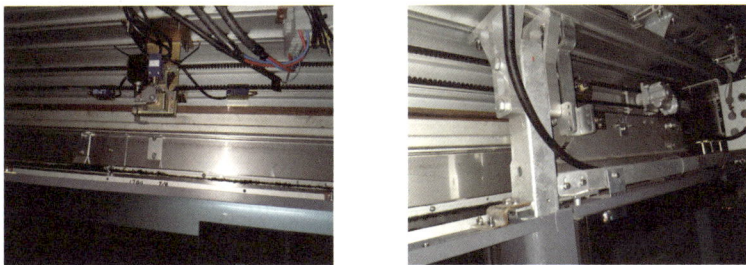

图 7-4　上海地铁站台门统型案例

此外互联互通标准还进一步明确了站台门的操作方式（包括应急操作方式）以及图形显示界面的元素组成，结合前文提到的统一的事件库、故障库描述，大幅度降低了人员操作的难度以及对故障点准确定位的难度。站台门系统的互联互通工作虽然难点很多，但经过测试平台验证，总体可行性高,随着统型范围的扩大,可在降低采购、仓储难度、节约运营成本等方面带来巨大效益。

(七)电梯管理模式创新

至 2021 年底,上海地铁全网络共有自动扶梯 4 386 台、电梯 1 080 台,电梯保有量在上海各企业中名列第一。近年来社会面电梯事故频发的报道频繁见诸媒体,为确保电梯安全运行,上海地铁创新性地建立了"一梯一长、一梯一策、一梯一档"的全面覆盖运营和维保的策略,并基于"三个一"的策略,编制完成了《运营电梯安全管理办法》。通过"一梯一长"明确了管理主体,提出了技能要求,压实了安全责任;通过"一梯一策"对电梯进行了科学的分类,为差异化电梯运维提供了依据;通过"一梯一档"建立了电梯全寿命管理,将日常运行(巡视)和维保相结合,掌握了设备真实状态,有利于后续维修及大修策略的建立和实施,如图 7-5 所示。

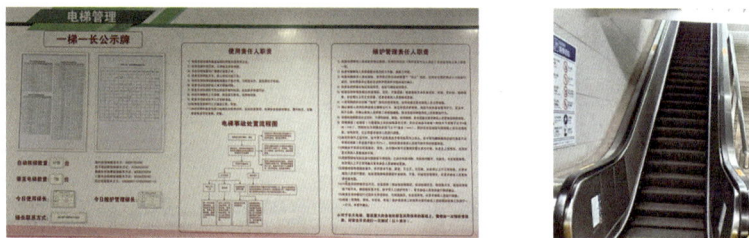

图 7-5 上海地铁电梯管理模式创新案例

同时运营单位从电梯"一梯一长、一梯一策、一梯一档"做起,全面准确把握电梯工作的职能定位,实施监管区域网格化、监管任务责任化、监管人员专业化、监管落实痕迹化和监管督导制度化"五化"监管,最终实现电梯设备全过程的监管。该管理模式自推行以来,工作成效极为显著。一是大大提高了员工管理电梯的意识;二是能更及时地了解电梯运行情况,在出现运行故障后能第一时间联系维保单位进行维修;三是在记录台账的同时也很好地做到了对维保单位的监管考核。

（八）5 号线信号项目无感改造

上海地铁 5 号线是连通闵奉地区的重要快速客运走廊，主线北起莘庄，南至奉贤新城，支线东川至闵行开发区，全长 32.7 公里。2016 年 3 月至 2018 年 12 月，在保持原 5 号线莘庄至闵行开发区正常运营的基础上，进行了主线东川至奉贤新城段的建设，同时将原西门子点式 ATP 信号系统改造为上海电气泰雷兹 CBTC® 2.0 DTO 信号系统，是国内运营线中首次开展"边运营、边改造、边延伸"的典型工程案例。

综上该工程项目工程量大、施工单位多、时间跨度长、组织难度大、交叉作业多，且要在保持运营稳定的前提下，利用每晚仅 3.5 小时有效天窗施工时间完成新系统的安装、调试、验证和倒接，安全风险极大、筹划工作极为复杂。为确保工程项目实施过程井然有序，上海地铁通号项目管理团队牵头编制各类施工方案 100 多项、组织夜间联调 500 多次，在 1 000 多次系统倒换过程中密切配合，做到了运营、施工无缝切换。同时为确保最终的系统倒接工作顺利开展，以尽可能贴近实际运营场景为基础，组织多种组合的大规模演练 7 次。2018 年 10 月 19 日夜间，5 号线分 6 个区域顺利完成了新系统倒接，实现了对乘客"无感"改造的目标（图 7-6）。

图 7-6　上海地铁 5 号线信号项目无感改造

该工程项目在实施过程中，出现了许多难点，但通过科学施工、运营及维护人员提前介入、制定切合实际的预案等措施，让这些难点在倒接完成时都成了领先行业的管理创新，为上海乃至全国的轨道交通后续改造项目积累了宝贵的经验。

第二节
上海地铁智能运维平台建设

随着上海地铁线网建设的不断发展、网络化运维转型的不断深化,"线网规模大、系统复杂化、场景多样性、运营负荷重、维保时间紧"的运维特点凸显,基于数字化的技术创新及管理手段变革,成为支撑城市轨道交通运维管理的源动力。

上海地铁积极运用大数据、云计算、物联网、GIS(地理信息系统)、图像识别等技术,建设车辆、供电、信号等关键设备的智能运维体系,构建综合性、智能化的智能运维平台,围绕设施设备管理核心任务,面向智能化感知、诊断、预警、协同和决策全流程(图7-7)。结合地铁运维的实际需求,从生产自动化、流程优化、制度创新三个层次,不断丰富应用场景,进行运营维护保障全流程健康度管控,实现业务流程的全面转型升级。

一、车辆智能运维系统

车辆智能运维系统(Rolling-stock Intelligent Support Engineering,简称RISE)是集合列车运行状态实时监测、车辆轨旁综合检测、列车维护信息管理、车辆维护专家系统为一体的列车智能化检修维护系统。通过该系统,并辅以运维管理手段的创新,将初步实现城市轨道交通车辆运维由传统的计划修、故障修向状态修的转变。该系统在充分调研国内外新技术的基础上,从顶层设计角度出发,基于业务、数据双中台,是结合上海轨道交通特定应用场景做深度开发而形成的体系(图7-8)。它由车地无线实时传输子系统(IOR)、轨旁车辆综合检测子系统(SMIT)和车辆维护管理信息子系统、专家分析系统四部分组成。

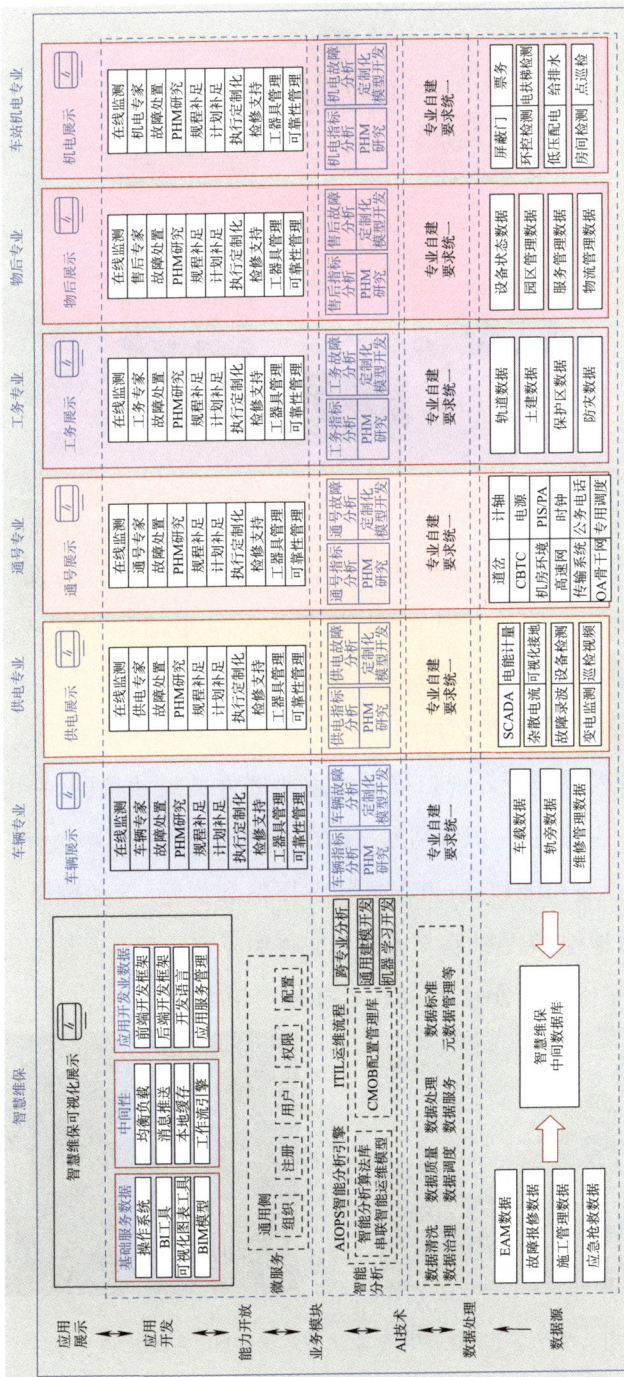

图 7-7　上海地铁的智能运维平台

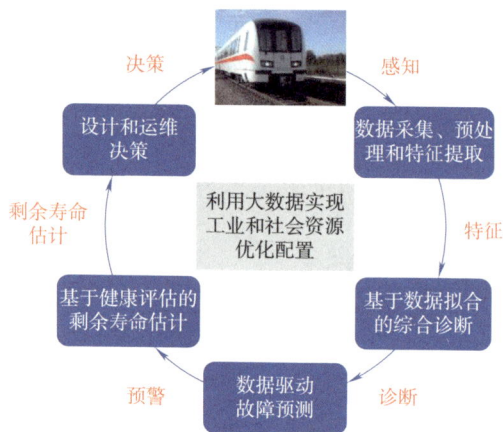

图 7-8　上海地铁车辆智能运维平台架构

上海地铁 17 号线作为 RISE 系统的试点投用线路(图 7-9),已为 17 号线运行保障服务 2 年,对所有列车实时状态进行 24 小时不间断的监控,收集列车运行过程中的所有信息,并用大数据平台将其存储、分析,每 100 ~ 500 毫秒更新一次列车的状态数据。通过人工视觉、图像识别手段,每天对完成运行的回库列车进行外观扫描以及重要部件的尺寸检测,并可对异常状态的部件进行主动报警,识别精度高达 0.1 毫米。数学模型包含设备异常状态检测、故障诊断和推理、轨道车辆状态评估和预测、部件剩余寿命预测四个方面。上海地铁 17 号线在车辆运维工作中全面应用了车辆智能运维系统,目前运维人车比下降 20%,达到 0.4,车辆可用率提升 3%。

图 7-9　上海地铁车辆智能运维系统 RISE 系统应用

2019 年 1 月,RISE 系统被国家发展和改革委员会批复为"增强制造业核心竞争力关键技术产业化项目",成为城市轨道交通行业国家示范工程。

二、供电智能运维系统

供电智能运维系统(图 7-10)从设备感知能力、设备全寿命管理、生产业务流程管控、专家系统四个体系进行建设。感知海量异构数据状态变化趋势,对数据进行智能分析,实现故障的预测、预警。集成设备的静态基础数据、动态履历、运维业务数据,掌握设备全寿命周期管理。建立跨平台的数据共享模式,实现分公司整体业务流程上传下达、融会贯通的一体化、全过程管控。专家系统为故障诊断、健康评估、故障预测、维修决策、联动执行提供更智能的手段。

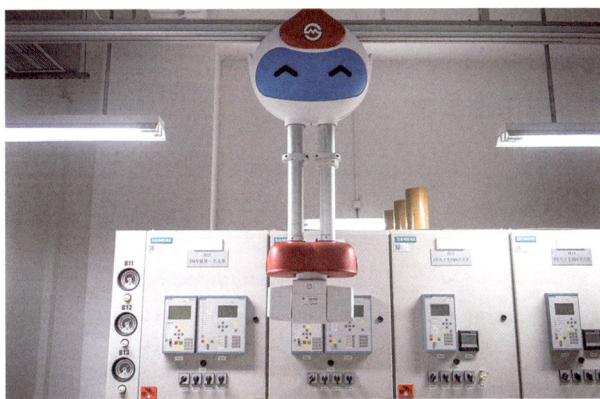

图 7-10　上海地铁供电智能运维系统

三、通号智能运维系统

通号智能运维系统(图 7-11)除了能实现信号设备状态监视外,还将具备对信号设备进行质量评价的功能以及大数据分析功能。通过专家智能诊断和大数据分析,在故障出现时能自动定位故障点以及故障原因,并以故障原理图的方式显示故障点;当检测信息出现异常波动、突变、超限等情况时,系统能够及时预警。同时系统提供维护建议和故障处理流程的功能。

图 7-11 上海地铁供电智能运维系统

四、工务智能运维系统

工务智能运维系统(图7-12)主要是为了实现以"设备"为中心的维修向以"数据"为中心的运维转变。一方面,通过轨道检查车、钢轨探伤车等设备

图 7-12 上海地铁的工务智能运维系统

进行智能采集应用建设;另一方面,基于生产管理、设备管理、关键点位监控三个板块对智能运维平台进行整合规划,实现故障的提前预警预判。

第三节
上海地铁智慧车站建设

在城市轨道交通网络中,车站是运营管理的基本单元,其运营管理水平对城市交通体系的运行效率和乘客体验起关键性作用,也一定程度反映了城市基础设施管理水平。

一、智慧车站建设内容

通过二十余年的建设与运营管理,上海地铁已经形成了一套成熟的且被广泛认同的车站运营管理模式,这套传统管理模式在上海地铁乃至全国轨道交通行业发挥了积极的作用。但随着时间的推移,尤其是随着新兴技术的不断涌现和推广应用,传统车站运营管理模式的弊端逐步显现,如车站业务自动化程度较低、设备管理模式陈旧、人工巡检和故障维修模式维护成本高、缺乏有效的大客流监测预警机制、乘客乘车和应急服务能力不足等一系列问题。

充分利用新一代信息技术研究发展的成果,采用先进的自动化控制技术和智能化分析技术,改造并提升传统车站管理系统的技术能级,实现车站运营管理的自动化、智能化和精细化,从而全面降低人工服务和人工操作的频次,有效提升车站运营管理水平和管理效率,保障公众的出行安全,增加乘客的乘车体验,是上海地铁车站运营管理中迫切需要研究解决的课题。

上海地铁根据轨道交通车站运营业务需求,首次提出了轨道交通智慧车站体系架构和相关标准,研发了具有自主知识产权、采用先进的自动化控制技术和智能化分析技术,改造并提升传统车站管理系统的技术能级,实现车站运营管理的自动化和智能化,从而全面降低人工作业频次,有效提升车站运营管理水平和管理效率,保障公众的出行安全,改善乘客的乘车体验。上海地铁通过工程实施、国家标准及应用示范向全国推广智慧车站体系,加速推进我国轨道交通车站智慧化管理能力和核心技术的自主创新能力,保障了轨道交通业务可持续发展、运维服务智慧化转型升级,推动实现了城市轨道交通全面数字化转型,如图7-13~图7-15所示。

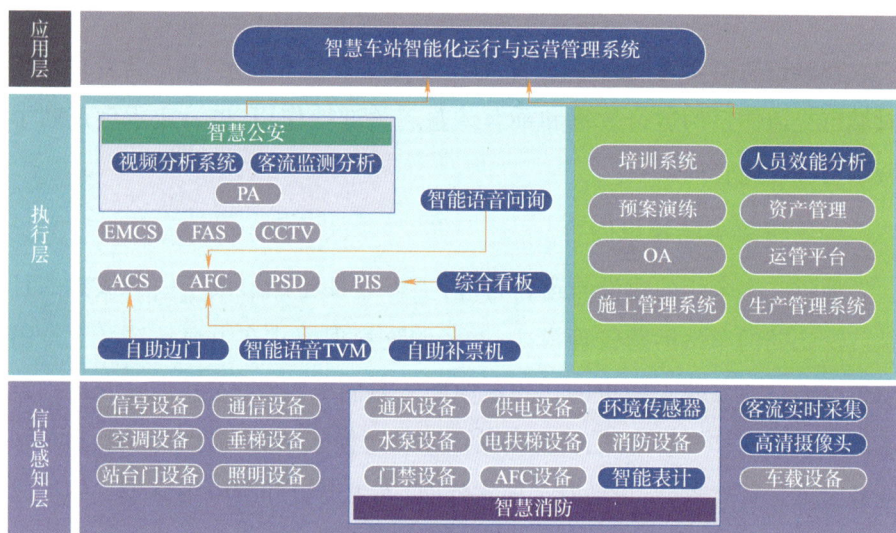

图 7-13 上海地铁智慧车站智能化运行与运营管理系统架构

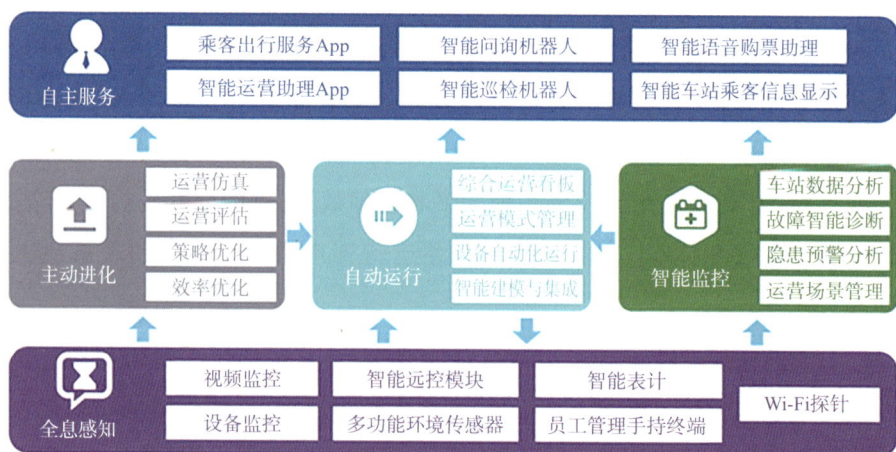

图 7-14 上海地铁智慧车站的主要功能

人员管理	车站管理	客运管理
·信息化布岗、多线程任务派发 ·设施设备操作、行车管理操作、乘客服务响应等监督 ·记录人员作业时间、维护时间等记录，工作效能评定	·综合监控系统 ·给排水、环控、电控、能控 ·人工智能机器人、自动售检票、动力照明、卷帘门、自动扶梯、站台门	·乘客导向信息 ·乘客自动服务 ·视频智能监控 ·车站客流实时监测系统
全息感知　自主服务　智能诊断	全息感知　智能诊断　自动运行	全息感知　自主服务　自动运行

图 7-15　上海地铁智慧车站的实施内容与目标

二、智慧车站建设成效

上海地铁以新江湾城、诸光路、顾村公园、汉中路和惠南等车站示范应用为基础，以运营需求—管理效益双维度分析为依据，不断优化智慧车站系统设计方案，打造车站智慧应用场景，提升车站运营管理效率和服务水平。

（一）车站综合管理的智能化

上海地铁提出了轨道交通智慧车站体系架构，编制完成首套智慧车站建设标准，研发了跨网安全传输、大规模多源数据融合、大数据心跳管理等关键技术。如应用室内定位技术，实现基于位置的车站人员管理，实现任务动态派发和信息主动上传，为车站人员绩效考核管理提供科学、定量的评价依据。通过人员绩效考评，科学制定岗位复合和管理优化方案，有效降低车站运营管理成本，实现降本增效、管理优化的目标。运用数据采集、图像识别等综合感知技术，实现对车站的各类设施设备、环境、客流、人员等对象或群体的状态和信息的感知与采集。抽取、转换、加载、汇聚各个专业的设备状态以及运营维护、公共服务、系统安全等各类数据，实现多源异构数据融合。应用大数据分析与智能决策技术，实现对系统状态、客流趋势、安全风险、管理绩效等的分析、评估、判断和预测。

利用自动诊断结果,实现行车组织、客运服务、设备管理、人员管控等业务的全流程自动化、可视化、规范化。利用"数字孪生"技术,在虚拟的数字车站中,真实反映现实车站的各项状态参数,进而实现人工智能技术,实现自主学习、自动进化,持续提高智慧化水平(图7-16)。

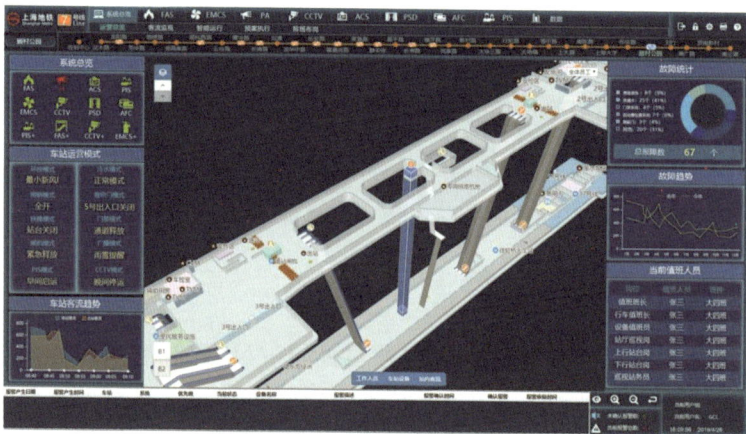

图7-16　上海地铁顾村公园站的智慧车站管理主界面

(二)车站的设施设备管理的智能化

针对设备体系复杂、管理效率低、维护响应慢等问题,上海地铁率先研发了轨道交通车站设备的全生命周期管控平台,创新性地应用关联关系的设备故障智能诊断算法和单兵快速定位排障设备,构建了海量异构设施设备诊断管理系统,能够实时监测与智能预警轨道交通车站设备健康状态,实现故障快速标注定位,提升排故响应速度,有效提升车站设备管理和安全保障能力。

如在正常运营模式下,车站各专业系统按时间表方式自动运行,车站运营场景变化时,系统自动启动对应的场景联动程序,控制相关设备按照预定方式运转,不仅大幅降低人工操作的工作量,还有效提升突发事件处置的正确性和及时性,并同步降低车站能耗水平。在智能开关站场景应用后,典型车站开站时间从先前的 35 分钟压缩到 8 分钟,不仅极大提升车站运营管理效率,同时也为车站岗位复合创造了条件,并为繁忙的夜间维护施工留出更多时间。基于设备智能运维技术和三维可视化技术的融合应用,为设备健康监测、故障预警和快速修复提供全新的智能化手段,可有效降低车站设备故障率,为车站安全运营提供保障。通过综合管理看板的应用,可全面提升车站整体运行态势的监控能力,为协助车站管理人员聚焦运营考核指标并快速响应处置提供全面而直观的手段(图7-17)。

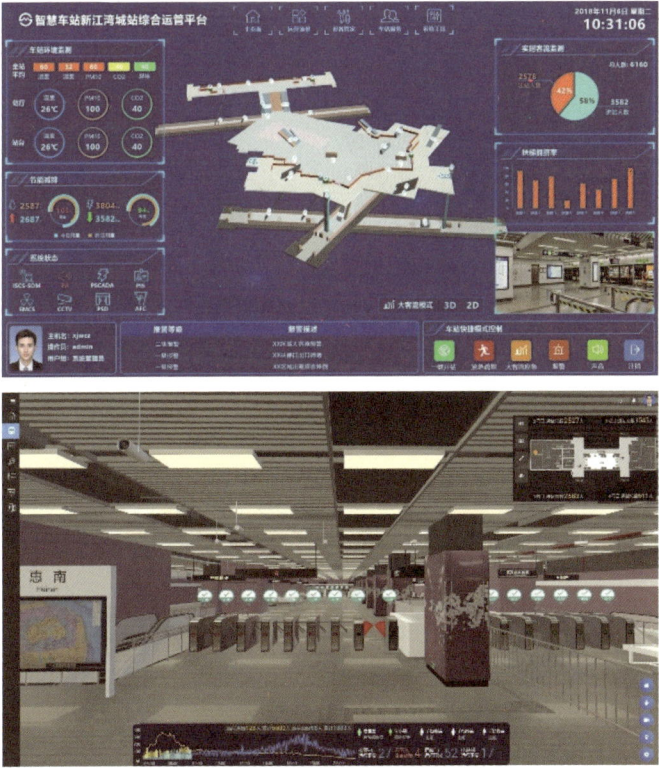

图7-17　上海地铁新江湾城站的智慧车站综合管理界面

(三)车站客流管理的智能化

面向突发大客流预警和乘客站内服务需求,上海地铁研究了包括 Wi-Fi 嗅探、手机信令、视频与图像识别、多频谱感知、高密度高清视频无线回传和高精度室内定位等技术,应用于短时大客流预警和乘客智能诱导系统,实现了客流和乘客异常状态感知与分析,引导车站乘客安全有序流动,全面提升公众出行体验和应急处置导流能力,改善了车站客运服务能力和乘客体验(图7-18)。

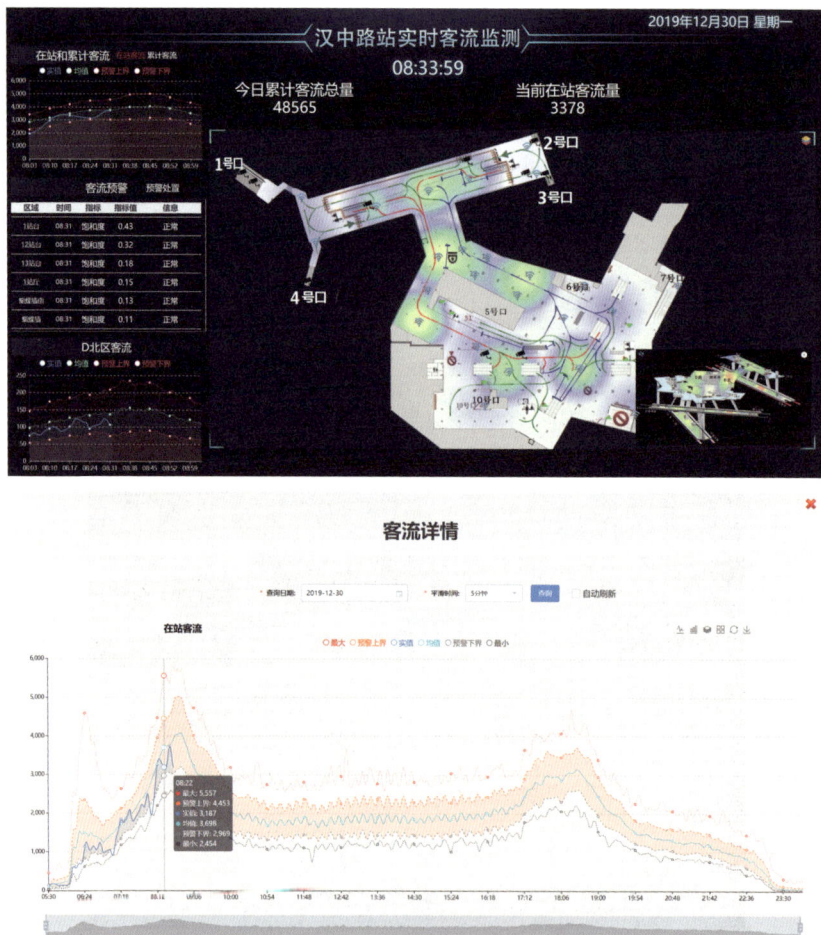

图7-18 上海地铁汉中路站的车站客流监控主界面

第四节
上海地铁节能管理

一、节能管理

节能标准是节能管理的基础,是提升效益、推动绿色节能发展的重要手段,是开展节能减排工作的有效支撑,上海地铁按照科学系统、统筹协调、动态开发的原则,建立健全节能管理标准体系,系统规划节能标准体系框架,构建基础共性、目标、设计、建设、运行、评估、优化等标准子体系。基础共性标准子体系是其他节能标准的依据和基础。目标标准子体系包括能耗限额标准、能效标准,是整个标准体系的关键和重点。设计标准子体系包括规划设计和源头控制等方面的标准。建设标准子体系包括节能施工、验收等方面的标准。运行标准子体系包括技术改造、运行维护等方面的标准。评估标准子体系包括计量和检测、分析和计算、能效评估等方面的标准。优化标准子体系包括系统提升、节能服务、供需优化等方面的标准。

上海地铁针对超大规模地铁网络能耗总量巨大的现状与绿色持续发展的需求,2007 年就在行业内首次建成了系统完备的节能管理体系,搭建网络能耗平台,覆盖全网 459 座车站、32 座车场,组建节能管理机构,建立能耗评价标准与管理体系,主编国际首个 LEED 轨道交通绿色评价标准。2018 年 11 月,发布了全球第一部轨道交通绿色评价标准测试版。这套标准总结提炼 30 多年来上海地铁在规划、设计、建设、运营和维护等多方面的经验,联合美国绿色建筑委员会在标准上的经验,经过无数次探讨和评估,从合理的线网规划、降低对自然环境的影响、节约利用土地资源、优良的公交配套、节约能源、室内环境质量、人性化服务、施工质量控制等八个方面充分挖掘、论证、提炼。该标准填补了公共交通领域绿色评估认证的空白,为推动公共交通绿色可持续发展贡献"上海方案",14、15、18 号线在建设之初也加入绿色认证的行列,践行绿色发展。

二、节能成效

在充分发挥绿色出行显著效益的同时,上海地铁立足自身,深入挖潜,自我革新,于绿色节能中求解"节能二次方"。搭建网络环境能耗监测管理系统,信息化管理手段;建立了一套行之有效的节能工作标准体系,规范管理行为;健全组织架构,明确目标责任;积极开展新技术研究应用,提高能效水平。推进技术攻关,突破节能运行、智能照明、高效通风空调系统、光伏发电等一系列节能减排新技术,十五年来,累计节电超 16 亿千瓦时,线网规模不断增加,但单位作业量能耗指标持续稳步下降,2020 年单位作业量能耗指标与 2005 年比下降34%(图 7-19)。

图 7-19　上海地铁的节能情况

三、节能典型案例

(一)节能型灯具的应用

近年来,上海地铁重点在照明、空调等重点耗能设备方向不断寻求突破。从白炽灯到荧光灯,从 LED 到智能照明,超90% 的车站已应用节能型灯具(图 7-20);从定频空调到变频空调,从单一模式到智能调控,超 80% 的地下车站空调系统已采用节能控制;变频电梯、节能型变压器、可调式通风型站台门、列车节能运行模式等一大批节能"四新"技术在上海地铁得到了广泛推广应用。

图 7-20　上海地铁节能型照明系统应用

(二)龙阳路基地的光伏发电

上海地铁充分利用地铁车辆停车场屋顶资源,建成了行业第一的光伏发电工程(图 7-21)。2019 年 12 月 30 日,上海轨道交通龙阳路基地东降所

图 7-21　上海地铁光伏发电实景图

10 千伏光龙开关合闸后,龙阳路基地分布式光伏发电项目正式开始并网发电。该项目是上海地铁新能源公司自成立以来投资建设的首个分布式光伏电站,采用自发自用,余电上网模式,所发电量绝大部分可以在地铁停车基地就近消纳,设计年均发电量约 658 万千瓦时,年均节约标煤约 2 173 吨,减少二氧化碳排放约 6 567 吨,为上海地铁运营提供源源不断的绿色电能,同时也实现了良好的节能减排效果,是真正兼具经济和社会效益的绿色项目。龙阳路车辆基地光伏项目更被外交部发言人点赞,受到全球瞩目。

　　2022 年,由上海地铁新能源有限公司投资建设的上海轨道交通封浜、九亭、川沙基地屋顶分布式光伏项目将完工,项目总装机容量超 12 兆瓦。其中,封浜基地单体装机容量为 6.56 兆瓦,是目前为止嘉定区单体装机容量最大的屋顶分布式光伏项目,为上海地铁系统进一步注入了绿色清洁能源供应。正式投运后,预计年均发电量约 1 170 万千瓦时,年均节约标煤约 3 370 吨,年均减排二氧化碳约 9 220 吨,节能减排效果显著。届时,上海地铁投建持有的光伏电站累计容量达 36 兆瓦,年均发电量超 3 600 万千瓦时。

(三)17 号线诸光路站的 LEED 银级认证

　　17 号线诸光路站是亚洲第一个获得绿色建筑 LEED 认证的地铁车站(图 7-22),该站从建设伊始就将绿色理念融入整个施工过程。比如,若按照传统做法,将施工产生的渣土作为垃圾处理,不仅需要支付昂贵的费用,运输和处置过程还会给环境造成污染,诸光路站施工过程中创新工序工艺,想方设法将渣土循环利用于修路、回填、修固地基,超过 10 万立方米的渣土就地消化、变废为宝。又如,创新车站设计思路,设置贯通式大中庭,并配合采用具有高反射率和高隔热性能的天窗玻璃,既能大面积引入自然光,降低照明能耗,又能有效遮挡辐射,避免产生热岛效应。再如,在站内布设 200 多个传感器,智能调整站内环境舒适度,配以智能照明,有效减低用电,采用环保建材,为乘客提供健康舒适的乘车环境。2018 年 7 月,诸光路站通过了国际上最有影响力的绿色建筑认证体系 LEED 银级认证,首开我国轨道交通建设绿色认证之先河。

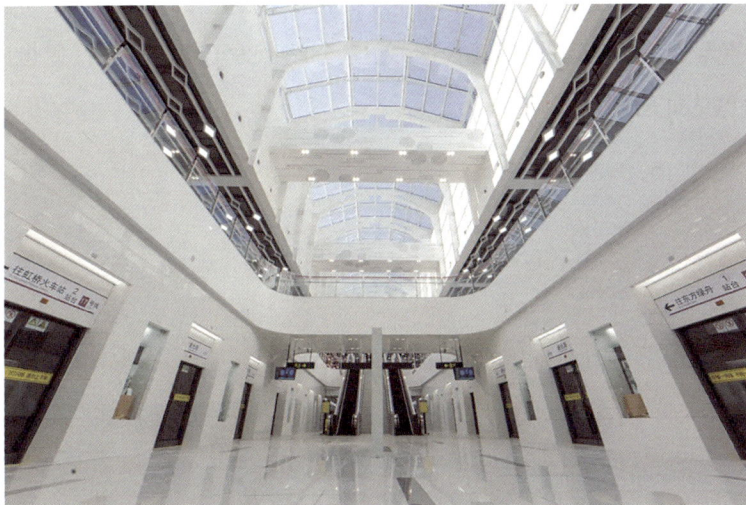

图 7-22　上海地铁 17 号线诸光路站实景

(四)14 号线的绿色低碳建设

2021 年 5 月 18 日,在中国城市科学研究会绿色建筑与节能专业委员会第十四次全体委员会议上,上海轨道交通 14 号线获全国首个三星级绿色城市轨道交通建筑证书,成为我国轨道交通绿色低碳建设的里程碑事件。

14 号线是我国首条全线以绿色三星级标准进行设计和建设的轨交线路,项目在设计、建造和运营期间均贯彻执行高标准的"绿色轨交"理念,打造绿色低碳发展的轨交示范线。14 号线依托于国内首部关注轨交全线绿色发展的《绿色城市轨道交通建筑评价标准》,以被动优先、主动辅助、以人为本、因地制宜为原则,采用了高效制冷机组、阵列式消声器、客流仿真技术、空调机组杀菌消毒技术、车辆段风光环境综合优化、光伏发电系统、太阳能热水综合利用、自然采光与可调遮阳等大量实施便捷、效果显著的绿色技术,达到健康指标提升 20%~50%,安全指标提升 10%~20%,运行能耗降低 10%~20% 的目标要求。

这次获得认证的项目为上海轨道交通 14 号线的代表项目,包括换乘站豫园站、标准站锦绣东路站及封浜车辆段,认证范围涵盖了轨道交通车站和车辆基地。上海轨道交通 14 号线作为本轮地铁建设的示范线路,正在进一步以绿色轨道交通三星级标建设全线 31 个站点及车辆基地,打造全国首个全线绿色认证的轨道交通项目。

第五节
上海地铁安全保护区管理

自上海地铁 1993 年运营之始,就建立了轨道交通安全保护区管理制度,通过近 20 余年摸索和改进,发展创造了地铁保护的"上海模式"。

一、全寿命周期管理

上海地铁是全国率先进行安全保护区全寿命周期管理的城市,主要分为技术审查、现场监护、违规巡查三个阶段。

1. 技术审查,源头上严把关

技术审查是规划、施工审批的前置条件,上海地铁通过对设计方案、施工方案的技术审查,结合地铁结构现状,把好方案的技术关口。在技术审查阶段,主动作为,积极对接,对施工方案的深化和完善提出指导意见及建议,对风险较大工程委托专业单位进行复合验算,组织专家进行技术论证。在施工前做好技术交底,过程中针对关键施工风险点和方案变更做到守程序、严审查、保安全。依法依规是技术审查的基础;技术掌控与预判是技术审查的核心;确保地铁安全是技术审查的关键。

2. 现场监护,过程中严控制

上海地铁在项目实施期间,现场派驻监护人员,严格监督落实技术审查意见,并对关键施工风险点进行把控。对隧道结构进行监测,隧道数据、隧道结构情况实现自动采集、自动传输,通过系统平台进行分析预判,实现自动预警报警,工程项目监管实现信息化、系统化和智慧化。发现偏离抓紧纠正,风险管控遵循"早发现、早报警、早处置"原则。保护区重大施工项目,制定了有效的保驾和应急模式。

3. 违规巡查,扎牢地铁结构安全的篱笆

随着运营里程的增加,安全保护区巡查依靠传统的人工模式显得捉襟见肘,不仅效率低下,且经常存在漏查问题。上海地铁持续引进新科技,目前已经形成轨道交通安全保护区四位一体的地面巡查制度,通过人工巡查、网格化巡查、卫星技术、无人机技术的应用,切实提高巡查效率,提高违规施工的发现及时性,多管齐下,保证地铁安全,多维度扎牢地铁结构安全的篱笆。

二、"制度＋科技"信息化建设模式

在传统工作模式的基础上,上海地铁安全保护区自 2008 年开始推行信息化建设,采取"制度＋科技"的模式,提高劳动效率,降低各类施工风险。2002 年开始建立标图系统,精准定位保护区施工与地铁结构的距离,为项目设计提供可靠保障;2012 年开始建立安全保护区巡查系统,采用手持终端＋系统平台进行巡查管理,实现定位、信息实时传输、轨迹跟踪、案件记录信息化管理;2013 年开始建立云图系统,实现监护项目远程监控、工况数据自动传输。随着不断升级,逐步实现了系统自动分析、预警报警;2018 年开始建立申报系统,并在 2021 年搭建在线技术审查平台,运用互联网、大数据、人工智能等技术手段,构建"互联网＋技术审查"体系,实现技术审查业务过程可视化、技术沟通便捷化、技术审查智能化、资料管理规范化、知识积累持续化,创新技术审查工作方式,沉淀专业技术知识,提高工作效率,提升技术审查智慧化水平。

近年,上海地铁监护对现有的安全保护区管理系统进行整合,建立上海地铁智慧监护平台,结合发展需求,完成数字化升级,并实现可视化,使地铁结构"状态可知、风险可控、效果可期"。

三、保护区管理

上海地铁保护区针对从规划到运营不同线路类型、从项目控详规到竣工验收不同阶段、隧道和高架线路不同结构形式,建立了标准化管理体系以

及标准化工作模式,形成标准化文件 28 项,率先设立了地铁保护标准,牵头编制中国城市轨道交通协会团体标准及地方标准。上海地铁在全国率先将保护区审批纳入政务服务"一网通办"体系。根据上海市政府行政审批改革的要求,上海地铁对外集中受理安全保护区、规划控制区全部事宜,实现"一门式服务",营造良好的营商环境,服务城市经济发展。

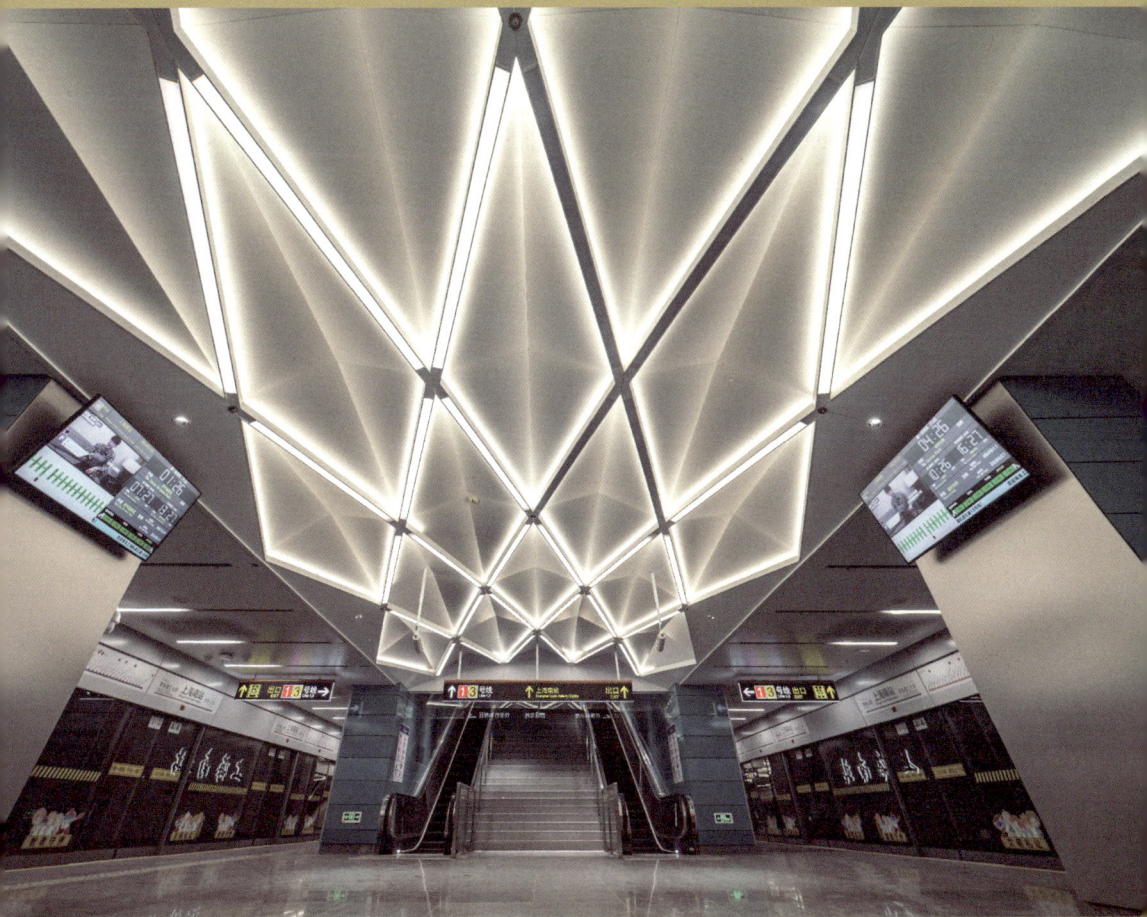

第八章 08 上海地铁运营服务
评价与改进

导语 —————————————————————————————

城市轨道交通企业的经营目的是在满足乘客需求的基础上取得经济效益，只有乘客满意，企业才能得以生存和发展。城市轨道交通服务评价改进是使服务获得最佳秩序，服务质量达到最佳效果的关键。了解并努力实现乘客的需求，提升服务水平是城市轨道交通服务评价与改进的关键。

上海地铁通过定性或定量的服务测评手段、对标国内外同行的关键服务指标、完善乘客投诉与处理流程、加强舆论引导、科学改进服务等手段来提高运营服务品质。通过针对性地改进设备设施配备，改善服务环境和秩序，强化服务标准，提高服务和管理水平，不断增强服务意识和服务能力，全面提升服务质量。

第一节
上海地铁服务质量测评

顾客满意度是指顾客通过对服务的全面感知结果与其期望或需求相比较后,形成的愉悦或者失望的感觉状态。对于城市轨道交通企业来说,顾客即乘客,乘客满意度是指乘客事后感知的结果与事前的期望之间作比较后的一种差异函数。它的关键内容有两个:首先要成功理解乘客的需求,其次是努力满足其需求。乘客满意度是衡量出行质量和服务质量的一种综合性指标,是衡量城市轨道交通企业经营业绩的一个效益性指标。乘客满意与否,取决于乘客的感知和乘客的期望相比之后的体验。

一、服务质量测评方法

上海地铁通过收集到的最直接的用户评价信息,了解和掌握乘客对城市轨道交通站、车服务质量的满意程度,分析站、车服务和管理中存在的主要问题,明确在服务中乘客满意的方面和不满意的方面,进而有针对性地改进设备设施配备,改善服务环境和秩序,强化服务标准,提高服务和管理水平,不断增强服务意识和服务能力,全面提升服务质量。上海地铁针对乘客满意度测评的具体步骤如图 8-1 所示。

上海地铁为了更好地了解运营管理现状,进一步促进轨道交通服务质量的提升,已连续多年委托第三方专业机构从列车运行、行车组织、信息提供、人员服务、票价水平等方面对全线网的运营线路进行轨道交通客运服务质量满意度测评。测评采用"乘客面访""现场暗访""电话拨测""电话回访"等方式进行抽样调查。从 2012 年至今,乘客对上海地铁的运营服务质量满意度总体呈现稳步上升的趋势,上海地铁满意度已连续多年保持上海公共交通行业首位(图 8-2)。

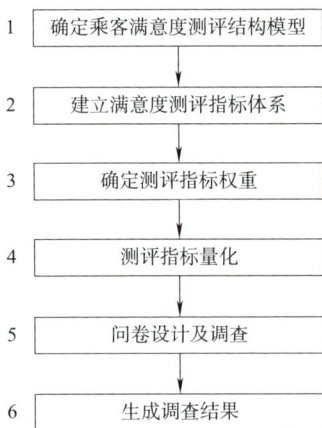

```
1   确定乘客满意度测评结构模型
         ↓
2   建立满意度测评指标体系
         ↓
3   确定测评指标权重
         ↓
4   测评指标量化
         ↓
5   问卷设计及调查
         ↓
6   生成调查结果
```

图 8-1 上海地铁乘客满意度测评程序

图 8-2 上海轨道交通、地面公交和出租车的历年乘客满意度测评结果

二、2020 年服务质量测评案例

2020 年,上海市交通委员会委托上海市质协用户评价中心作为专业第三方机构开展本年度上海市城市轨道交通服务质量评价工作。评价对象为上海市轨道交通 1、2、3、4、5、6、7、8、9、10、11、12、13、16、17 号线、浦江线和磁浮线共计 17 条线路。评价内容包括乘客满意度评价、服务保障能力评价及运营服务关键指标评价 3 个部分,基准分值 1 000 分(图 8-3)。

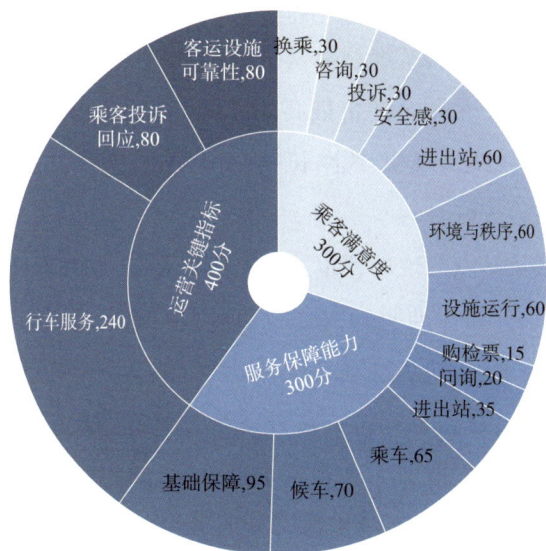

图 8-3　上海地铁的服务质量评价体系

2020 年上海轨道交通城市线网服务质量评价总体处于良好水平,运营单位上海申通地铁集团有限公司服务质量评价总体结果为 948.98 分。其中,各线路中磁浮线、12 号线、17 号线位列前三;1 号线、浦江线、8 号线测评得分相对较低(图 8-4)。

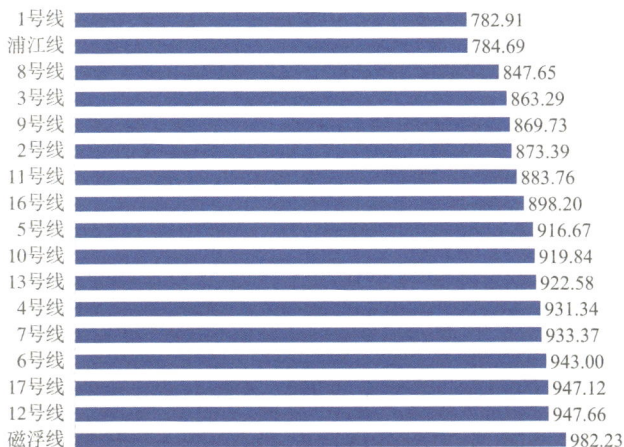

线路	得分
1号线	782.91
浦江线	784.69
8号线	847.65
3号线	863.29
9号线	869.73
2号线	873.39
11号线	883.76
16号线	898.20
5号线	916.67
10号线	919.84
13号线	922.58
4号线	931.34
7号线	933.37
6号线	943.00
17号线	947.12
12号线	947.66
磁浮线	982.23

图 8-4　2020 年上海地铁各线路服务质量评价得分

汇总分析评价情况可知,广大乘客对上海轨道交通服务质量总体认可。受访乘客对运营服务的满意度总体得分率为93.0%。各服务环节中,"换乘方便快捷、秩序良好"是乘客评价最高的方面,满意度得分率达94.46%。从全国来看,上海地铁线网规模、线路长度全国领先,换乘站数量多,乘客搭乘公共交通出行体验较好。

经对各线路及站点的现场评审,评价结果认为,上海轨道交通管理机构设置完善,岗位职责和标准明确,相关管理制度健全,服务保障能力高。同时,通过现场体验发现,轨道交通各类乘客引导提示的信息化、电子化程度较前两年有所提高,覆盖范围进一步扩大。出入口、通道、车厢运营信息动态显示服务的使用明显增加。从乘客体验角度,如公示列车满载率等举措,均是通过运用信息化手段,不断加强管理服务工作,提升了乘客信息服务透明度。

最后,上海地铁针对测评过程中发现的问题,提出了针对性改进措施。

1. 建立科学维保机制,有效降低故障概率

关键指标数据评价中,代表运营服务稳定性的"列车退出正线运营故障率"和"列车服务可靠度"两方面失分较多。随着上海地铁投入运营时间的增长,设施规模日趋庞大,维护保障压力也随之增加。由于发生车辆延误事件会影响整条线路的正常运行,因此针对故障、延误、停运等服务保障的焦点和难点,上海地铁不断研究破题的方法与措施,建立科学的维保机制,基于人工智能、大数据、云计算等新技术手段,完善车辆、信号等故障应急预案,提升网络运行的可靠性,提高运营服务的满意度。

2. 合理配置线路运能,增强综合服务能力

3、9、16号线等线路的部分车站仍在实施常态化的工作日高峰期限流,时长1.5~2小时不等,其中有运输能力制约的因素,亦有车站空间不足的限制。但从乘客体验的角度,会对乘客出行带来不便。上海地铁一是结合乘客出行需求,挖潜增能,努力提高运输能力,二是进一步完善乘客投诉处置机制,优化处置工作流程,柔性处理乘客个性化需求,健全投诉回访制度。

通过规范培训,提高工作人员的服务意识、处置能力和服务水平,以满足市民日益提高的出行期待。

3. 积极推进社会共治,提升车厢文明程度

随着整个城市文明程度的不断发展和提高,广大市民对于文明出行的自律意识越来越强。调查中,人们普遍对乞讨卖唱、车内饮食、手机外放等不文明行为表示反感,一旦发生,希望能得到及时有效的制止。对此,上海市交通委于 2020 年 12 月 1 日实施新的《乘客守则》和《运营服务规范》,上海地铁同时加强站点和车厢的宣传与管理,并引导广大市民共同遵守,努力营造良好的乘车氛围,弘扬城市交通文明。

第二节
上海地铁运营服务关键指标分析

上海地铁一直追求关键服务质量指标(如客流规模、发车间隔、正点率、运行可靠度、司机生产率、开行列次、运营时长等)的提升,2015 年到 2020 年的关键质量指标如下。

一、客流规模

2015 年至 2020 年,上海地铁客流规模增长率超过 20%。2019 年,日均进站量达到 606 万人次/日,仅次于国际排名第一的莫斯科地铁(702 万人次),达到国内最高;2020 年受疫情影响,但有序恢复复工复产后,日均进站量为 437 万人次/日,依然保持国际第二(图 8-5)。

二、发车间隔

2015 年至 2020 年,上海地铁持续缩短发车间隔,减少上下班高峰时段候车时间。线网 12 条线路最小发车间隔都已达到 2 分 30 秒以内,其中最拥挤的 9 号线 2018 年最小发车间隔缩短至 115 秒,2020 年最小发车间隔缩短至 110 秒(图 8-6)。

图 8-5　上海地铁历年的日均进站量

图 8-6　上海地铁 9 号线历年的日均客流及最小发车间隔

三、线网列车正点率和设施设备故障率

上海地铁加强设备管控和人员管理。2015 年至 2020 年，上海地铁线网列车正点率保持在 99.8% 以上高位，2019 年度正点率达到 99.984%，2020 年底列车正点率为 99.99%（图 8-7）。

四、列车运行可靠度和 5 分钟晚点事件

上海地铁加强设备管控和人员管理，2019 年列车运行可靠度为 713 万车公里/件，在国际地铁协会所有城市地铁中提升速度最快。2020 年列车运行可靠度 882 万车公里/件（图 8-8）。

正点率(%)

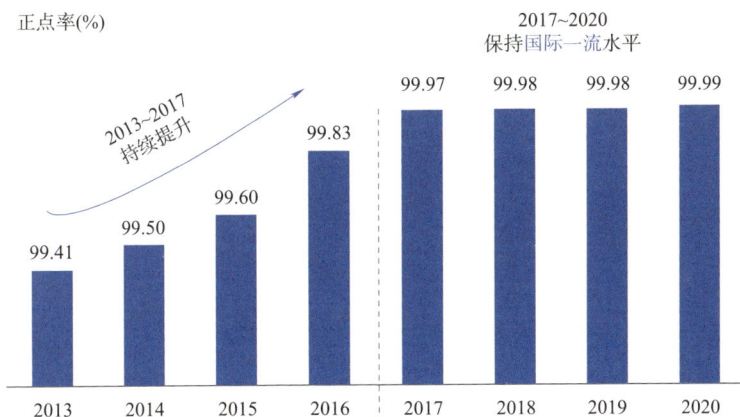

图 8-7　上海地铁历年的列车正点率

图 8-8　上海地铁历年的列车运行可靠度

五、司机生产率

上海地铁将乘务司机派班方式由传统"四班两运转"调整为"四班两运转 + 常日峰班 + 常夜峰班"的混合班制,实现司机人数进一步节约,司机生产率稳步提升,达到国内领先水平(图 8-9)。2016～2020 年因司机生产率提高,共节约人工成本约 1.7 亿元。

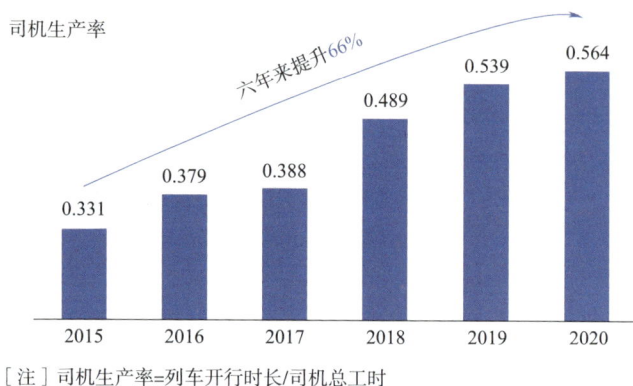

[注] 司机生产率=列车开行时长/司机总工时

图 8-9　上海地铁历年的司机生产率

六、开行列次

上海地铁承担了城市公共交通骨干作用,近五年,实际开行的总列次数以及列车在正线上行驶的全部里程逐年增长,2019 年 6.13 亿车公里运营里程达到国际第二,2020 年已分别达到 291 万列次、6.35 亿车公里(图 8-10)。

图 8-10　上海地铁历年的开行列次及运营里程

七、运营时长

上海地铁满足乘客夜间出行需求,延长运营时间,有效支撑了城市夜间经济的发展。运营服务时间最长线路已达到 20 小时。延时运营期间,日最高延时运送乘客 4.38 万人次,2018、2019 年运送人数为 141 万人次,2020 年疫情下为 72 万人次(图 8-11)。

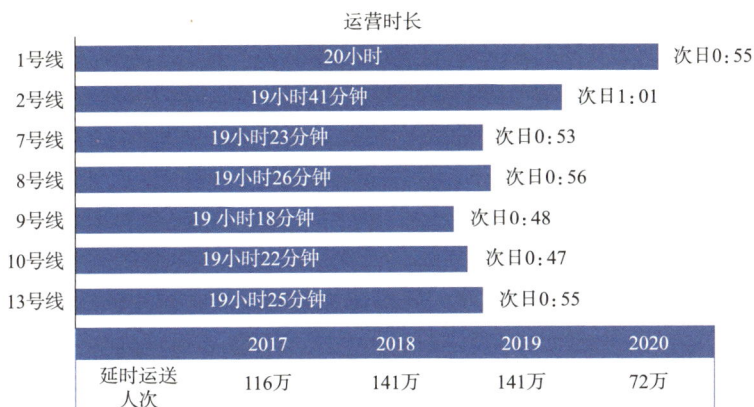

运营时长

	2017	2018	2019	2020
延时运送人次	116万	141万	141万	72万

图 8-11　上海地铁各线的运营时长及历年的延时运送人次

第三节
上海地铁运营服务改进

　　服务改进是一种管理过程,主要过程有发现服务失误、分析失误原因、定量分析、评估服务失误、采取管理措施。服务改进的实质就是在服务失误后,修正与弥补服务过程造成的服务失误,使顾客满意并建立顾客忠诚。上海地铁满意度评价过程如图 8-12 所示。

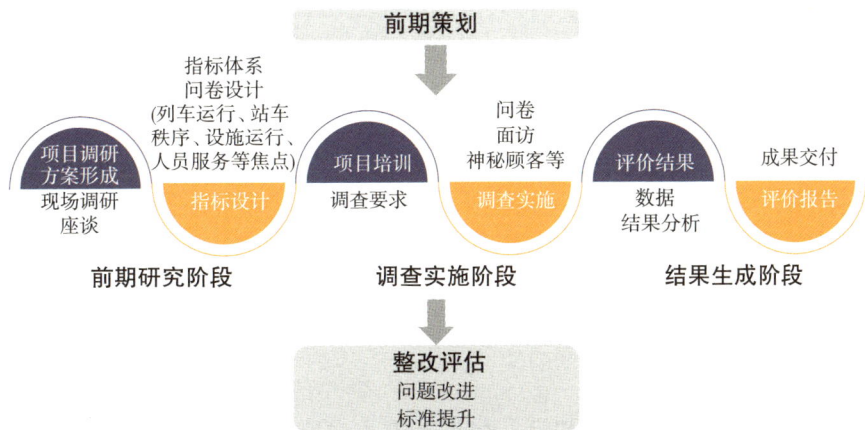

图 8-12　上海地铁满意度评价与改进过程

一、乘客投诉与处理

乘客投诉是发现城市轨道交通服务失误的一个重要途径。研究表明，绝大部分不满意乘客不去投诉的主要原因是不知道怎样投诉及向谁投诉。因此城市轨道交通企业要设计方便的投诉程序，鼓励并引导乘客投诉。

上海地铁通过上海服务热线、官方网站等渠道听取乘客意见和建议，接受社会监督，不断改善运营服务。通过建立投诉受理制度，设置专职机构和专职人员，制定乘客投诉受理及处理反馈的工作程序，上海地铁可以及时有效处理乘客的服务投诉，及时通报重大舆情的调查情况。

（一）投诉事件分类

根据《上海轨道交通乘客沟通管理规定》，上海地铁将乘客反映的事件分为6类，见表8-1。

表 8-1　上海地铁乘客反馈事件分类表

事件分类	具体事件
投诉（A类、B类）	乘客沟通中反映的对上海轨道交通所提供的服务表示不满的事件
表扬（C类）	乘客沟通中反映的对上海轨道交通所提供的服务标识认可和满意的事件
建议（D类）	乘客沟通中反映的对上海轨道交通所提供的服务提出进一步优化或完善的事件
求助（E类）	乘客沟通中反映的对上海轨道交通范围内的寻人寻物、寻求帮助的事件
咨询（F类）	乘客沟通中反映的对上海轨道交通范围内的各类运营信息、政策法规等进行咨询的事件
其他	乘客沟通中反映的在上海轨道交通范围内除上述情况以外的各类事件

（二）投诉渠道

上海地铁制定《上海轨道交通乘客沟通管理规定》，构建市级热线、微信微博、App的多种反馈渠道，包括但不限于上海轨道交通网络服务监督热线、来信来访、两会提案、乘客意见簿、网络舆情、现场交流等。

（三）投诉处理流程

1. 受理要求

上海地铁各相关单位和部门设置了专人负责乘客沟通事件的受理、协商、回复、处理工作。服务热线受理乘客沟通事件时会甄别预判和如实记录,预判性质时根据乘客所述内容以就高原则进行预判,按照业务分类进行解答和转办处理工作,对各类乘客沟通事件做好汇总、统计、报送等相关工作。遇重大事件、舆情等,立即汇报相关管理部门,确保信息渠道畅通。受理现场交流、乘客意见簿等来源事件时,现场工作人员应正面回复、解答乘客现场提出的问题,对涉及其他专业无法解答的问题及时反映服务热线,通过工单形式分派相关归口单位进行沟通、回复。

2. 沟通要求

上海地铁各单位对通过热线平台收到的各类转办事件进行汇总、传递、核实、处理。责任单位及协办单位会在规定时间内将本单位管辖范围的调查核实情况及协办意见进行回复。对一人多次、多人重复反映的事件会提高重视,有针对性地进行回复,避免引起乘客不满造成事件发酵、事态升级。上海地铁会对各类投诉进行汇总分析,制订并实施相应的改进措施,定期抽查,对办结超时、违背客观事实等事件纳入窗口服务考评。

3. 服务补救

上海地铁各单位提供服务出现失败和错误的情况下,会立即对乘客的不满和抱怨做出补救性反映。各单位会根据乘客反映的正常诉求所产生的不满和抱怨事件,及时向乘客表示歉意,并根据服务承诺向乘客提供解决方案。各单位会对服务失败或服务补救失败导致的案例进行分析,并形成纠正、预防措施提交至管理部门,上海地铁会提出服务优化相应方案,会定期组织对现场服务补救失败案例进行分析评价。通过跟踪闭环、总结经验、推广普及等手段,持续有效的重新建立顾客满意和顾客忠诚。

4. 责任认定

上海地铁服务热线负责乘客沟通事件中有效投诉的认定,并将有效投诉的调查核实回访情况及相关视频材料等每周上交给管理部门。上海地铁会成立责任认定小组,结合责任单位办结情况、调查核实回访情况及相关视频材料,根据规范性文件的要求,在规定时间内进行责任认定。上海地铁各单位会对各类有责投诉落实整改,形成管理制度,做好跟踪闭环工作,并将有责投诉纳入集团考核指标。

5. 数据统计分析

上海地铁各单位会每月对受理的乘客沟通事件数量进行数据汇总,并进行同比、环比比对,通过数据反映阶段内服务质量变化。各单位会对乘客沟通事件处理情况进行内部分析和优化整改,并建立跟踪机制。

上海地铁会及时掌握乘客诉求,快速、高效、规范地处理乘客投诉,投诉响应时间高于行业标准,实现乘客投诉回复率100%,让投诉增强信任。上海地铁线网乘客有责投诉率如图 8-13 所示,国内大型城市轨道交通网络的乘客有责投诉率如图 8-14 所示。

数据来源:公司内部资料

图 8-13　2016~2020 年上海地铁线网乘客有责投诉率

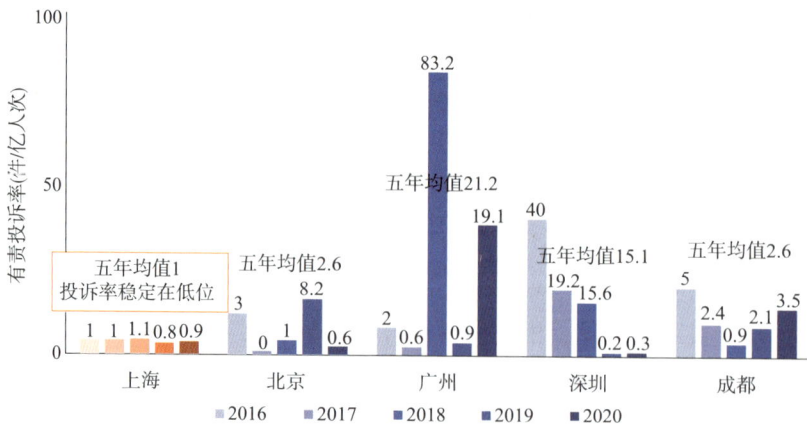

数据来源:城市轨道交通运营企业运营数据报告

图 8-14　2016~2020 年国内大型城市轨道交通网络的乘客有责投诉率

二、舆情管理

（一）舆情管理机制

上海地铁针对"社会关注大、影响力大、负面舆情多、谣言多"的特点，确立了"第一时间说、连续不断说、实事求是说"的舆情处置原则，建立全网舆情监测平台，高效研判后快速形成权威口径，通过社交媒体和公众媒体及时传播，维护品牌形象和社会稳定。2020年51件负面舆情，做到100%公开事实，100%有效处置。同时，上海地铁注重及时发现正能量事件，加工制作新闻，联动媒体二次传播，提升品牌美誉度。上海地铁的舆情管理机制如图8-15所示。

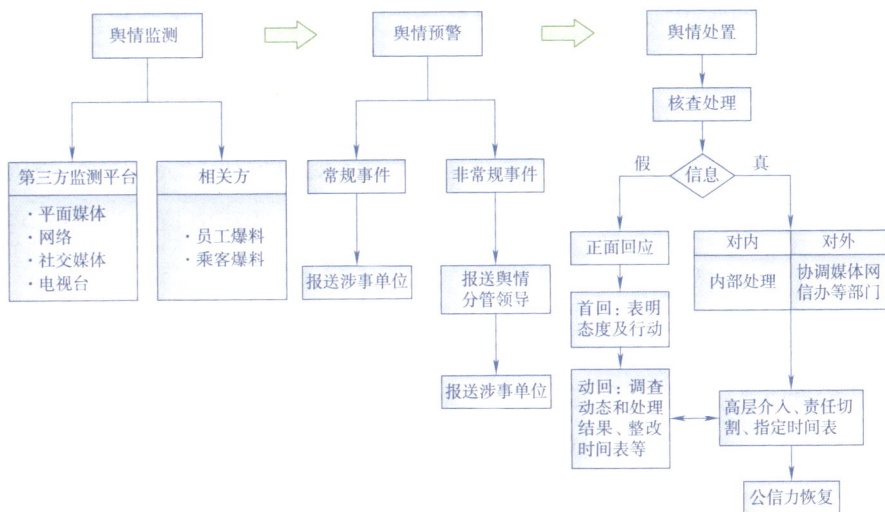

图8-15 上海地铁的舆情管理机制

（二）新闻发言人队伍建设

上海地铁发布的《新闻发言人管理规定》指出，建立"集团、直属单位、重点车站"三级新闻发言人队伍。新闻发言人队伍按照总体统筹、分级分类原则，由集团分管运营副总裁任集团新闻发言人，由业务ICT部门、直属单位分管领导任二级新闻发言人，并将部分重点车站负责人纳入，逐步形成50人左右的三级工作体系。

同时,上海地铁每年与复旦新闻学院等举办理论和实战培训,提升专业素养。日常根据舆情涉及层级和领域,统筹形成对外口径,协调相应新闻发言人予以回应。

(三)乘客投诉渠道及处置平台

为了充分、及时地回应乘客的需求、意见和建议,上海地铁建立了完备的轨道交通网络服务监督热线处置平台。该平台受理涉及上海轨道交通各类政策信息咨询、各类求助、各类投诉等乘客来电,同时还受理 12345 市民热线等政务热线对上海轨道交通的投诉意见。在网络端,上海地铁利用官方微信、微博等平台网上受理乘客意见建议,并在全国首创了"平安地铁" App,受理乘客上报现场问题。此外,上海地铁还在服务监督热线大厅设置了 6 块屏幕投放车站 CCTV 等信息,实现重点点位可跟看、运营信息全掌握。

目前,上海地铁的服务监督热线处置平台可实现 24 小时人工接听,有效投诉 3 个工作日内必有回复,高于行业内 7 个工作日内回复标准,且有效投诉回复率到达 100%。

三、服务改进

服务改进是一种管理过程,它首先要发现服务失误,分析失误原因,然后在定量分析的基础上,对服务失误进行评估并采取恰当的管理措施予以解决。服务改进的实质是在服务失误后,服务提供者为提高顾客满意度,对顾客的不满和抱怨做出反应,以减少顾客背离而采取的一种提高服务质量的功能与活动。服务改进的目的是修正与弥补服务过程造成的服务失误,使顾客满意并建立顾客忠诚。而服务改进评价是服务水平定量分析的过程,是服务改进管理的基础。

上海地铁针对乘客关注焦点和服务关键环节,不断改进服务评价方法。如上海地铁每季度接受市交通委员会的满意度测评,并自行委托第三方测评机构设计更贴近顾客需求的指标。第三方测评机构需要出具年度评价报告,并对评价报告质量负责。评价报告体现上海轨道交通运营线路、运营单位和城市线网的评价结果,并详细分析和汇总评价过程中所获取的数据和结果,包括评价工作基本情况、评价结果、存在的主要问题和整改建议等内容。轨道交通主管部门对年度服务质量评价报告审核通过后,通报轨道交通企业落实整改,并按照相关规定上报市政府和交通运输部。根据上海市交通委员会评价报告,上海地铁满意度一直保持高位,乘客满意度表现优于上海市其他公共交通服务。

上海地铁运营服务
综合管理

导语

　　城市轨道交通服务是运输企业经营产品的"载体"，标准化管理、对标管理和品牌认证等综合管理手段是提供优质服务的基础和前提，是支撑基础服务、服务实现和服务保障的关键。标准化管理是为乘客提供服务时的准则和依据，对标管理是进一步提升标准化影响力和竞争力的关键，服务品牌建设则是运营企业不断追求完美和自我完善的过程。

　　上海地铁标准化工作经历了"标准体系建立完善、标准实施改进提升"2个发展阶段，推动上海轨道交通由规模扩张向管理精致、精细、精准转变，助力网络运营管理工作跃上新的台阶。上海地铁以构筑卓越轨交企业为目标，积极开展对标管理，加快优势领域核心技术向标准成果转化，进一步提升标准化影响力和竞争力。同时上海地铁结合自身实际情况，围绕不同时期服务品牌战略要求，不断探索创新服务品牌建设方法、渠道、细化措施等，努力为乘客提供安全、高效、有序、整洁、文明的乘行环境，加快服务品牌的培育和提升。

第一节
上海地铁运营服务标准化建设

标准是指在一定的范围内为获得最佳秩序,以科学、技术、经验的综合成果为基础,对活动和结果规定共同的和重复使用的规则、指导原则或特性的文件。城市轨道交通服务质量标准,即在为乘客提供服务的范围内,对服务的质量明确提出应该达到的,并能够检验的和可重复使用的规则、指导性文件,是运输企业在为乘客提供服务时的准则和依据。制定和实行服务标准,目的在于实现质量管理制度化、科学化,确保运输安全,明确运输企业和乘客的权利与义务等。自 2010 年起,上海地铁标准化工作经历了“标准体系建立完善、标准实施改进提升”2 个发展阶段,推动上海轨道交通由规模扩张向管理精致、精细、精准转变,助力网络运营管理工作跃上新的台阶。

一、标准化建设目标

城市轨道交通服务质量标准化是对服务质量进行标准化管理,即在一定范围内,为使服务获得最佳秩序,服务质量达到最佳效果,对实际的或潜在的问题制定通用的活动规范。包括标准制定、发布及实施的过程。服务质量的标准化,对外可以起到明确服务产品的质量特性、质量标准,以及无形质量有形化的作用,对内可以成为管理设施设备的配置、控制各项目服务工作的有效手段。上海地铁标准化建设与实践的目标为:

1. 适应新时代社会发展

标准引领发展、标准决定质量、标准建立信任。上海地铁一直从深度和广度推动全域标准化发展,形成从标准研制、实施到实施信息反馈全流程的闭环管理,进一步拓展标准化发展的国际视野,通过强基础、提效率、增效益提升标准化工作的质量效益。

2. 适应上海地铁行业发展

面对上海地铁大规模施工建设、大跨度网络运营、大客流常态管理的新形势,以及社会公众对运营服务的新期盼,尤其需要通过标准化持续规范运行、管理等活动,推动轨道交通由规模扩张向管理精致、精细、精准转变,发挥标准化保障安全运营、提升服务质量的作用。

3. 适应运营企业自身发展

上海申通地铁集团有限公司是上海城市轨道交通网络建设和运营管理的责任主体,是轨道交通投资建设、运营管理、资源开发和专业咨询为一体的大型企业集团。在进入新的发展阶段后,上海地铁将标准化建设作为持续推进企业深化改革、创新发展的一个重大举措,通过标准统一规范的属性和标准化持续优化的特点,针对超大规模地铁网络运营管理中出现的问题,开展质量、管理、技术、科技等方面的制度措施和创新成果的标准转化,提升企业创新发展和综合竞争能力。

二、标准化建设方法

上海地铁遵照《服务业组织标准化工作指南》(GB/T 24421)系列国家标准要求,围绕标准体系设计、构建、实施、改进等 PDCA(认知、执行、检验、执行)循环活动,按照企业运作特点创新实践,积极开展城市轨道交通运营服务标准化建设,形成系统、规范、可复制的工作方法和实践经验。

1. 顶层设计

标准化建设是一项长期性、基础性的系统工程,涉及领域多、覆盖范围广、专业跨度大,加强顶层设计是标准化建设持续健康发展的基本保障,上海地铁从三个方面进行统筹规划。

1)总体构想

上海地铁在《集团"十二五"发展战略规划纲要》中就提出了标准化建设总体构想,明确分三个时期推进标准化建设,"十二五"期间全面建立体系、"十三五"期间全面深化完善、未来全面发展提升。2011 年初,上海地铁开展"上海城市轨道交通网络标准体系"规划研究,提出企业标准体系的总体规划框架、构建方法(图 9-1),确定了"总体筹划—体系建立—体系试运行—常态运行"等四个阶段。

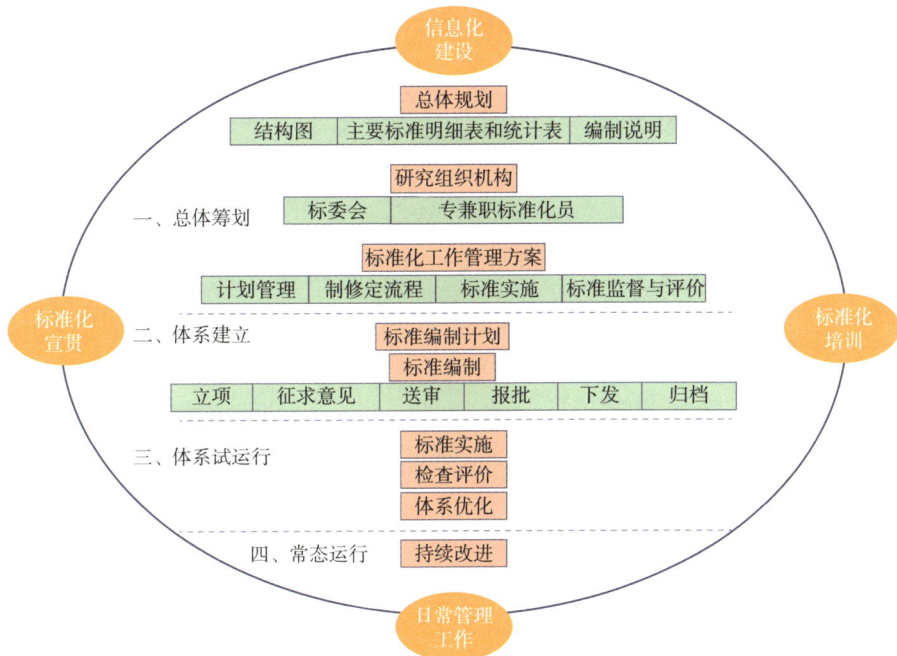

图 9-1　上海地铁标准体系总体规划框架图

2）分步推进

2013 年,上海地铁制定《集团运营服务标准化工作方案》,将研究方案转化为具体工作安排,正式启动标准体系建设工作。2014 年,制定了《集团运营服务标准体系试运行方案》《集团运营服务标准体系实施方案》,推动标准体系运行实施。2015 年,在《集团"十三五"发展战略规划纲要》《集团深化改革促进发展工作方案》中对深化标准化建设作出了全面部署。2016 年,制定了《集团"十三五"标准化建设规划》,明确新形势下标准化建设的发展思路、主要目标和重点任务。2017 年,集团《2016～2018 年三年行动规划》提出深入推进人性化服务、精细化管理、标准化建设。2018 年,制定了《年度标准精简整合实施方案》,开展标准体系精简整合工作。2019 年、2020 年、2021 年,分别制定了《年度标准化线路(车间)、车站(班组)推进实施方案》,推进标准化线路(车间)、车站(班组)建设。

2. 组织设计

组织设计是对组织活动和组织架构的设计过程,是开展标准化建设的前提条件。上海地铁通过对标准化工作组织架构、管理模式、职能分工、岗位设置等界定,使标准化活动更加规范有序。

1)组织架构

上海地铁按照集团、直属单位两级管理层次,分别成立标准化组织。在集团层面,成立标准化委员会(简称标委会)作为标准化工作的领导机构,设立标准化室,承担集团标准化工作和标委会的日常工作。在直属单位层面,成立标准化分委员会(简称标委分会),贯彻落实集团标委会下达的标准化任务,设立标准化分室,承担本单位的标准化工作和标委分会的日常工作。

2)管理模式

上海地铁通过集团主要领导挂帅,分管领导主抓,标准化室归口管理、职能部门指导协调、其他部门共同参与、各单位具体执行、各层面专业负责,形成了分级管理和专业管理结合、自主管理和逐级管理结合的标准化工作管理模式。

3)职能分工

上海地铁明确了两级标准化委员会对标准化工作的决策、组织和协调责任职责,明确了归口部门、职能部门、专业部门对标准化工作管理职能,明确了各级(各类)管理人员对标准化工作的管理责任,明确了标准化工作专兼职人员的工作标准,明确了现场作业人员对标准执行的工作要求。

4)岗位设置

上海地铁各部门、各单位配备专兼职标准化员,并持证上岗,具体负责本部门、本单位标准化工作。

3. 体系构建

体系构建需要按照标准化原理,结合轨道交通企业运营环节、管理重点、作业关键,来设计框架、编制标准、形成体系。

1）工作定位

上海地铁是公共服务类企业,向社会提供轨道交通公共服务产品,具有典型的社会公益性,企业始终将确保安全运营、提升服务质量放在首位,为此按照标准化建设规划要求,首先开展运营服务标准体系建设。

2）构建依据

遵照《中华人民共和国标准化法》等国家标准化法律法规,以及其他国家、行业、地方标准化工作的相关规定;按照《服务业组织标准化工作指南》(GB/T 24421)、《标准体系构建原则和要求》(GB/T 13016)等系列标准要求;根据上海地铁"管建并举,管理为重,安全运营为本"的方针目标,构建满足轨道交通企业特点的运营服务标准体系。

3）体系结构

上海地铁坚持"实际、实用、实效"的原则,从标准的系统性、程序性、规范性、先进性着手,构建运营服务标准体系,涵盖通用基础标准、运营服务提供标准、运营服务保障标准 3 个大体系和 21 个子体系(图 9-2)。

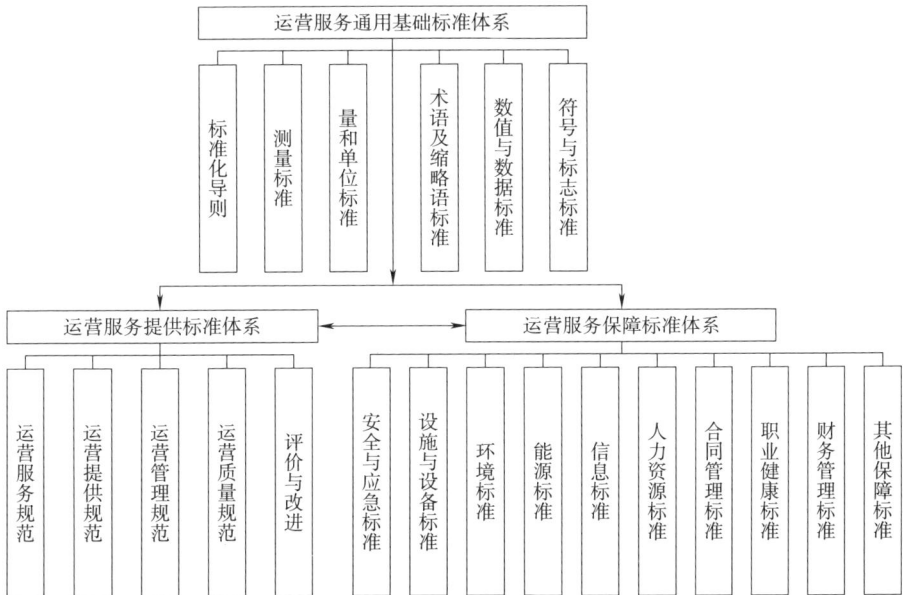

图 9-2　上海地铁运营服务标准体系框架图

4. 实施改进

标准实施是标准化建设的根本任务,通过标准实施能真正发挥标准的作用。评价改进是标准化建设自我完善的有效方法,通过评价改进能及时发现并修正标准实施过程中存在的问题,提高标准化建设的质量。上海地铁从营造环境、形成明细、健全机制、强化基础等入手,使纳入标准体系的所有标准在运营服务过程中均得到有效实施。

1)营造实施环境

上海地铁把握标准化建设各阶段工作重点,充分发挥理念创新、舆论推动、精神激励和文化支撑等作用,通过编写宣传册、张贴宣传语、召开动员会、开辟地铁报专栏和微信专版、举办成果展、开展劳动竞赛等形式,把标准化宣传工作与标准化建设工作同步推进,使"标准"确保运营安全、优质服务成为全体员工的共同认识,形成人人参与的标准实施环境。

2)形成实施体系

为推进标准全面实施,上海地铁根据企业管理架构和现场生产实际,创建标准实施体系,形成集团、公司、线路(车间)、车站(班组)各层级标准明细,体现分级实施的重点和标准实施的需求。在此基础上,通过编制作业指导书,把标准实施与规范作业相结合,将技术规范、管理要求等转化为严格的程序化作业规定,确保标准实施的有效性。

3)健全实施机制

在标准实施过程中,上海地铁通过建立完善长效机制,形成 PDCA 持续改进活动。一是计划管理机制,标准化工作计划、标准编制立项计划、标准实施检查计划、标准培训计划、标准评价改进计划等已形成工作常态;二是分级推进机制,按照"谁主管、谁负责"原则,明确集团、公司、线路(车间)、车站(班组)各层级标准实施的工作责任,形成分级管理、上下联动的标准实施管理格局;三是评价改进机制,标准实施改进纳入企业各部门、单位常项管理内容,组织开展日常自查自评、季度专项评估、年度督查综评,形成内部约束、外部监督、常态控制、闭环管理的标准实施评价改进模式;四是考核激励机制,标准实施工作纳入企业年度绩效考核内容,操作层面以按标作业考核为主,管理层面以标准绩效管理考核为主,并与标准化专项劳动竞赛评先挂钩,体现标准实施持续改进的效果。

4)强化实施基础

上海地铁加强标准实施的基础建设,形成标准实施的常态化管理。一是规范培训管理,集团层面以标准基础理论性培训、人员资格性培训等为重点,组织标准化工作的基础性培训。直属单位层面以标准应知应会为重点,组织标准化工作的适应性培训。线路(车间)、车站(班组)层面以实际实用为重点,组织标准化工作的经常性培训,保证培训实效。二是加强信息化建设,用信息化手段形成标准化管理信息平台和自主研发"标准管理系统"数据库。三是统一台账管理,规范集团、公司、线路(车间)、车站(班组)各级标准基础台账、记录基础台账设置,确保标准实施记录完整、可追溯。

三、标准化建设成效

上海地铁通过标准化建设创新实践,实现了标准化全面建立的建设目标,推动企业安全运营、服务提升、卓越发展,在线路和车站建设、服务培训和人才培养等方面取得了长足发展。

1. 线路和车站建设

车站(班组)是上海地铁加强现场管理的重要载体,是深化标准实施的重要组成部分,也是推进企业持续发展的重要基础。为进一步强化标准实施力度,促进标准化建设从试点向示范提升,上海地铁以安全运营、优质服务为目标,围绕"基层基础基本功",制定《标准化线路(车间)、车站(班组)创建标准》,规范标准化线路(车间)、车站(班组)的任务、要求、职责、创建标准、监督考核等工作,全面启动标准化线路(车间)、车站(班组)创建工作,切实将深化标准实施落实到基层生产一线。创建重点包括:

1)安全生产管理

不发生责任一般 D 类及以上事故,现场安全可控,各项机制落实到位,全面完成各项任务指标。

2）文明建设、民主管理

现场管理按相关文件要求创建。

3）人员管理

标准化线路（车间）、车站（班组）主要负责人分管标准化工作，配备兼职标准化员。从业人员的任职资格符合工作标准的规定。

4）标准实施与改进

①宣贯培训

开展标准化工作日常宣传、培训工作有记录、有评价、有考核。

②标准实施

标准和作业指导书的纸质文本（或电子文本）到岗到位，能及时查阅。各岗位人员熟悉本岗位作业标准和作业指导书，熟悉本岗位操作规程和技术要求。

③监督检查

制定标准执行情况的检查计划、组织标准执行情况的现场检查，管理和服务行为符合标准要求，服务质量满足标准要求。

④评价改进

对标准实施的结果和发现的问题进行分析评价，并促进持续改进，促进标准质量的提升。

5）基础管理

①标准化管理

标准化线路（车间）、车站（班组）执行与管理的标准，应包括实施的管理标准、工作标准、技术标准（作业指导书），覆盖线路（车间）、车站（班组）所涉及的专业管理。

②标准存放

标准纸质文本应在专门位置摆放，标准电子文本应在指定电脑存放。没有电脑设备的线路（车间）、车站（班组）以标准纸质文本为主。指定电脑存放标准电子文本时，应在电脑桌面建立"标准"总文件夹，下设下发标准、标准实施体系汇总表、标准实施体系明细表等分文件夹,按专业分类整理,电子文本为 PDF 格式并另外备份。标准纸质文本、电子文本一一对应、定期更新、同步管理。

③记录管理

标准化工作记录应同时采用电子版和纸质版,电子版采用 Excel 格式,纸质版每个表式分别用 A4 纸打印。线路(车间)按《标准化工作管理规定》形成标准化组织机构人员汇总表、标准化组织机构人员明细表、标准实施体系汇总表、标准实施体系明细表。车站(班组)按《标准化工作管理规定》形成标准化组织机构人员汇总表、标准化组织机构人员明细表、标准实施体系汇总表、标准实施体系明细表。标准化工作记录包括标准宣贯和培训记录、标准执行的相关生产记录、检查记录、问题处理记录、持续改进记录等。记录清单清晰,记录填记规范,存放整齐有序,记录能够追溯。

6)考评管理

标准化线路(车间)、车站(班组)实行集团、直属单位两级管理及申报评定。考评分为四个等级,由高到低依次为标杆、优秀、合格、不合格。考评按照"自查自评、对标检查、年度命名表彰"的程序组织,实行动态管理并与年度绩效考核挂钩。

自 2019 年启动以来,上海地铁通过现场自评估、各单位推荐、集团年度综合评审、集团标委会评定,形成年度集团标杆、优秀标准化线路(车间)、车站(班组),进一步推动标准化规范化要求落实落地,促进试点向标杆的提升。形成了以"8 大类 24 小类运营业务分类""6 大类 23 小类维保业务分类"为基础,"电子文件为主、纸质文档为辅"标准化车站、班组管理体系,实现了全覆盖。

另外,上海地铁积极推进标准化试点。一是车场标准化试点。总结运营乘务和调度业务标准化班组创建试点、设备维护维修业务标准化班组创建试点的经验,开展车场标准化试点建设,形成适应车场现场管理和执行的标准实施体系。二是消防标准化车站建设。由安监部、消防支队牵头,在前期徐家汇站、吴中路站等车站消防标准化建设的基础上,已推广至全网车站。三是新开通线路。15 号线和 18 号线一期车站均已按"8 大类 24 小类运营业务分类"要求,建立了标准化车站管理体系。四是反恐(宣传教育)标准化车站试点。由保卫部、轨交总队巡特警支队反恐大队牵头,目前已在运营一公司 10 号线豫园站试点。

自 2019 年启动以来,通过现场自评估、各单位推荐、集团年度综合评审、集团标委会评定,形成年度集团标杆、优秀标准化线路(车间)、车站(班组),进一步推动标准化规范化要求落实落地,促进试点向标杆的提升。

2. 服务培训和人才培养

上海地铁年均培训经费投入 4 000 余万元,建立具有公司特色的组织保障、制度保障、资金保障、资源保障,覆盖客服、乘务、车站、车辆、供电、通号、工务等全工种,岗位轮训、复合培训、梯队培训,课程带教、联合演练等多种方式的"企业大学"模式质量教育体系,年均培训员工 27 万人次,年人均培训课时达 120 课时。

上海地铁牵头编写国家级行业职业标准 8 项,开发 12 个轨道交通行业工种、50 个细分等级的职业技能鉴定标准,自主开发企业上岗证标准化系列文件,统一规范了培训形式、培训课时、培训资源、培训师资,以及鉴定模块、鉴定形式、合格标准、配套资源,高标准严要求地培训培养轨道交通行业工种与岗位人员。

上海地铁构建了"两条实训线、三个实训平台、五个专业系统"的实训设施布局,形成国内首个规模最大、类别最全、覆盖轨道交通所有运营专业的国家级高技能人才培训基地,服务企业内部各等级技能人员开展实训实操,近五年累计达 20 万余人次,并先后为广州、深圳、重庆等 20 余个城市轨道交通数千名从业人员提供了专业化培训。

第二节
上海地铁运营服务对标管理

上海地铁积极开展对标管理,以构筑卓越轨交企业为目标,积极开展对标管理,加快优势领域核心技术向标准成果转化,进一步提升标准化影响力和竞争力。

一、服务对标发展历程

1. 第一阶段(2005～2013 年)

2005 年,上海地铁成为内地首家加入国际 CoMET 组织(该组织由年总进站量在 5 亿人次以上的城市地铁企业组成,截止到 2019 年底,共有成员企业 19 家)的城市轨道交通企业,打开了对外沟通交流的大门。2009 年,在上海地铁的倡议和组织下,负责国内城市轨道交通运营绩效评估体系的组织(简称 MOPES)正式成立,进一步密切了内地各城轨企业的相互交流。

2. 第二阶段(2014～2020 年)

2013 年上海地铁经过 20 年的超常规发展,网络运营规模跃居世界第一,但总体运营绩效仅位居国内外同行中上水平,部分指标与标杆地铁企业还有较大差距。

上海地铁从上海国际化大都市的城市定位出发,从打响上海品牌、引领行业发展的社会责任与企业追求出发,自我加压、积极进取,提出了"国内领先、国际一流"的战略对标目标,并明确四方面八大指标在"十三五"期末全部进入国际前 6 名,由此推动企业勇于改革、持续创新、不断提升运营管理绩效,更好满足乘客美好生活需求和城市经济社会发展需要。

2020 年末,上海地铁在 CoMET 组织的各项关键 KPI 指标中均取得长足进步,运营规模国际领先、服务质量持续提升、各类与地铁相关的伤亡人数逐年减少、系统可靠性稳步提升、生产效率全面提升、单位综合能耗和单位成本逐年下降,其中网络运行可靠度、服务水平、经营规模、运营效率四个方面八大核心指标全部进入国际前6,五项指标进入前3,圆满实现了"十三五"对标的战略目标(表9-1)。

表 9-1 上海地铁"十三五"八大核心指标实现情况

维度	核心指标		2020 年战略目标		2020 年实际值	
			指标值	排名	指标值	排名
可靠度	列车运行可靠度(万车公里/件)		500	6	882	6
服务水平	最小发车间隔(钢轮钢轨)(秒)		115	6	110	4
	列车正点率(终到 5 分钟)		99.9%	4	99.990%	4
经营规模	客流规模	日均进站量(万人次/日)	650	2	437.66	2
		日均客运量(万乘次/日)	1 100	3	774.51	1
	车辆规模(年底值)	配属车辆数(辆)	6 000	3	6 284	4
		车辆保有量(辆)	—	—	7 054	1
运营效率	车辆上线率		87%	4	87.17%	3
	车辆可用率		95%	3	95.32%	2
	司机生产率(非 UTO)(列小时/司机小时)		0.559	6	0.564	5

3. 第三阶段(2021~2025 年)

"国内领先、国际一流"行业引领地位稳固提升,全球卓越城市轨道交通企业的基石更加坚固,"十四五"期间上海地铁将持续开展运营对标工作,按照"科学对标、精细管理、巩固提升"的对标要求,研究制定了上海地铁"十四五"运营综合绩效关键指标体系(图9-3 和表9-2)。

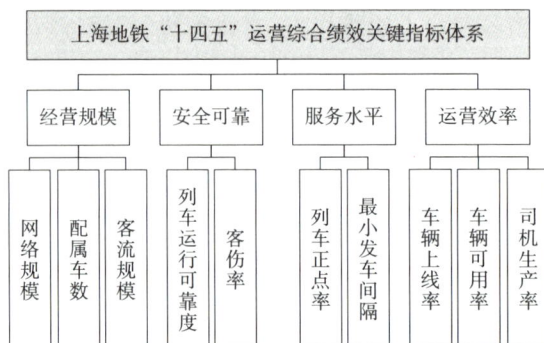

图 9-3 上海地铁"十四五"运营综合绩效关键指标体系

表 9-2　上海地铁"十四五"运营综合绩效关键指标目标

维度	关键指标		2025 年战略目标		
			指标值	预估排名	统计说明
经营规模	网络规模(公里)		857	1	全网范围,包括 1 ~ 18 号线、浦江线、磁浮线
	CoMET 配属车数(辆)		7 304	1	全网年度平均值
	客流规模	年总进站量(亿人次)	25	3	全网年末总量
		年总客运量(亿人次)	45	2	
		年总周转量(亿人公里)	433	2	
安全可靠	列车运行可靠度(万车公里/件)		1 000	5	统计范围为 1 ~ 18 号线
	CoMET 客伤率(人/亿人次)		35	5	轻伤、重伤参照《人体伤损程度鉴定标准》
服务水平	CoMET 列车正点率(终到分钟)		≥99.9%	4	1 ~ 18 号线,终到延误 5 分钟以内
	最小发车间隔(钢轮钢轨)(秒)		100	2	同口径下的钢轮钢轨制式
运营效率	CoMET 车辆上线率		86.7%	6	上线车数为工作日平均值,配属车中含架大修车辆数
	CoMET 车辆可用率		91.5%	6	可用车数为工作日平均值,配属车中含架大修车辆数
	CoMET 司机生产率(非 UTO)(列小时/司机小时)		0.58	3	非 UTO 线路的电客车司机

二、核心指标对标实践

为实现"国内领先、国际一流"对标战略,以对标同行,持续提升运营绩效水平为抓手,上海地铁成立对标推进办公室,从制定对标计划、明确对标内容、建立工作机制、明确职责分工、完善组织架构五个方面开展核心指标对标实践。具体工作如下:

(1)建立对标工作团队和对标工作机制。上海地铁上下统一思想,建立领导挂帅、专人负责的对标团队。2009 年在集团范围内成立 CoMET 上海地铁工作领导小组,集团范围内成立 5 个对标专业工作组(运营组、设施设备组、人事组、成本组、节能组)。2015 年 3 月,制定并发布了《关于开展集团公司对标工作的指导意见》,构建多层次、全方位的对标管理体系,建立对标管理长效机制,明确分阶段工作任务和目标。在明确上海地铁总体目标的基础上,按各部门、各单位分解指标、层层落实责任,完成情况列入年度绩效考核。同时,建立动态的评估和改进机制,每季度进行分析,保障对标管理工作的有效闭环和持续提升。

(2)邀请 CoMET 专家给予对标指导并组队向国内外标杆企业取经学习。在确定对标目标后,通过"走出去、请进来"的方式,定期邀请 CoMET 协会的专业团队来沪给予指导,或进行专家授课或联合开展课题研究,分享国际标杆地铁企业的先进经验,诊断分析上海地铁运营管理中存在的问题和短板。同时,也派出专门团队赴北京、广州以及国外城市地铁企业开展专题调研学习。

(3)不断创新企业管理模式。为适应网络化运营管理需要,上海地铁在实施"两个转变"战略(由重建设向重运营管理转变,由单线管理向网络化管理转变)的基础上,对质量、环境、职业健康安全"三标合一"管理体系进行优化整合与完善,并于 2010 年通过全覆盖整体认证。此后,又引入卓越绩效理念,全面导入实施卓越绩效模式,在地铁规划、建设、运营的全过程推进"人性化服务、精细化管理、标准化建设",不断提升企业管理的制度化、规范化、程序化。2014 年,上海地铁率先成为国家级地铁运营服务综合标准化试点企业,2015 年获得上海市质量金奖,2017 年获得全国质量奖,2021 年获得"第四届中国质量奖提名奖"。持续改进的企业管理为提升运营绩效水平奠定了坚实的基础。

(4)采取有针对性的技术和管理改进措施。比如,在网络统筹管理方面,通过开展《上海超大规模轨道交通网络运营管理对策研究》前瞻研究、建设上海市轨道交通网络运营指挥调度大楼、编制《上海轨道交通全自动运行线路运营要求》"上海标准"、推进石龙路基地扩容改造、镇坪路站改造等补短板项目,以实现网络结构功能的逐步优化、系统装备水平的持续提升、网络统筹管理能力的不断加强,保障最小发车间隔战略目标的实现。

在提高网络运行可靠度方面,通过周例会跟踪、月度例会预警提示强化各单位对 5 分钟晚点事件发生原因的分析和整改,做到"一事一议";通过对 7、8、11、16 号线等线路的道岔设备整治、轨旁设备升级、车载设备整改以及 2 号线 CBTC 信号系统升级等措施,实现了信号设备 5 分钟延误事件在 5 年内从 165 件至 40 件的大幅降低;研发并应用具有最高等级(GoA4)的全自动运行系统,实现了 10 号线保持在 1 000 万车公里/件以上的高可靠度水平。

在提升基层一线员工能力素质方面,常态化开展屏蔽门故障处置、ATS 面板操作、手摇道岔等标准化作业操作类训练,不断提升重点岗位人员的故障处置能力;设计贴合运营生产实际的标准化演练方案,完善应急预案及演练;加强车站、列车、调度、维保各岗位间的联动和配合,提高应急响应和处置效率。在提升司机劳动生产率方面,通过对列车司机值乘模式的优化,实现了列车司机人车比从 2015 年的 7.73 人/列精简至 2020 年的 6.86 人/列的大幅提升,相当于节约了近 600 名列车司机;2018 年以来在全网全面推行司机工时精细化统计,使司机生产率统计结果更加准确反映司机生产率的真实水平。

在提升出行品质方面,通过补短板、增能提效等措施,线网运能连续增长,高峰发车间隔不断缩小,运营时间多次延长;12 号线旅行速度提升 7% 的成功经验在 5、6、7、12、13、16 号线等多条运营线路上推广应用,列车运行效率提升,乘客出行时间缩短,满足乘客对快捷性的需要;顺应数字化、信息化、智能化技术发展,率先推出扫码进站、互联互通、掌上出行等"地铁 + 互联网"服务,为乘客带来了数字化乘车新体验。在科技创新方面,依托 RFID、二维码等智能识别技术,结合各类设备状态传感器、智能监测装置、移动终端、巡检机器人等感知手段,开展设备设施全寿命周期安全监测管理,实现车辆、工务、供电、通信信号专业与车站机电的状态感知,并构建综合性和智能化的管控平台,在 17 号线试点应用后,线路可靠性较传统线路提升 10%、列车可用率从 91% 提升至 95%。

▊第三节
　上海地铁运营服务品牌认证

　　为贯彻上海市委、市政府全力打响上海"四大品牌"（即"上海服务、上海制造、上海购物、上海文化"）的要求，上海地铁 2018 年初启动了"上海品牌"的认证工作，以"上海轨道交通客运服务"为服务名称，申请"上海服务"类别的"上海品牌"认证。

　　"上海品牌"认证，是一种通过采用市场化手段的第三方自愿性认证的品牌建设新模式，坚持"市场主导、企业主体、国际互认"的原则，强调企业自愿参与。2018 年以来，上海制定并发布《上海品牌评价通用要求》地方标准，认证机构对照该要求，对认证申请人是否符合品牌引领、自主创新、品质卓越、管理精细、社会责任等情况进行评定，同时初步形成以《上海品牌评价通用要求》地方标准为基础、以市场主体自主制定的高水平、引领性产品或服务团体标准为主体的标准体系。

一、认证背景

　　2019 年初，经由第三方开展通用要求评价以及管理成熟度、服务特性现场测评，上海城市轨道交通客运服务通过了"上海品牌"认证，上海地铁成为国内率先获得第三方专业认证企业，4、9、12、13 号线等 4 条线路首批通过"上海品牌"认证。

　　为进一步推进服务品牌建设，上海地铁按照"客运服务管理成熟度高的线路先认证"的原则，在全线网逐年推广服务品牌认证，进一步扩大品牌认证线路范围。2019 年底，新增 5、6、7、17 号线和上海磁浮列车示范运营线等 5 条线路；2020 年底，新增 1、2、3、8、16 号线等 5 条线路。

　　2021 年，启动新一轮"上海品牌"认证工作，1、2、3、4、5、6、7、8、9、10、11、12、13、16、17 号线和上海磁浮列车示范运营线等共计 16 条线路参与认证。经审核专家组对上海轨道交通客运服务的管理成熟度、服务特性进行现场测评审核,均满足"上海品牌"认证要求,顺利通过评审。

二、标准制定

《"上海品牌"评价认证依据:城市轨道交通客运服务认证要求》团体标准于 2018 年首次发布,该标准响应上海四大品牌建设,旨在通过服务认证的手段,突破传统的采用管理指标进行评价所导致的顾客体验难以客观量化这一服务评价领域的最大难题,系统识别城市轨道交通客运服务过程中服务组织和顾客的接触互动规律,构建基于服务特性的服务要求及其评价指标体系,为有效提升我国城市轨道交通客运服务的服务质量水平提供依据和工具,进一步保障城市运行,促进社会和谐。

2020 年,鉴于上海地铁"三个转型"发展要求和客运服务精细化管理要求等,上海地铁启动标准修订工作,成立标准修订工作小组,并通过网上函审方式征求所有起草单位意见,形成征求意见稿和送审稿;送审稿上报至上海品牌国际认证联盟并获得认可;上海市认证协会上报上海市市场监督管理局,并经由上海市市场监督管理局报批发布《城市轨道交通客运服务认证要求》。

依据《标准先进性评价通用要求》(DB31/T 1204—2020),团体标准《城市轨道交通客运服务认证要求》具有先进性,主要适用于城市轨道交通客运服务的认证活动,包括服务要求涉及的站外信息查询服务、入站导乘服务、安检服务、票务服务、乘车服务、换乘和出站导乘服务,管理要求涉及的通用要求和特定要求,以及服务认证评价涉及的认证准则、认证模式和认证结果等,为"上海品牌"认证工作的顺利推进奠定坚实基础。

三、论证成效

上海地铁以"上海品牌"认证为抓手,结合认证过程中存在的不足,持续改进和完善服务质量,为提升上海地铁服务品牌形象锦上添花,让高品质的轨道交通服务成为上海的城市名片。通过"上海品牌"认证,借由评审团队专业的意见及建议,上海地铁运营服务近三年来实现了品质上的提升。创新能力突出,在国内最先实现 GoA4 最高级别全程全自动驾驶,目前已有 4 条线路,为国内第一;最先实现"智慧车站"等多项创新技术集成,是业内首家国家级技术创新平台和国家级运营服务标准化试点单位。

　　近年来,上海地铁 6 次获得全国实施卓越绩效模式先进称号,2014 年获得亚太质量组织"全球卓越绩效奖";2015 年获得"上海市政府质量金奖";2016 年获得"第十六届全国质量奖鼓励奖";2017 年获得"第十七届全国质量奖",成为内地首家获此殊荣的轨道交通企业;2021 年获得"第四届中国质量奖提名奖",成为国内首家获此殊荣的轨道交通企业。2018 年,上海地铁受邀代表仅有的 2 家上海服务品牌亮相"首届中国自主品牌博览会",副总理胡春华在现场体验上海地铁的优质服务,上海地铁已成为打响"上海品牌"的重要力量。